Linguística da Internet

Tania G. Shepherd
Tânia G. Saliés
(orgs.)

Linguística da Internet

editoracontexto

Montagem de capa e diagramação
Gustavo S. Vilas Boas

Preparação de textos
Centro Filológico Clóvis Monteiro (CEFIL)
do Instituto de Letras da UERJ

Revisão
Ana Paula Luccisano

Dados Internacionais de Catalogação na Publicação (CIP)
(Câmara Brasileira do Livro, SP, Brasil)

Linguística da internet / (organizadoras) Tania
G. Shepherd e Tânia G. Saliés. – São Paulo : Contexto, 2013.

Vários autores.
Bibliografia.
ISBN 978-85-7244-790-4

1. Análise do discurso 2. Comunicação e tecnologia 3. Internet
(Rede de computadores) 4. Mídias digitais I. Saliés, Tânia G..
II. Shepherd, Tania G..

13-01934 CDD-401.41

Índice para catálogo sistemático:
1. Análise da linguagem em ambientes digitais :
Linguagem e comunicação : Linguística 401.41

2013

EDITORA CONTEXTO
Diretor editorial: *Jaime Pinsky*

Rua Dr. José Elias, 520 – Alto da Lapa
05083-030 – São Paulo – SP
PABX: (11) 3832 5838
contexto@editoracontexto.com.br
www.editoracontexto.com.br

Sumário

E-EDUCAÇÃO

Introdução
Por uma Linguística da Internet

Tânia G. Saliés
Tania G. Shepherd

A história já demonstrou que a sociedade muda quando novas invenções são introduzidas no nosso dia a dia. Antes de integrarem nossas vidas de forma imperceptível, tecnologias como a TV, o celular e o computador causaram um imenso impacto: o que era previsível e confortável tornou-se instável e imprevisível. Hoje, quando olhamos para essas tecnologias, raramente nos perguntamos qual a sua contribuição. Só que não conseguimos viver sem elas.

A última fronteira na qual o tecnológico vem impactando a sociedade é a internet. Nela há mais de 1.000 línguas representadas. Segundo estatísticas publicadas pelo site Internet World Stats, as dez línguas mais usadas até 2011 foram o inglês, o chinês, o espanhol, o japonês, o português, o alemão, o árabe, o francês, o russo, o coreano, nessa ordem, somando aproximadamente sete milhões de internautas engajados social e culturalmente na construção do sentido. Na internet há também uma crescente expansão de mídias de toda natureza: as mais colaborativas, como as wikis, as mais dedicadas ao compartilhamento, como o YouTube, e as mais interacionais, como os Blogs, Twitter, Tumblr e Facebook. À medida que a internet expande essa infra-estrutura, atende a necessidades de comunicação, criando novas formas de colaboração, compartilhamento e interação.

A Linguística não poderia ignorar esse espaço. Que área de conhecimento analisaria o discurso dos blogs? Ou discutiria as vozes presentes na internet e as identidades nela projetadas discursivamente? Será que os instrumentos descritivos e metodológicos disponibilizados para análise da comunicação face a face proveem adequação explanatória para o que acontece na interação em mídia digital? E conceitos teóricos, como piso conversacional, sincronia, diacronia, fluxo de tópico, dão conta dos processos de construção de sentido na Comunicação Mediada por Computador (CMC)? Este livro aborda essas questões, examinando o uso da linguagem em meios digitais, assim como questões teóricas e metodológicas prementes, em face do desafio oferecido pela internet e pelo internetês. Nessa tarefa, alinhamo-nos a David Crystal, que contribui para o volume, e propomos não uma Linguística atuando na internet, mas uma internet com uma Linguística própria que dê conta da crescente produção discursiva digital em língua portuguesa.

Mas o que afinal vem a ser a Linguística da Internet?

Uma resposta reducionista é: uma Linguística de base empírica, de natureza aplicada, cujo ponto de partida é o uso da linguagem e não os linguistas. Apoia-se em todas as subáreas da própria Linguística, examinando o discurso, a sintaxe, a semântica, a sociolinguística, a pragmática e a psicolinguística da internet. Dessa forma, busca entender como, por que e através de quem e de que *output* dá-se a construção do sentido em ambientes digitais.

Isso implica suspender dicotomias consagradas pela Linguística como fala *versus* escrita, pois o meio as implodiu, e estudar as propriedades típicas da linguagem na internet, assim como seus propósitos e efeitos. Uma análise capitaneada pela Linguística da Internet incluiria uma gramática do meio eletrônico (*e-gramática*) e análises dos efeitos gerados por línguas e culturas em contato a partir das perspectivas sociolinguística e pragmática. Como fenômeno global, a internet exige um olhar holístico, comparativo; mas como a Linguística da Internet encontra-se em seus estágios iniciais, ainda precisa dar conta de minúcias relativas aos usos que participantes de culturas específicas fazem de suas ferramentas: por exemplo, falantes de línguas menos presentes na internet parecem usá-la de maneiras culturalmente inscritas.

Essa necessidade de desenvolvermos novos conceitos e posturas metodológicas para a análise da linguagem em ambientes digitais já havia sido apontada por David Crystal. Em várias de suas publicações mais recentes, demonstrou perplexidade diante da incapacidade dos atuais instrumentos descritivos em lidar com o fenômeno da comunicação em meios digitais ou CMD. Demonstrou ainda a necessidade de os linguistas trabalharem nessa seara – especialmente em outras línguas que não o inglês –, tendo em vista que o assunto carece de direcionamentos. A ideia deste livro surgiu daí, ao constatarmos essa lacuna na literatura em Linguística, principalmente no contexto brasileiro.

Questões ainda por investigar, motivadas por nossa própria experiência com as novas tecnologias no contexto educacional e na análise de discurso digital, proporcionaram ao projeto uma direção em seus vários estágios de desenvolvimento. Igualmente importante foi nossa crença que entender contextos e padrões interacionais, registros, rituais pragmáticos e os recursos discursivos da CMD constitui condição *sine qua non* para darmos conta da sociedade em que vivemos e de questões inerentes à Linguística, como a relação entre linguagem, sociedade e cognição.

Organização do volume

Os estudos aqui reunidos discutem mídias interacionais, o internetês, conceitos e terminologia associados ao estudo da linguagem nos meios digitais; características linguísticas do discurso e da interação nas comunidades digitais em inglês e português; analisam chats, blogs, twitters, mensagens instantâneas e anúncios pessoais eletrônicos à luz de conceitos linguísticos e da multidimensionalidade da linguagem. Além disso, avançam ideias sobre os tipos de letramento surgidos na era digital e design de atividades acadêmicas on-line no ensino de línguas a distância. Embora tenhamos organizado o volume em três partes, de acordo com o tipo de análise e contribuição que cada autor oferece, os capítulos são autônomos e abordam temáticas específicas. O leitor pode escolher lê-los em sequência ou individualmente.

Parte I: Desvelando a Linguística da Internet

Esta parte do volume tem natureza histórica, descritiva e situacional, pois introduz o internetês, as características da linguagem em meios digitais qualitativa e quantitativamente, além de parâmetros fundamentais para o fazer da pesquisa em Linguística da Internet. Constituída por quatro capítulos, tem início com a entrevista concedida virtualmente por David Crystal às organizadoras. Crystal foi um dos primeiros a estudar a linguagem da internet, examinando as variações linguísticas e estilísticas da linguagem na rede e transformando seus achados em glossários, livros e artigos, que marcaram o início do que hoje chamamos de Linguística da Internet. Seu interesse pela linguagem em meios digitais teve início ainda na década de 1990. Na entrevista, traça o percurso histórico dos estudos sobre a linguagem em meios digitais, parâmetros metodológicos e os desafios do internetês e da pesquisa na área. Sua contribuição para o livro que ora introduzimos é valiosa, e a escolha de todos os nossos colaboradores de uma forma ou de outra estabelece diálogo com ele. Restringindo-nos apenas à parte I, Rajagopalan, no capítulo "Como o internetês desafia a Linguística", por exemplo, busca em Crystal respaldo para problematizar a necessidade de ir além dos conceitos de fala e escrita na descrição do internetês, que desestabiliza até a nossa noção de língua. Já Berber Sardinha, no capítulo "Variação entre registros da Internet", preenche a lacuna detectada por Crystal em relação às caracterizações superficiais da CMC como modalidade falada ou escrita. O autor passa ao largo dessa questão, que tanto assola os livros introdutórios sobre a internet, e contrasta dados empíricos em *corpora* digitalizados contendo textos produzidos on-line e off-line. Dessa forma, vai ao encontro de uma agenda de pesquisa proposta por Crystal que cobra mais profundidade dos estudos comparativos sobre a linguagem digital. Carvalho e Kramer, no capítulo "A linguagem no Facebook", conversam com Crystal para mostrar como as notícias na mídia jornalística da rede social Facebook apresentam características "simplesmente diferentes", pois abrem com chamadas à interação marcadas linguisticamente por perguntas e usos mais flexíveis da linguagem como "Curtiu?".

Mais especificamente, Rajagopalan teoriza sobre o internetês a partir de fatos da atualidade, como o movimento "Ocupe Wall Street" e outros como a queda de Hosni Mubarak no Egito, afirmando que o internetês reflete e sintetiza o estado evolutivo no qual nos encontramos, tendo mudado a definição do que é ser humano. Ao fazer de qualquer usuário um potencial criador de notícias e mobilizador de massas, diz o autor, a comunicação na internet vem se transformando na própria notícia e agindo em prol do exercício da cidadania. Com isso, coloca a Linguística na obrigação de encarar o fenômeno e rever a própria noção de língua. Trata-se de um desafio ímpar, do qual não podemos nos abster.

A revolução de que fala Rajagopalan vem modificando as relações humanas e imprimindo marcas sociopolíticas, culturais e identitárias no uso material da língua em contextos situados. Berber Sardinha explora essas marcas ao comparar vários registros digitais a outros surgidos antes do advento da internet, como cartas, conversação telefônica e artigos de jornais e revistas. Usa o método da análise multidimensional (AMD) para compreender como se dá a variação entre esses registros no Twitter, Facebook, e-mail, webpages e blogs. Dentre os achados, destaca principalmente a distante relação da linguagem com a conversa espontânea nas três primeiras mídias e a proximidade com a escrita técnica, jornalística e de entretenimento nas duas últimas. Assim, ao invés de organizar registros ao longo do contínuo da fala *versus* escrita, constitui dois grupos: um marcado pelo envolvimento interpessoal (Twitter, Facebook e e-mail) e outro pela natureza informacional (webpages e blogs).

Enquanto Berber Sardinha faz uma análise quantitativa das dimensões linguísticas dos registros da era da internet, Carvalho e Kramer examinam qualitativamente e à luz de uma análise de discurso francófona como essas marcas se projetam no uso da linguagem pela mídia jornalística no Facebook. A análise demonstra que as mídias ainda tentam se adequar às possibilidades da rede e à agência dos leitores na construção da informação, já que os leitores podem aprovar ou não uma notícia, tecer críticas etc. Demonstra também que os internautas ainda se questionam sobre o que é e o que não é permitido em termos de uso da língua. Enquanto rejeitam formas linguísticas típicas de estratos sociais menos privilegiados, abraçam com vigor outros usos que adentraram a rede e que se afastam igualmente do uso da língua padrão.

Parte II: As vozes da internet

A segunda parte aborda as vozes da internet em quatro capítulos, explorando os chats, as mensagens instantâneas (MIs), os blogs e anúncios pessoais eletrônicos em perspectivas variadas: os capítulos "Piso conversacional e gênero na CMC" e "Enunciados segmentados em MIs" partem de construtos da Análise da Conversação para verificar se e como eles se aplicam às interações em mídia digital; o capítulo "Anúncios pessoais eletrônicos" usa a Gramática Sistêmico-Funcional e o "Interações na blogosfera" a Análise da Conversação conjugada com os princípios da Etnometodologia para entender como os sujeitos se apresentam nesses contextos.

Talvez o leitor se pergunte por que inserimos traduções de trabalhos de Herring e Baron, duas autoras estrangeiras, no livro. A escolha originou-se do desejo de compartilhar análises sistemáticas e compreensivas de interações digitais realizadas por dois nomes consagrados na área da Linguística da Internet. Herring, seguindo viés quantitativo, analisa as marcas da comunicação em meio digital na estrutura de participação de listas de discussão acadêmicas. Mostra que há tipos distintos de pisos conversacionais nessas listas de discussão. Recortes de dados com participação predominantemente masculina exibem características do piso F1 de Edelsky (hierárquicos), enquanto os predominantemente femininos conjugam características de pisos F1 e F2 (colaborativos). Acima de tudo, Herring postula que há correlação entre gênero biológico e práticas de poder, pois mesmo em recortes predominantemente femininos, o *status* profissional correlaciona-se significativamente com pisos hierárquicos e lineares. Portanto, nem sempre o que acontece na comunicação face a face aplica-se a contextos digitais, como discute Crystal em sua entrevista.

Por exemplo, por muito tempo julgou-se que e-mails e mensagens instantâneas espelhavam a linguagem informal. Baron, no capítulo "Enunciados segmentados em MIs", examina a validade dessa crença, analisando conversas em plataformas de mensagens instantâneas mantidas por alunos de universidades americanas. Compara-as às características do discurso oral paradigmática e empiricamente, partindo do conceito de unidades entonacionais oriundas de trabalhos sobre a conversa face a face. Cunha o termo "unidade de transmissão" para dar conta de como os participantes dos chats on-line segmentam suas mensagens. Mostra que conversas on-line mantidas por díades masculinas tendem a se assemelhar ao discurso oral no que tange às unidades de transmissão. No entanto, conversas mantidas por díades femininas assemelham-se mais à linguagem escrita. O trabalho de Baron nos leva a especular se esta segmentação seria produto da interação em língua inglesa ou se seria produto do software de chat. A pergunta que se faz ao fim do capítulo é: será que o mesmo fenômeno marcaria díades no contexto brasileiro?

Esse mesmo contexto brasileiro é objeto de investigação do capítulo "Interações na blogosfera", que discute os blogs institucionais de jornais (j-blog). Teoricamente, os blogs permitem a coexistência de uma multiplicidade de vozes através das possibilidades de interação oferecidas por suas interfaces de comentários. Entretanto, percebe-se que a maior parte dos leitores que publicam comentários participa uma única vez das trocas interacionais, manifestando algum tipo de reação ao tópico tratado na postagem e utilizando estratégias discursivas que não deixam muito espaço para negociação e continuidade do debate. Esse comportamento típico sugere que esses leitores consideram a janela de comentários um espaço para publicação de opiniões, sem necessariamente terem a pretensão de posteriormente debatê-las com outros leitores ou até mesmo de questionar os argumentos e posicionamentos adotados pelos mesmos. Dessa maneira, e ao contrário do que os teóricos da Comunicação afirmam, o j-blog, aparentemente, não é visto por essas pessoas como um espaço voltado para a discussão de ideias em que uns incentivam os outros a apresentarem diversos pontos de vista. O j-blog, portanto, faz o leitor, mas o comentarista faz o j-blog.

Agora, quem faria o anúncio pessoal eletrônico? Seria o anunciante ou os leitores? Esse é o tema do capítulo "Anúncios pessoais eletrônicos" (APEs), que analisa os perfis autodescritos dos anunciantes e de seus objetos de desejo. Para tal, examina 20 APEs de gays e heterossexuais do sexo masculino quanto ao efeito do meio digital sobre a descrição dos perfis. Investiga se o processo digital de autoapresentação é diferente das formas tradicionais de autoavaliação em papel. Constata que os usuários dos sites de relacionamento estudados têm propósitos diversos, que vão desde uma amizade, passando por uma relação estável, até sexo casual. Apesar da inclusão de fotografias, os anunciantes fixam-se em descrições detalhadas de seus corpos, que parecem desnecessárias, já que há a informação visual. Quem molda o anúncio é o próprio anunciante, a despeito dos programas da internet que abrem espaços para preenchimento de informações específicas não relacionadas aos atributos físicos.

Parte III: e-educação

Os três últimos capítulos afastam-se da análise descritiva das vozes da internet; ao mesmo tempo, avançam práticas pedagógicas informadas por ela, enveredando pelos caminhos da e-educação. Os autores teorizam sobre o fazer pedagógico em ambientes on-line, contribuindo produtivamente para a área de ensino-aprendizagem de idiomas por meio de ações pedagógicas informadas pela pesquisa na área de línguas (aquisição de línguas adicionais, interação como *locus* da construção do sentido, pedagogia de ensino-aprendizagem de línguas etc.). Os três capítulos fazem o que poderíamos chamar de Linguística Aplicada da Internet, pois como postulam Paiva, Martins e Braga no capítulo "Design de atividades acadêmicas on-line", elaborar cursos on-line envolve, além de uma teoria de aprendizagem, uma teoria de lingua(gem), o planejamento de atividades, recursos da web e/ou bibliográficos e uma seleção de ferramentas adequadas ao desenvolvimento dos objetivos propostos. Os autores discutem alguns princípios norteadores do design de cursos mediados por computador e apresentam propostas de design ancoradas na teoria sociocultural, nos princípios da aprendizagem colaborativa e na teoria da aprendizagem situada. Apesar de privilegiarem a aprendizagem colaborativa, entendem que existem alguns conteúdos, como o ensino de estratégias de leitura, que podem ser desenvolvidos em um design mais centrado na relação do aprendiz com o material e a mediação pela tecnologia.

Tais formas de pensar o design de cursos on-line voltam a ser abordadas no capítulo "Exemplos da prática pedagógica em EAD", no contexto de produção de texto em nível universitário. Nesse capítulo, Tavares discute e ilustra a diferença entre interação e interatividade, ressaltando que a presença on-line por si só não garante oportunidades de aprendizagem de fato. Em contextos digitais, essas oportunidades emergem de práticas de linguagem sociointeracionalmente ancoradas, que posicionem a construção de sentido na interação social, levando em consideração o contexto, e não apenas as interfaces e/ou o texto.

Fechando ainda mais o foco de análise na e-educação, o capítulo "A web no letramento de crianças em língua materna" defende que o uso das novas tecnologias de informação e comunicação (TIC) pode ser produtivo na alfabetização de crianças com dificuldades na leitura e escrita em língua materna. Mostra dados de uma pesquisa-ação que interveio na sala de aula dessas crianças com recursos on-line, como cartões virtuais e troca de e-mails. Tais atividades contemplaram não apenas as necessidades educacionais das crianças, mas também oportunizaram a apropriação e ampliação de múltiplos letramentos por meio das novas tecnologias disponíveis na escola, pois letramento e tecnologia devem sempre caminhar de mãos dadas.

No capítulo final retomamos alguns pontos discutidos ao longo das seções do livro e ilustramos o que seria uma Linguística que tem como ponto de partida a própria internet em língua portuguesa. Além disso, o capítulo olha para o futuro, refletindo sobre possíveis implicações metodológicas e sociais, e levantando questões que merecem a atenção de linguistas interessados em entender a linguagem em uso nas novas tecnologias. O objetivo é propor reflexão crítica sobre o leque de pesquisas já realizadas na área e motivar pesquisadores a buscarem respostas para as inúmeras questões ainda não respondidas.

Crystal começou seu livro *Internet Linguistcs: a Student's Guide* se perguntando como escrever um guia para alunos sobre um assunto que nem existe. Organizamos este volume com a mesma dúvida: como compilar um volume em língua portuguesa sobre uma área da Linguística que não existe oficialmente e cuja pesquisa está dispersa sob outros rótulos? Esperamos que o livro possa avançar entendimento do que seria essa nova área e inspirar o leitor a se juntar a um grupo já vasto de linguistas dedicados a esse contexto de uso em língua portuguesa.

Agradecimentos

Agradecemos aos autores dos estudos deste volume, que trabalharam diligentemente desde a ideia inicial até o fim do processo de revisão para que o livro se concretizasse. Agradecemos também a Naomi Baron e Susan Herring por nos terem autorizado a incluir a tradução/adaptação para língua portuguesa de seus artigos "Discourse Structures in Instant Messaging: the Case of Utterance Breaks" (*Language@Internet*, 7, article 4, 2010); e "Who's Got the Floor in Computer-mediated Conversation? Edelsky's Gender Patterns Revisited" (*Language@Internet*, 7, article 8, 2010). Além disso, contamos com o apoio do Centro Filológico Clóvis Monteiro (CEFIL) do Instituto de Letras da UERJ na revisão do texto e preparação dos originais. Ao CEFIL o nosso reconhecimento. O CNPq e a Faperj nos deram bolsas de pesquisa sem as quais o trabalho não teria saído do rascunho inicial. Sinceros e especiais agradecimentos a nossa editora por ter acreditado no projeto e facilitado sua viabilização. Como de praxe, nossas famílias foram os esteios para que pudéssemos concluí-lo. Dedicamos a elas o produto do nosso esforço. Por fim, nosso especial e carinhoso obrigada a David Crystal, por ter nos inspirado através de sua pesquisa e inúmeras publicações. Sem suas ideias este livro não teria se materializado. A ele também dedicamos este volume.

DESVELANDO A LINGUÍSTICA DA INTERNET

O princípio: entrevista com David Crystal

Tania G. Shepherd
Tânia G. Saliés

O título deste capítulo é propositalmente ambíguo: pode referir-se ao tempo cronológico e aos primórdios da preocupação dos linguistas com o uso da linguagem na internet, a possíveis parâmetros de análise e pesquisa que regem a ação dos interessados na comunicação mediada por meios digitais, ou ainda a causas que deram origem a um fenômeno. David Crystal foi um dos primeiros a estudar a linguagem usada nos meios digitais; como tal, representa "o princípio". Em entrevista concedida para o presente capítulo,[1] discorre sobre sua motivação para abordar a internet como objeto de pesquisa e para cunhar o termo "*Internet Linguistics*".[2] Nela, trata de questões metodológicas, terminológicas, legais e seus desdobramentos cujas raízes se encontram em investigações empíricas do que ele chama de *output* da internet, ou "as várias entidades que compõem o discurso eletrônico". Se jamais houve uma Linguística do Rádio ou da TV, por que defender uma Linguística da Internet? Não seria mais apropriado chamar esse novo viés de "Estilística da Internet", ou ainda "Análise do Discurso da Internet"?

Além de responder a essas perguntas, Crystal discute as interfaces entre uma Linguística da Internet e a Linguística Aplicada, pontuando como a internet nos força a reconsiderar questões teóricas tradicionais, como troca de turno, mudança de código, projeção de identidade em áudio e traduzibilidade entre mídias diferentes. Acima de tudo, revisita a dicotomia oralidade *versus* escrita, mas à luz das novas mídias e dos perigos enfrentados por quem usa e se abriga na internet, dentre os quais destacamos a autoria: quem publica uma declaração difamatória escrita por outro pode ser considerado culpado pela lei? Quem cita outro autor é responsável pelo conteúdo do que é citado? Aspectos relacionados aos litígios e questões éticas derivadas dessas problematizações fazem parte dessa nova Linguística. Há, na visão do entrevistado, amplo espaço para uma Pragmática da Internet, com instrumentos, metodologias e conceitos próprios. A boa notícia é que "há centenas de lacunas a serem preenchidas" na consolidação de uma área que se encontra apenas em seus primórdios. Com a palavra, David Crystal.

O princípio

Meu interesse pela linguagem da internet surgiu ao ser jogado nela, inesperadamente. Em 1986, tornei-me o editor das enciclopédias de cunho geral da Cambridge, e, por volta de 1995, vários volumes já haviam sido publicados. Foi quando a Cambridge University Press mudou de direção e decidiu descontinuar essa linha de negócios. Ela foi comprada por uma empresa holandesa de TI, chamada AND, que não tinha muito interesse no conteúdo das enciclopédias, mas se interessava pela taxonomia que eu havia elaborado para classificar as entradas no banco de dados. Hans Abbink e seus colegas da AND já haviam percebido o potencial da internet e a baixa qualidade das ferramentas de busca, e estavam procurando um meio poderoso de melhorá-las. Recebi a incumbência de desenvolver minha taxonomia para facilitar as buscas on-line. Sem preparação. Simplesmente: "vá em frente com isso".

Levei mais de três anos para produzir alguma coisa utilizável. Havia uma grande distância entre o mundo acadêmico das enciclopédias da Cambridge e o mundo comercial da internet; a classificação de tantos domínios (como de bens no varejo, notícias e sexo) exigiu que eu começasse a pesquisa do zero. Mas achei que sabia o que tinha de ser feito, e, no fim da primeira etapa do projeto, já tínhamos um produto patenteado chamado Global Data Model, que foi colocado em teste inicial nos mecanismos de busca da época, como o AltaVista e o Excite. Conto toda essa história em minhas memórias, *Just a Phrase I'm Going Through*.[3]

Meu interesse pela internet como meio de comunicação teve início com esse projeto. O foco era o mecanismo de busca, mas, para fazer buscas com eficiência, uma variedade de problemas linguísticos precisa ser resolvida, como o que fazer com a pontuação, as letras maiúsculas, variações de ortografia (britânica e americana), palavras compostas, a distinção entre conteúdo linguístico e enciclopédico (nomes próprios) e assim por diante. Era necessário, também, considerar outras línguas, não apenas o inglês. E, enquanto tudo isso era pensado, naturalmente, outros avanços eletrônicos aconteciam. Poucas pessoas trocavam e-mails ou conversavam on-line em 1995, mas em 2000 tudo era diferente, e as mesmas questões linguísticas que afetavam os mecanismos de busca também interferiam nessas áreas.

Num dia, alguém me pediu para recomendar uma leitura sobre introdução geral à linguagem da internet. Eu não conhecia nenhuma. Estava trabalhando em uma série de livros para a Cambridge sobre as principais tendências da Linguística nos anos 1990. *English as a Global Language* já havia sido publicado (1997) e *Language Death* (2000) estava no forno. Parecia óbvio que *Language and the Internet* (2001) deveria ser o terceiro.[4]

Como sempre acontece com livros que tentam se debruçar sobre uma área de conhecimento emergente, temos de esperar até que seja disponibilizada pesquisa suficiente, capaz de chancelar um tratamento introdutório. Em 2000, já havia acumulado material e senti que a introdução poderia ser feita. No entanto, o material era predominantemente em inglês. Uma das limitações do livro *Language and the Internet* é não prestar muita atenção à pesquisa publicada em outras línguas. Entretanto, temos sempre de partir de algum lugar.

A Linguística da Internet como subárea da Linguística

Uma nova subárea de conhecimento emerge quando pesquisadores de uma área percebem que os modelos teóricos disponíveis já não dão conta dos dados observados, ou que já não oferecem hipóteses que permitam a eles explorar os dados de modo esclarecedor. A Sociolinguística, por exemplo, nasceu primordialmente da insatisfação com os modelos teóricos da Linguística Formal e incorporou noções que faltavam nos procedimentos investigativos da Linguística Tradicional (advindas da Sociologia e Antropologia). Durante um tempo, as pessoas acharam que podiam continuar trabalhando com o paradigma tradicional, distorcendo-o de várias maneiras com os novos entendimentos. Até que as inadequações se cumularam de tal forma, que se tornou mais sensato deixar os modelos antigos para trás e começar do zero. Foi isso que aconteceu em relação à internet.

Enquanto escrevia *Language and the Internet*, senti que os modelos existentes funcionavam de forma satisfatória. Achei que noções como "variedade" davam conta de descrever os dados, como já o fizeram com tecnologias anteriores, como o rádio. E meu uso do termo *Netspeak* reforçou esse entendimento. Contudo, comecei a ficar muito incomodado com questões que pareciam ir bem além da "variedade". A seção sobre Pragmática, por exemplo, levantou questões que o modelo tradicional de Grice não é suficiente para explicar. O fato de a internet não se encaixar bem nem na modalidade oral nem na modalidade escrita, mas exigir elementos de ambas, também me preocupou. Levei um tempo até morder a isca. Até mesmo na segunda edição de *Language and the Internet* (2006), motivada principalmente pelos avanços do início da década de 2000 que não apareciam na primeira edição do livro – blogs e mensagens instantâneas –, deixei tudo como estava. A mesma coisa aconteceu com outro livro meu, *A Glossary of Netspeak and Textspeak* (2004),[5] também escrito em resposta à demanda. Nele, o conteúdo linguístico (em oposição ao terminológico) é puramente descritivo; restringe-se a identificar usos da internet e como eles estavam invadindo os usos do cotidiano. Venho escrevendo artigos com títulos como "Uma revolução linguística?" desde o início da década, mas havia sempre um ponto de interrogação no título ou perto dele.

Percebi que a hora certa para uma mudança conceitual havia chegado quando encontrei pessoas que já tratavam essa mudança como parte do curso natural das coisas. Meu trabalho com o mecanismo de busca havia se encerrado com a quebra das empresas ponto.com, em 2000, e o consequente encerramento das atividades da AND. Levei um tempo até relançar o projeto com uma empresa própria e alguns anos para atrair o tipo de interesse que permitiria o desenvolvimento de um produto viável. Quando isso aconteceu, a empresa foi comprada pela Adpepper Media, em 2005, que imediatamente desenvolveu um método preciso e sensível para inserir anúncios nas páginas da web. Os dois produtos principais, hoje chamados iSense e Sitescreen, foram operacionalizados em várias línguas desde então.[6]

Foi em minhas andanças à procura da Adpepper – procurei empresas, agências e outros envolvidos na indústria da mídia – que me dei conta de que as pessoas caracterizavam aquele método por sua origem na Linguística, por comparação com métodos que estavam sendo desenvolvidos a partir de algoritmos para executar buscas e assinalar anúncios, ou com métodos direcionados à definição de perfil comportamental. Foi fácil mostrar que o método inspirado na Linguística funcionava muito melhor, e, mesmo que o único aspecto linguístico envolvido fosse a semântica (o foco era quase exclusivamente o vocabulário), o assunto atraiu a publicidade. Termos como "busca linguística" começaram a ser usados. Do ponto de vista do mundo da publicidade, esse era definitivamente um assunto novo. (E, embora isso não seja a prioridade, uma reação semelhante pode ser vista em outras áreas com potencial de aplicar o método; por exemplo, segurança na internet e classificação automática de documentos.)

Em meu entender, isso foi o mesmo que fazer Linguística Aplicada à Internet, mas uma Linguística que carecia de fundamentação teórica. Essa situação foi muito semelhante a outra, que vivi há 30 anos, quando apliquei fundamentos da Linguística ao contexto de pessoas com vários problemas de fala. Um grupo de colegas já trabalhava nessa área há muitos anos, desenvolvendo procedimentos e hipóteses, antes que uma nova subárea, Linguística Clínica, nascesse.

Um desdobramento similar provavelmente também viria a acontecer com a internet. Mas até pouco tempo atrás, em 2006, não tinha certeza de onde essa mudança poderia surgir. Já tinha usado o termo "Linguística da Internet" em *Language and the Internet*, porém apenas superficialmente.

Em retrospectiva, vejo três momentos significativos. O primeiro foi um convite para falar sobre a Linguística da Internet, em fevereiro de 2005, no encontro da American Association for the Advancement of Science.[7] Os organizadores do evento escolheram o título; por consequência, tacitamente assumiram que essa área existia. Então, parti da mesma premissa:

> Não é sempre que surge um novo ramo em uma área de conhecimento acadêmico, mas a chegada da internet exerceu tal impacto sobre a linguagem, que acredito ser esta a hora de reconhecer e explorar o escopo de uma área chamada Linguística da Internet. Eu a definiria como a análise sincrônica da linguagem em todas as áreas de atividade da internet, inclusive correios eletrônicos, os vários tipos de salas de conversa e jogos interativos, mensagem instantânea e páginas da web, e também em áreas associadas à comunicação mediada por computador (CMC), como as mensagens de texto (torpedos). A velocidade de mudança nos últimos 15 anos foi tamanha, que já é possível ver tanto uma dimensão sincrônica como uma dimensão diacrônica para essa nova área – uma Linguística Histórica da Internet, estudando a mudança linguística –, mas como nenhum outro estudo de mudança linguística já feito pela Linguística Histórica, pois a internet permite-nos acompanhar, como jamais foi possível, a proporção e o alcance da mudança no uso de vocabulário, gramática, ortografia e (cada vez mais) pronúncia. É também possível ver a rápida evolução de uma Linguística Comparativa da Internet, na medida em que o meio se torna cada vez mais multilíngue.

O segundo momento foi minha participação no colóquio Análise Comparativa de Textos e Criatividade Digital, realizado em Amsterdam, em outubro de 2008. O colóquio, patrocinado pela Royal Netherlands Academy of Arts and Sciences,[8] foi minha primeira motivação real para focar em questões teóricas. O resumo de minha apresentação dizia o seguinte:

> Como a comunicação mediada pelo meio digital (CMD) muda nossa noção de texto? Há algumas continuidades em relação aos discursos tradicionalmente reconhecidos como oral e escrito, mas também há importantes descontinuidades. As diferenças em comparação à linguagem oral incluem novos padrões de troca de turnos, o uso dos *emoticons* e novos ritmos conversacionais. As diferenças em comparação ao discurso escrito incluem questões relacionadas à persistência, animação, presença de hipertextos e enquadre. Uma perspectiva pragmática traz à baila novos tipos de texto, tais como aqueles que têm características que desabilitam os filtros de *spam* ou asseguram um alto número de ocorrências (ou *hits*) nas ferramentas de busca, ou ainda características que suscitem questões ergonômicas ou éticas. A comunicação mediada pelo meio digital (CMD) também suscita outros questionamentos, como o gerenciamento de textos cujas fronteiras mudam continuamente, o caso dos fóruns de discussão e as postagens de comentários. Questões envolvendo responsabilidade autoral ou autoria, especialmente em contextos em que há moderação ou interatividade (o caso das *wikis*), também são comuns.

Além da mudança terminológica, de CMC para CMD, feita para servir ao propósito geral do colóquio, uma preocupação teórica maior ficou clara na ocasião. O que foi exposto extraía e reapresentava, para um público novo, os assuntos gerais que constituíram a temática central do *Language and the Internet* e desenvolvia a perspectiva pragmática que, no livro, havia apenas sido apontada. Os procedimentos de descoberta recebem maior atenção, e a noção de "variedade" esmaece. A denominação *Netspeak* fica claramente ausente de minha fala. Meu parágrafo de conclusão, ao resumir o estado da arte, diz:

> Na concepção clássica, um texto é uma seleção de linguagem feita por um autor conhecido e dirigida a um público conhecido, expressando uma intenção que é especificável, através de um estilo coerente, e que é apresentada por um meio que tem forma determinada. Na CMD, todos esses atributos tornam-se incertos.

Se um dado básico da investigação linguística tradicional, a noção de texto, estava sendo seriamente desafiado, então isso seria certamente uma boa razão para partirmos de uma abordagem inusitada, identificada de modo produtivo como um novo ramo da Linguística. Pude consolidar essa visão em um trabalho que apresentei na conferência de Linguística de Corpus (ICAME), realizada em Oslo, em junho de 2011, cujo tema foi "Tendências e Tradições da Linguística de Corpus em Inglês".[9] Este é o parágrafo de abertura, que na verdade começa onde a citação anterior terminou:

> Se há uma coisa que nos une a todos na área de Linguística de Corpus, é que reconhecemos um texto quando o vemos. Faça uma seleção aleatória das várias classificações presentes em *corpora*: cartas, entrevistas, propagandas, comentários esportivos radiofônicos, noticiários, lista de compras, livros-texto, editoriais jornalísticos, palestras, orações, sinais de trânsito, romances, poemas... Há muitas questões a serem debatidas, naturalmente, como quantos exemplos coletar para ter uma amostragem significativa, de que tamanho devem ser as amostras, como classificar casos individuais e como construir tipologias textuais frutíferas. Em última instância, estamos escolhendo unidades de estudo que são identificáveis e delimitáveis. Elas têm limites físicos definidos, tanto espacial (por exemplo, cartas e livros) quanto temporalmente (por exemplo, noticiários e entrevistas), ou são meios mistos (por exemplo, caraoquê ilustrado com PowerPoint). Elas foram criadas em um ponto específico do tempo; e uma vez criadas, tornam-se estáticas e permanentes. Cada texto tem uma única voz autoral ou voz de apresentação (mesmo no caso de livros e artigos escritos por múltiplos autores), e essa autoria é tanto conhecida como pode ser facilmente estabelecida (exceto em alguns contextos históricos). Trata-se de um mundo estável, familiar, confortável. E o que a internet fez foi eliminar a estabilidade, a familiaridade e o conforto. Isso não é uma boa notícia para a Linguística de Corpus. Temos que repensar tudo.

É esse repensar, a meu ver, que justifica, em última instância, o aparecimento da Linguística da Internet como um novo ramo da Linguística. Nada parecido aconteceu quando os programas de rádio e televisão chegaram. As propriedades linguísticas desses programas encaixavam-se perfeitamente nos modelos descritivos e estilísticos disponíveis.

Como uma nova subárea da Linguística, naturalmente pode ser estudada do mesmo modo que qualquer outro domínio. Podemos falar da Gramática da Internet, da Semântica da Internet e assim por diante – assim como (voltando ao ponto que vocês enfatizaram na pergunta) da Estilística da Internet e da Análise de Discurso da Internet. Pessoalmente, penso que a Psicolinguística da Internet será um dos mais importantes futuros desdobramentos nesse sentido, especialmente se levarmos em conta a atual preocupação com a possibilidade de a internet mudar nosso modo de pensar. E quanto mais a internet se torna oral, mais áreas de exploração tendem a aparecer, como a Fonética e a Fonologia da Internet.

Questões seminais

Como eu costumo dizer, uma Linguística da Internet nos faria repensar questões seminais. O que é linguagem? O que todas as línguas têm em comum? Como as línguas desaparecem? Como dar conta do multiculturalismo e do multilinguismo? Provoca reflexão, por exemplo, sobre uma das noções teóricas mais importantes da Linguística, a distinção entre sincronia e diacronia. Em um artigo que publiquei, defendo que essa distinção não se aplica bem a um tipo de comunicação em que tudo é carimbado pelo tempo no nível micro. Nesse artigo, desenvolvo o seguinte raciocínio:

> Textos são entidades tratadas como sincrônicas dentro do paradigma clássico, o que significa que ignoramos as mudanças implementadas durante o processo de composição e tratamos o produto final como se o tempo não existisse. Mas no caso de muitos textos mediados pelo meio digital, não há produto final. E, em muitos casos, o tempo não é mais cronológico. Por exemplo, posso estar em 2011 e postar uma mensagem em um fórum de discussão sobre uma página que foi criada em 2004. Do ponto de vista linguístico, não podemos dizer que agora temos uma nova iteração sincrônica daquela página, porque a linguagem mudou nesse meio tempo. Posso usar em meus comentários vocabulário que tenha entrado na língua após 2004 ou mostrar a influência de uma mudança gramatical que esteja em andamento. O conteúdo é obviamente afetado. Posso referir-me ao Twitter – o que não teria sido possível em 2004, pois essa rede social só veio a aparecer em 2006 [...].

Precisamos de um novo termo para essa curiosa confluência de linguagens de diferentes pontos do tempo. Estamos muito familiarizados com textos que usam linguagem de períodos passados (os arcaísmos). Precisamos de um modo de descrever características textuais referentes à linguagem usada em períodos posteriores. O termo tradicional para o desencontro cronológico é anacronismo – quando alguma coisa de um ponto específico do tempo é introduzida em um tempo anterior (antes que a coisa existisse) ou em um tempo posterior (após a coisa ter deixado de existir). No entanto, esses casos não refletem exatamente a situação da internet, espaço onde uma anomalia cronológica pode ser introduzida em um texto original. Acho que precisamos de um novo termo para dar conta do que está acontecendo. Um texto que contenha tais futurismos não pode ser descrito como sincrônico, pois não pode ser visto como representante de um único estado da língua: é uma confluência de usos de dois ou mais estados linguísticos. Tampouco pode ser descrito como diacrônico, pois o objetivo não é mostrar a mudança linguística entre esses dois estados distintos. A tais textos, cuja identidade emerge de usos localizados em diferentes pontos do tempo, proponho chamar de pancrônicos.

Esse é apenas um exemplo de como a internet nos força a reconsiderar questões teóricas. Outra noção tradicional que precisa ser repensada, para dar conta das sobreposições nas interações em salas de conversa, mensagens instantâneas, redes sociais etc., é a de troca de turno. Exemplifico esses pontos no *Internet Linguistics*.

Não tenho muito a dizer sobre a dimensão comparativa por enquanto. No momento, o foco é como a presença de línguas diferentes aumenta constantemente na internet. O que nos falta é pesquisa empírica, que mostre como essas línguas são usadas na prática, especialmente em contextos interacionais. A noção de "mudança de código", por exemplo, sempre vista como um fenômeno periférico, vai certamente se mostrar um aspecto absolutamente central da comunicação a partir de pesquisas desse naipe. E temos de lembrar que, do ponto de vista linguístico, algumas das maiores mudanças no modo como agimos na internet ainda estão por vir. O meio digital ainda tem carácter predominantemente gráfico, e nos resta aguardar as consequências da evolução do áudio e do vídeo, que permitirá que o meio reflita mais fielmente o equilíbrio entre fala *versus* escrita no mundo desconectado. Como essa evolução afetará os sotaques e dialetos? Que questões serão instigadas pela *persona* projetada em áudio e pelos avanços da tecnologia de conversão do texto em voz? Ou, mais além, seremos forçados a reconsiderar a natureza do ensino-aprendizagem de línguas com a eventual chegada da tradução automática, rápida e precisa, em tempo real (uma ferramenta de tradução automática como a Babel Fish para os domínios da fala e da escrita)? Que papel restará ao multilinguismo quando a necessidade de inteligibilidade básica for retirada da equação? Noções como identidade, conscientização cultural, sofisticação literária e outras semelhantes inevitavelmente assumirão o centro do palco. Essas questões são seminais.

Onde estamos e para onde vamos?

Em relação à descrição, a Linguística da Internet encontra-se no mesmo estágio em que se encontravam os estudos da língua inglesa nos anos 1960. Quando o levantamento dos usos do inglês (Survey of English Usage) na University College of London teve início, em 1959, o objetivo era desenvolver uma descrição compreensiva da gramática de todas as variedades do inglês escrito e falado. Para tal, uma equipe de pesquisadores compilou um *corpus* contendo recortes de cinco mil palavras, totalizando um milhão de palavras que serviram de base para a descrição. Várias gramáticas de referência associadas ao nome de Randolph Quirk resultaram desse esforço. Desde então, outros projetos de *corpus* (muito maiores) foram desenvolvidos, e um progresso enorme foi alcançado na área de processamento computacional. Algum tempo atrás, os estudos apresentados nas conferências de Linguística de Corpus eram sempre muito tímidos em suas conclusões, porque o banco de dados era muito pequeno. Hoje, as pessoas testam suas hipóteses em bancos de dados com centenas de milhões de palavras; há um tom de confiança nas generalizações dos estudos em Linguística de Corpus que antes não se via.

Esse tom ainda não está presente nas descrições da linguagem da internet porque há ainda pouca atividade a partir de *corpora*. Um dos problemas (que mais uma vez recapitula preocupações vividas nos anos 1960) é a questão do uso público *versus* privado, propriedade e *copyright*. O material que foi postado na internet pode ser usado sem permissão? Como aplicar a noção tradicional de citação? O fato é que há poucos *corpora* de linguagem da internet. Quando estava escrevendo *Txtng*,[10] passei muito tempo tentando coletar mensagens de texto em várias línguas. Pedia as mensagens e as pessoas recusavam, dizendo que as mensagens eram privadas – mesmo que eu dissesse a elas que não reproduziria nenhuma parte do material no que estava planejando escrever. Por fim, acabei juntando dados suficientes para chegar a alguns achados, mas não foi fácil.

A questão do *corpus* está melhorando em algumas línguas, mas há um segundo problema. Com a velocidade dos avanços tecnológicos, não leva muito tempo para que um *corpus* fique obsoleto. Um exemplo que uso no *Internet Linguistics* é o Twitter; a natureza linguística dos tweets mudou quando o Twitter alterou sua chamada em 2009. Praticamente todos os estudos descritivos sobre a linguagem da internet realizados na década de 1990 são exercícios em Linguística Histórica hoje em dia.

Outra lacuna diz respeito à ênfase na descrição linguística. O levantamento dos usos do inglês anteriormente referido concentrou-se na gramática, e os maiores projetos de dicionários das últimas décadas, todos tratam do vocabulário. Os linguistas sabem como lidar com esses tópicos. Todavia, a internet e as mídias eletrônicas a ela associadas apresentam outras dimensões da linguagem para as quais a Linguística contribuiu pouco até agora. Tipografia e toda a área de desenho gráfico é um caso. Os linguistas disseram muito pouco até então sobre web design, tipografia on-line, facilidade de leitura, tamanho ótimo de sentença e uma coleção de outros assuntos semelhantes. Quando eu estava na Universidade de Reading, lembro-me de alguns seminários que fizemos com o Departamento de Tipografia, explorando as noções do Michael Twyman sobre a traduzibilidade gráfica entre mídias diferentes (escrita manual, impressão, datilografia etc.) e, alguns anos depois, tentando tecer coerência para a interação mediada pelo papel, em "Rumo à Linguística Tipográfica" (1998)[11]– mais uma possível subárea da Linguística! Que a facilidade de leitura é afetada por fatores tais como o tamanho da linha e da fonte, a escolha da fonte e a rolagem das páginas é lugar-comum. No entanto, há um espaço enorme para a dimensão psicolinguística nesse corpo de conhecimento. Usando um exemplo específico: a localização das quebras de linha é um fator importante na legibilidade de um texto. Confiram isso no "Reading, Grammar, and the Line" (1979).[12] Mas como é que isso funciona em contextos digitais? E o que vai acontecer à medida que a internet se tornar cada vez mais móvel e as telas cada vez menores?

Precisamos também de mais pesquisa sobre legibilidade da internet como um *corpus* linguístico. Como muitos de vocês, sempre utilizo uma ferramenta de busca para aferir a frequência com que uma palavra ou expressão é usada. Entretanto, como mostro no *Internet Linguistics*, os resultados que obtemos por diferentes ferramentas de busca podem variar significativamente. Além disso, ainda que usemos a mesma ferramenta, não fica muito claro como interpretar os resultados, porque a busca conjuga dados de períodos de tempo muito diferentes e há um volume alto de duplicação, já que a mesma fonte pode ser reproduzida em várias entradas. Os retweets apresentam o mesmo problema. Uma busca inicial dá uma boa ideia sobre a presença de um dado fenômeno na internet, mas precisamos ser cautelosos ao projetar tendências linguísticas com base nessa busca. Grande parte dos resultados depende do tópico investigado. No *Internet Linguistics* refiro-me brevemente a um estudo sobre a evolução da ortografia do inglês. Trata-se de um tópico para o qual a presença na internet *pode* funcionar como um guia útil. Parece que há um processo natural de simplificação em curso. A ortografia é uma daquelas áreas em que o volume de exposição altera a intuição sobre o que é aceitável.

Novas mídias, letramento e práticas pedagógicas

Não sou professor e sempre que me envolvi com Planejamento e Elaboração de Materiais foi em colaboração com professores (como mostram os vários projetos que fiz com Jeff Bevington, John Foster e Geoff Barton ao longo dos anos). Não, isso não é bem verdade. Escrevi sozinho o livro *Language A to Z*,[13] mas este foi descontinuado assim que a primeira edição se esgotou; isso não aconteceu sem motivo!

Vêm ocorrendo mudanças profundas no modo como o letramento é entendido. Para aqueles que nasceram e foram educados antes da era da internet, o letramento impresso é fundamental e o da tela, periférico. Para pessoas nascidas e educadas desde então, vem sendo o contrário. Neste momento, encontramo-nos em um período de transição esquisito, de confronto entre essas gerações. O uso da tecnologia pelos jovens é visto com desconfiança. Os telefones celulares são proibidos em sala de aula. Mitos sobre o impacto do meio eletrônico na linguagem encontram-se por todos os lados (como mostro em *Txtng*). As pessoas reclamam que "os adolescentes não leem", quando na realidade os adolescentes leem o tempo todo – no telefone celular, no Facebook...

É de extrema importância a leitura ser uma rotina na vida desses jovens. Talvez não estejam lendo o que os adultos querem que eles leiam (Shakespeare, Dickens...), mas *estão* lendo. Então, o desafio pedagógico é encontrar modos de encurtar a distância até a literatura sofisticada – de usar a tecnologia como ponto de encontro com ela. Em vez de proibir as mensagens de texto em sala de aula, precisamos usá-las para fazer poesia (e romances, em algumas partes do mundo). Precisamos tornar o letramento digital uma prioridade nas bibliotecas das escolas. Precisamos distribuir notebooks para as crianças, caso ainda não os tenham. E, de forma geral, precisamos trabalhar em prol de um clima de respeito pelo modo de os jovens verem o mundo em vez de condená-lo.

Sou o presidente da Associação Nacional de Letramento na Inglaterra. Alguns anos atrás, patrocinamos um projeto na zona leste de Londres que distribuiu notebooks para alunos com grau insuficiente de letramento. O projeto previa que os notebooks fossem levados para casa. Houve receio generalizado. Seria um desperdício de dinheiro. As crianças perderiam, quebrariam, venderiam os computadores... Na realidade, eles alcançaram o grau de letramento esperado em pouco mais de um ano, durante o período do projeto. E a relação positiva entre o uso da tecnologia de comunicação e o grau de letramento vem sendo repetidamente demonstrada em pesquisas como as da Coventry University (a que me refiro em *Txtng* e no *Internet Linguistics*).

Linguística Aplicada e a Linguística da Internet

Em meu ponto de vista, o trabalho da Linguística Aplicada é sempre muito reativo em um primeiro momento. Alguém identifica um problema de linguagem que é percebido como abordável de modo útil do ponto de vista da Linguística. Essa pessoa é normalmente alguém que atua fora da esfera da Linguística – uma fonoaudióloga, uma professora de línguas, uma consultora de letramento e assim por diante. No caso da internet, as abordagens advêm das buscas on-line e da publicidade (como mencionado anteriormente), assim como das outras áreas que vocês mencionam na pergunta. O potencial para ação é imenso, mas as dificuldades práticas também são consideráveis. É difícil ser proativo. Fatores comerciais interferem. Como descobri em minhas primeiras aventuras de busca, as empresas que investem pesadamente em uma dada abordagem de busca dificilmente se convencem de que outra abordagem, linguisticamente orientada, é benéfica. Questões éticas também entram no jogo. O modesto estudo de caso de pedofilia on-line relatado no *Internet Linguistics* mostra o tipo de dificuldade que se encontra quando se tenta investigar qualquer assunto delicado. Esse tópico se mostrou impossível de ser levado adiante, e imagino que seria igualmente difícil iniciarmos aplicações da Linguística em relação a fraudes e terrorismo.

Mesmo assim, há muitas oportunidades. Fui a uma conferência sobre segurança na internet, em Bruxelas, em 2002, na qual ficou claro que as pessoas estavam enfrentando dificuldades para lidar com o crime cibernético. Essa é uma área para a qual a Linguística (mais especificamente, a Linguística Forense) pode ter uma contribuição valiosa. Algumas áreas que vêm a minha mente incluem maneiras de filtrar dados indesejáveis (antispam, antiflame, filtro de pornografia) sem que isso exclua dados desejáveis ("o problema de Essex" – os endereços daquele condado foram excluídos devido à sequência "sex" no nome da região); outra área seria a simulação de identidade, como nos casos de pseudoautoria literária, falsificação, plágio, manipulação de correio eletrônico, páginas de wikis etc.

Por exemplo: um pedido para que você envie seus dados pessoais via internet geralmente contém pistas linguísticas caso a fonte seja suspeita; então, aumentar a conscientização sobre isso só pode contribuir (vejam em meu blog a postagem intitulada "On Identifying Phishermen", de 18 de julho de 2011).[14]

Profissionais da Linguística Aplicada têm de fazer seu próprio marketing pessoal. É difícil achar uma agência que faça isso por eles, pois quem os contrata como consultores, pelo menos em minha experiência, leva muito tempo para dar valor às questões linguísticas – e depois normalmente não as compreende de forma correta. Mas quantos profissionais da Linguística Aplicada que estão na Academia têm tempo para se dedicar a marketing pessoal? Consome muito tempo. Todavia, é uma questão que as organizações de classe da Linguística Aplicada precisam atacar. Elas já estão fazendo isso; por exemplo, a Associação de Linguística Aplicada Britânica (BAAL) está pensando em alternativas para solucionar essa questão.

No nível da pesquisa, sinto que o melhor jeito de andar para frente é fazer, na medida do possível, muitos estudos de caso de pequena escala – como aconteceu no início da pesquisa na área da saúde. Defendo esse argumento também no artigo "Meeting the Need for Case Studies", publicado em um dos primeiros números da revista *Child Language Teaching and Therapy*, em 1987.[15] Acho que os meios de publicação tradicionais não devem ser usados para isso, mas sim o meio digital ou recursos como *language@internet* ou o blog ou as redes sociais.

Perigos da linguagem no meio digital

"Precisamos entender como a linguagem mediada pelo meio digital funciona, como explorar pontos fortes e como evitar os perigos, e é nesse aspecto que a Linguística da Internet, ora em desenvolvimento, pode ter uma contribuição significativa."[16] Os perigos incluem ser "ambíguo", "mal-intencionado" ou "ofensivo", como menciono anteriormente no parágrafo citado. Vemos com frequência na imprensa reportagens sobre pessoas que se metem em confusão porque não souberam entender a natureza da internet e escrevem coisas em correios eletrônicos ou nas redes sociais que podem potencialmente prejudicar outros; essas postagens depois alcançam um público que não havia sido o alvo. Escrevo essa resposta no mesmo dia em que li uma reportagem sobre a estagiária de um membro do parlamento britânico que usou a conta do Twitter de seu chefe para mandar uma mensagem jocosa que se tornou viral. Ela, por pouco, não perdeu o emprego. Como alguém disse certa vez, "On-line, só escreva aquilo que você pode defender no tribunal".

A situação legal em si é nebulosa. No início de 2011, surgiu o debate sobre se as redes sociais poderiam publicar detalhes sobre a vida privada das celebridades (como acontece no Twitter). Mais tarde, nesse mesmo ano, a Suprema Corte do Canadá sacramentou que publicações on-line não poderiam ser julgadas culpadas por ligações com material difamatório. A Suprema Corte americana ainda não julgou o assunto, e seria elucidativo discutir as questões envolvidas.

Alguém que publica uma declaração difamatória escrita por outro tem essencialmente tanta culpa quanto a pessoa que fez a declaração. Então, por exemplo, um jornal é responsável pelo que publica em suas páginas porque sua editoria, em princípio, detém controle sobre o que sai ou não no jornal. Em contrapartida, vendedores de jornal ou bibliotecas que têm o jornal não são culpados pelo conteúdo que distribuem. Assim, como fica uma página da internet que mostra material difamatório? A página eletrônica é quem edita ou quem distribui conteúdo? Em um caso antigo na cidade de Nova York (1991), a CompuServe argumentou que era a distribuidora, e o tribunal deferiu o argumento; mas um caso no mesmo estado em 1995 teve desfecho contrário, com base no exercício do controle editorial sobre o conteúdo pela página.

O congresso americano aprovou em 1996 a Lei de Decência nas Comunicações (Communications Decency Act). A Seção 230 dessa lei diz que "nenhum provedor ou usuário de serviços computacionais interativos deve ser tratado como o editor ou responsável por qualquer informação fornecida por outro provedor". Parece bastante claro, mas o pior são os pormenores individuais de cada página. O que acontece quando um site fornece conteúdo criado conjuntamente com o provedor de serviço e outro autor? Se eu envio uma matéria para um site e seu proprietário edita minha matéria, quem é o responsável pelo conteúdo resultante? Se há alguma informação difamatória, quem é o culpado? Se a página da web é totalmente passiva, não há problema. Mas se é feito qualquer grau de edição, pode haver. Tudo depende de quanta edição se faz. E também de como o material é apresentado na tela. Um comentário pode parecer inócuo até que seja colocado, em destaque, na manchete.

É nítido que há um largo escopo para a aplicação da Linguística aqui. Alguém tem de identificar e avaliar exatamente o que acontece com a linguagem. É o tipo de tarefa que a Linguística Forense é perfeitamente capaz de fazer, e antevejo um futuro amplo para esse ramo da Linguística On-line.

O caso do Twitter

Os twitters passaram por uma grande mudança de perspectiva; deixaram uma orientação introspectiva e abraçaram a interacional. Muitos podem ter sido os fatores responsáveis por essa mudança. Para explicar quais teriam sido os motivos que a originaram, precisamos recorrer à Linguística que trata dos "porquês": a Pragmática. Defino Pragmática como o estudo das escolhas disponíveis para quem usa a língua, o que inclui as intenções por trás das escolhas e os efeitos por elas gerados. A internet demanda a perspectiva pragmática, como discuto no segundo artigo que mencionei. Intenção é tudo. Algumas vezes é fácil identificá-la: um site com a intenção de vender alguma coisa contará com mecanismos que permitam a execução da venda (por exemplo, o carrinho de compras). Algumas vezes é mais difícil perceber quais são as intenções de um site, como nos que se dedicam a visões extremistas. E sempre há um contraste com o efeito pretendido: o sentido de uma mensagem pode ser bem diferente da intenção do autor.

Seria um exercício interessante explorar os fatores que levaram o Twitter a essa mudança com base nesse ponto de vista, mas isso exigiria técnicas de entrevista acompanhadas de análise descritiva. O blog do Twitter, em 19 de novembro de 2009, sugere que foi uma mudança provocada pelo conteúdo:[17]

> O Twitter foi originalmente concebido como um serviço de atualização de *status* móvel – um modo fácil de entrar em contato com as pessoas que fazem parte de sua vida, enviando e recebendo respostas curtas e frequentes para uma pergunta: "O que você está fazendo?" Entretanto, quando foi implementado, escolhemos deixar alguma coisa de fora. Para permanecer simples, o Twitter não exigia que as pessoas confirmassem seus relacionamentos. Pelo contrário, deixamos as coisas em aberto: As pessoas, organizações e negócios rapidamente começaram a responder à natureza aberta da rede e compartilhar qualquer coisa que desejassem, ignorando completamente a pergunta original, aparentemente buscando tanto perguntar quanto responder a uma pergunta diferente e mais imediata: "O que está acontecendo?"

Mas por baixo desse raciocínio deve haver outra agenda, relacionada principalmente com a competitividade e o lucro. Não sei se os linguistas têm muito a oferecer nessa arena. Contudo, há muitas outras coisas por fazer. Discuto a classificação dos tweets no estudo de caso que apresento no *Internet Linguistics*. A análise funcional de enunciados é uma casa de marimbondos já bem conhecida das pesquisas na área, e uma pergunta que ainda não mereceu a atenção devida é qual seria a melhor forma de classificar os tweets. Imagino que uma taxonomia sofisticada poderia influenciar o processo decisório por parte do Twitter, e, sem sombra de dúvida, esse tipo de abordagem seria relevante para todos os envolvidos no processo decisório na internet.

Anonimidade e coleta de dados

Em uma primeira dimensão, anonimidade significa não conhecer quem é exatamente uma dada pessoa. Em outra dimensão, significa não saber nada sobre essa pessoa. Como linguista, não me incomoda nem um pouco dar nome às pessoas. Do que preciso, para analisar dados linguísticos, é de informações genéricas, como idade, gênero, classe, etnia, comunidade de fala e coisas semelhantes. Então, uma alternativa é estabelecer o contexto referencial no qual fatores sociolinguísticos e psicolinguísticos salientes sejam identificados. Faço isso em meu blog. Não publico comentários enviados para o blog sobre aspectos de uso da língua se quem os posta não revela alguma coisa sobre si próprio. Não preciso de nomes, mas, sem nenhuma informação sobre o autor, os comentários postados não são interpretáveis.

Acredito que o tipo de perfil pessoal encontrado nas redes sociais poderia fornecer essa informação; isso também é verdade para os perfis automáticos de comportamento, que permitem que os internautas sejam alcançados de várias maneiras. Todavia, o caráter controverso dessas técnicas é bem conhecido, e muito provavelmente essas práticas vão mudar. O volume de anonimidade também pode diminuir com o passar do tempo, principalmente à medida que as pessoas se derem conta de que, se a ocasião justificar, qualquer identidade pode ser rastreada (prática forense de novo). Até certo ponto, a ênfase na anonimidade é consequência da novidade representada pela comunicação na internet, e pode ser que, com o devido tempo, a anonimidade como rotina venha a se tornar um dos maiores incômodos do meio.

Outputs ou gêneros?

Acho que não há muito mais a ser dito. Introduzi o termo *output* simplesmente para evitar o óbvio. Termos como "gênero" (assim como "variedade", "registro" etc.) pressupõem homogeneidade linguística: dizer que um texto representa um gênero é o mesmo que dizer que esse texto compartilha certos atributos linguísticos com outros textos que também representam o gênero. Essa questão da previsibilidade precisa ser demonstrada, não pressuposta. Dessa forma, busquei um termo não linguístico que identificasse as várias entidades que compõem o discurso eletrônico e que não desconsiderasse a coerência (ou sua ausência) que qualquer pesquisa tem por propósito estabelecer.

Fala *versus* escrita

A natureza das diferenças entre fala e escrita é clara o suficiente, em meu entender, mas ainda falta profundidade de detalhes sobre alguns critérios de comparação, e em apenas algumas línguas as hipóteses foram testadas. É perfeitamente possível que um *output* x na língua A seja mais próximo da fala, enquanto na língua B seja mais próximo da escrita. Fatores culturais e diferenças na natureza do sistema da escrita podem explicar as várias preferências.

Ademais, ainda que em uma mesma língua, há espaço considerável para mais pesquisa. Por exemplo, todos nós achamos que o discurso escrito das redes sociais é mais informal e mais afastado da língua padrão que o dos meios tradicionais. Mas, agora, defina essa informalidade para mim. E compare-a à informalidade da fala. Que atributos da fala encontram-se presentes e quais não? Para dar um exemplo simples, em um fórum de discussão em inglês, será que encontramos a mesma variedade de preenchedores de espaço (*you see, you know, I mean*...) que na linguagem oral? Acho que não. Será que encontramos a mesma variedade de mudanças na orientação sintática, quebrando a estruturação lógica (os anacolutos)? Como, exatamente, se dá o afastamento em relação à língua padrão? Todos podemos dar um ou outro exemplo e contar histórias. No entanto, isso é muito diferente de fazer uma descrição sistemática.

Rituais de comportamento

O maior efeito da ausência de *feedback* seria o aumento do número e tipo de reparos (no sentido em que o termo é usado na Análise da Conversa) e autorreparos.

Em uma interação bidirecional, se eu envio uma mensagem para você com um efeito de sentido indesejado – por exemplo, você não entende o que eu disse, acha ambíguo, ofensivo, constrangedor... –, é provável que (a) você me diga isso, e eu tente esclarecer o problema, ou (b) eu acabe entendendo sozinho e envie uma mensagem dando prosseguimento à interação. À medida que meu conhecimento sobre a interação na internet aumenta, é mais provável que eu passe a me automonitorar e a evitar áreas conhecidas como perigosas (como me certificar de que a mensagem não siga em letras maiúsculas, ou não usar abreviações ambíguas). Quanto maior o número de pessoas envolvidas na interação, mais complexa a questão.

Vou dar um exemplo mais concreto. A flutuação da popularidade dos emoticons na última década, tenho certeza, é consequência do entendimento, por parte dos internautas, de que esses recursos não oferecem o tipo de solução comunicativa de que eles precisam. Os emoticons ainda têm valor, porém com grau de funcionalidade reduzido. A função de substituição (um emoticon tomar o lugar de uma reação completa ao enunciado de um interlocutor) parece não ter sofrido diminuição na frequência de uso nas amostras que coletei recentemente de correios eletrônicos e mensagens instantâneas. Mas a função suplementar (a adição de um emoticon no fim de uma sentença) caiu drasticamente. Posso entender isso. De um lado, o uso do emoticon é uma admissão de fracasso comunicacional: se você tem de usar um no fim de uma sentença, isso significa que ela é, de algum modo, ambígua e que você espera que o emoticon resolva a ambiguidade. Entretanto, não seria melhor reformular a sentença para resolver a ambiguidade? O emoticon *per se* é sempre ambíguo. Acho que as pessoas já se deram conta disso, conforme a experiência com a comunicação na internet aumenta, e, assim, passaram a formular as mensagens mais cuidadosamente, de modo que tornassem desnecessário o uso do emoticon. Isso ainda deixa espaço para o uso dos emoticons como brincadeira, mas, pelo que tenho visto, eles se tornaram menos comuns.

Desdobramentos

Nunca tente prever o futuro quando o assunto é linguagem. E, certamente, muito menos, quando se trata de tecnologia linguística. Se vocês me dissessem, em 2005, que o próximo grande passo seria um serviço de mensagens curtas, com 140 caracteres, desenvolvido para a internet, eu teria dito que vocês estavam malucas. Mas alguns desses próximos passos são conhecidos. O acesso à internet se tornará, cada vez mais, móvel, em vez de exigir um terminal fixo. A interação em áudio e vídeo se tornará rotina e será suplementada pela tecnologia de converter texto em fala e fala em texto. Os recursos disponíveis para a tradução automática irão melhorar enormemente. O número de línguas na internet irá disparar à medida que o acesso melhorar em partes do mundo que permaneceram desconectadas até recentemente (especialmente na África). E outras tantas coisas são imprevisíveis.

Se, como argumentei, a comunicação eletrônica é genuinamente um novo meio de comunicação, as apostas permanecem em aberto. Quando o levantamento dos usos do inglês (Survey of English Usage) começou, o foco era a fala. Toda e qualquer afirmação a respeito da gramática do inglês escrito tinha de ser verificada no *corpus* de língua falada. Levou-se mais de uma década para que se conseguisse compilar uma gramática de referência que combinasse a fala à escrita e ainda outra década antes de um trabalho definitivo aparecer, em 1985 – *A Comprehensive Grammar of the English Language*. Agora temos de fazer a mesma coisa outra vez. Cada afirmação sobre gramática feita para a língua inglesa falada e escrita em ambientes desconectados precisa ter sua validade verificada para ambientes on-line. O mesmo argumento vale para outras dimensões da descrição linguística, assim como para outras línguas. As mesmas metodologias anteriormente utilizadas podem ser agora aplicadas aos *outputs* da internet. E se for necessário adaptá-las, dada a natureza do *output*, isso será também de nosso interesse como pesquisadores.

Pesquisadores interessados pela internet têm um grande incentivo: não é difícil ser original. Posso imaginar um aluno de mestrado ou doutorado com interesse em Shakespeare, por exemplo, descobrindo que é simplesmente impossível escolher um tópico que ainda não tenha sido estudado. No caso da internet, há centenas de lacunas de pesquisa por serem preenchidas e, com as facilidades disponibilizadas pelas ferramentas de busca, até uma pesquisa sobre Shakespeare pode acabar gerando achados linguísticos originais. Toda vez que exploro o banco de dados das palavras usadas por Shakespeare (Shakespeare's Words database) com propósito de investigação linguística, encontro alguma coisa nova.[18] É especialmente mais fácil produzir algo original em relação à internet quando se toma uma perspectiva comparativa (seja comparando *outputs* de uma mesma língua, seja comparando *outputs* entre duas ou mais línguas). As pesquisas em Linguística da Internet estão começando a florescer, mas estou certo de que o futuro é promissor.

Notas

1 Tradução de Tânia Gastão Saliés do original em inglês.

2 Com exceção das notas que se seguem, as referências feitas são a: David Crystal, *Internet Linguistics*, Abingdon, Routledge, 2011.

3 David Crystal, *Just a Phrase I'm Going Through*: my Life in Language, Abingdon, Routledge, 2009.

4 David Crystal, *Language and the Internet*, 2. ed., Cambridge, Cambridge University Press, 2006 (1. ed. 2001).

5 David Crystal, *A Glossary of Netspeak and Textspeak*, Edinburgh, Edinburgh University Press, 2004.

6 Disponível em: <http://www.isense.net> e <http://www.sitescreen.com>. Acesso em: jun. 2012.

7 David Crystal, "The Scope of Internet Linguistics", Encontro da American Association for the Advancement of Science, 18 fev. 2005. Disponível em: <http://www.davidcrystal.com/DC_articles/Internet2.pdf>. Acesso em: jun. 2012.

[8] David Crystal, "The Changing Nature of Text: a linguistic perspective", em Wido van Peursen, Ernst D. Thoutenhoofd; Adriaan van der Weel (orgs.), Text Comparison and Digital Creativity, Leiden, Brill, 2010, pp. 229-51. Disponível em: <http://www.davidcrystal.com/DC_articles/Internet20.pdf>. Acesso em: jun. 2012.

[9] David Crystal, "'O Brave New World, that has Such Corpora in it!' New Trends and Traditions on the Internet", Plenary Paper to Icame 32, Trends and Traditions in English Corpus Linguistics, Oslo, jun. 2011. Disponível em: <http://www.davidcrystal.com/DC_articles/Internet21.pdf>. Acesso em: jun. 2012.

[10] David Crystal, *Txtng:* the Gr8 Db8, Oxford, Oxford University Press, 2008.

[11] David Crystal, "Towards a Typographical Linguistics", *Type 2*(1), 1998's Autumn, pp. 7-23. Disponível em: <http://www.davidcrystal.com/DC_articles/Linguistics17.pdf>. Acesso em: jun. 2012.

[12] David Crystal, "Reading, Grammar and the Line", em D. Thackray (org.), *Growth in reading*, London, Ward Lock Educational, pp. 26-38. Disponível em: <http://www.davidcrystal.com/DC_articles/Education22.pdf>. Acesso em: jun. 2012.

[13] David Crystal, *Language A to Z*, London, Longman, 1991, dois livros e guia do professor.

[14] Disponível em: <http://david-crystal.blogspot.com/search?q=phishermen>. Acesso em: jun. 2012.

[15] David Crystal, "Meeting the need for case studies", *Child Language Teaching and Therapy*, n. 3, 1987, pp. 305-10. Disponível em: <http://www.davidcrystal.com/DC_articles/Clinical18.pdf>. Acesso em: jun.2012.

[16] David Crystal, *Internet Linguistics*, Abingdon, Routledge, 2011, p. 7.

[17] Disponível em: <http://blog.twitter.com/2009/11/whats-happening.html>. Acesso: jun. 2012.

[18] Disponível em: <http://www.shakespeareswords.com>. Acesso em: jun. 2012.

Como o internetês desafia a Linguística

Kanavillil Rajagopalan

O internetês – linguagem ou linguajar (como se quiser) que os internautas estão espalhando pelo mundo – vem sendo objeto de desconfiança das gerações mais velhas e de grande familiaridade e júbilo para as mais jovens, em especial para aqueles que se entregaram de corpo e alma aos encantos da internet e a suas múltiplas possibilidades. Para muitos estudiosos, permanece um grande enigma. Que desafios o linguajar de postagens como a de Mara Semyra (a seguir), no portal Verdes Mares, Diário do Nordeste, apresenta para a Linguística?

> "Td de bom p vc. Xau, bju!", "Blz, t+! A gtn se fla por aki. Bjaum!", "Entendeu? Não! Então, é bom começar a estudar o internetês."

O presente capítulo[1] aborda tal questão. Em meio a controvérsias que ainda pairam sobre o assunto, pontuarei alguns momentos de imensa significância na história das inovações tecnológicas que revolucionaram os modos de comunicação entre as pessoas, os países, os continentes e, quem sabe, revolucionarão, no futuro, entre as galáxias. Gostaria de chamar atenção para o fato de que sempre houve e, ao que parece, sempre haverá porta-vozes de visões apocalípticas, temerosos de que os novos engenhos prenunciem desastre iminente. Para nossa sorte, existem também pessoas menos pessimistas, que nos desaconselham a procurar remar contra a maré. No que se segue, sustento o argumento de que é muito mais sensato compreender o internetês como algo sintomático dos tempos em que vivemos, marcados por uma série de características, como a facilidade, a rapidez de comunicação, assim como a espontaneidade e o laconismo nas formas de transmitir as mensagens.

Tecnologia – objeto, ao mesmo tempo, de fascínio e medo

Toda inovação tecnológica costuma ser saudada com reações imediatas de dois tipos e, muitas vezes, simultâneas, gerando situações um tanto paradoxais. Ao mesmo tempo que há entusiastas que celebram o novo invento e os possíveis benefícios que ele poderá trazer para a humanidade, também há sempre um pequeno grupo de céticos que, desconfiados, costumam proclamar desastre iminente de proporções apocalípticas. Até hoje se encontra, a título de exemplo, quem acredite piamente que o celular provoca câncer cerebral no usuário, embora todas as provas científicas disponíveis até o momento digam o contrário. O que é mais impressionante ainda é que tais opiniões são nutridas e defendidas sem ter nenhuma sustentação plausível. É como se o defensor, decidido a uma posição cética, estivesse dizendo o tempo todo, sem sequer prestar atenção nos argumentos que não lhe interessam: "Esses 'brinquedos' não vão trazer benefícios à humanidade; pelo contrário, são maléficos. Não se brinca com a mãe Natureza; quem decide 'bancar' Deus será fatalmente castigado pela fúria divina!" Com certeza, a contenda entre tecnófilos e tecnófobos é muito antiga e, ao que parece, algo que não vai ser resolvido, quem sabe, nunca!

A revolução de Gutenberg e os temores que ela despertou

Quando, no ano de 1439, Johannes Gensfleisch zur Laden zum Gutenberg (*circa* 1398-1468) inventou a prensa móvel, ele estava dando o primeiro passo, o empurrão, de que a Europa tanto precisava para que fosse dada a largada para uma grande revolução, de consequências inimagináveis e duradouras; por que não dizer, para uma sacudida nas mais variadas esferas. Sem sombra de dúvida, a prensa móvel de Gutenberg foi um marco na história da humanidade, pois tornou possível o advento do Iluminismo, por um lado, ao espalhar aos quatro ventos o espírito da Renascença e do livre exercício da razão, e a Reforma da Igreja, por outro, ao colocar a Bíblia ao alcance de todos, tirando dos sacerdotes o monopólio sobre o acesso ao livro sagrado e sua interpretação rigorosamente controlada. Entre os maiores entusiastas da nova invenção, estava Thomas Carlyle (1795-1881), que, em sua obra *Sartor Resartus*, fez questão de derramar o seguinte encômio: "Aquele que encurtou o trabalho dos copistas pela invenção dos tipos móveis estava na verdade dispensando exércitos de aluguel e despedindo monarcas e senados: ele inventara a arte de imprimir" (Carlyle, 1833).

Entretanto, engana-se quem pensa que Gutenberg e sua invenção foram sempre recebidos com braços abertos e entusiasmo contagiante. Houve, desde o início, quem expressasse alarme e repulsa. Houve, inclusive, quem concluísse que a imprensa era a invenção do diabo. O fato em si não deve surpreender ninguém, visto que até mesmo a introdução da escrita foi saudada com apreensão e desconfiança por ninguém menos que Platão, que, segundo nos relata Stearn, "viu a escrita como uma revolução notadamente destrutiva". E acrescenta: "Desde aqueles tempos, nós passamos por tantas revoluções para chegarmos à conclusão de que todo meio de comunicação é uma forma de arte única que dá saliência a um conjunto de possibilidades humanas a custo de outro" (Stearn, 1981: 123).

Como se não bastasse, ainda se encontram em nossos meios alguns ludditas empedernidos. O movimento luddita nasceu na cidade inglesa Nottingham, onde em 1811 um bando de tricoteiros liderado por Ned Ludd andou destruindo maquinarias que faziam peças de vestimenta em grande quantidade e a um custo bem mais reduzido que o custo-padrão da época. Desde então, o termo "luddita" passou a significar qualquer pessoa avessa a novidades tecnológicas, não necessariamente por motivos empregatícios, mas por sustentar quase um ódio ideológico à tecnologia.

Da palavra impressa ao internetês

Se a passagem da escrita do manuscrito para o texto impresso causou consternação na época, não menos alarmante está sendo o uso contemporâneo do internetês pelos usuários da internet em vários lugares do mundo. Os ditadores do mundo árabe, apavorados com o uso engenhoso e incontrolável do Facebook e Twitter por seus "súditos" inconformados, que o digam! Na Primavera Árabe, o que o mundo testemunha não é senão uma reprise do prenúncio da dispersão dos "exércitos de aluguel" e da derrocada dos "monarcas e senados", tal qual foi vislumbrado por Carlyle.

Objeto de vilipêndio ou, no mínimo, desconfiança, o internetês é, no entanto, nada mais que uma síntese de tudo aquilo que está acontecendo na esfera de comunicação. Em ambos os casos, a objeção que a novidade encontra no caminho é motivada pelo medo do desconhecido e percepção clara de que mudanças significativas estão sendo provocadas. No caso do surgimento da imprensa, quem teve toda a razão para se sentir acuado foram os copistas; os amanuenses logo viram no horizonte próximo o fim de sua profissão e dos privilégios que o ofício lhes propiciava. No caso da internet e do avanço do internetês, quem vê sua razão ser ameaçada são os autoproclamados guardiões da língua e os gramáticos, os arautos da correção gramatical. Muitas das reclamações contra o internetês vêm precisamente daqueles que se sentem encarregados de salvaguardar a integridade da língua, em nosso caso, o português.

Há outros que disfarçam seu temor, dizendo que o perigo de contaminação da língua não existe porque o internetês está devidamente contido e confinado a seu rincão. Veja, por exemplo, a resposta de Pasquale Cipro Neto à seguinte pergunta feita pelo site Educacional:

> *Que balanço você faz da assimilação do "internetês" no nosso idioma?*
> Eu faço um balanço tranquilo. As coisas estão no seu devido lugar. A linguagem da Internet é ótima na Internet. Ela não ganhou status de língua padrão, porque representa um segmento diferente. É uma linguagem funcional, cumpre o seu papel e deve ser vista assim. Os arautos da falsa modernidade diziam que essa linguagem iria tomar conta de tudo. Mas não há um jornal escrevendo em internetês. Ainda há muito educador vendo isso com olhos tortos, o que é um problema muito sério, porque não se deve condenar essa linguagem. Só se deve dizer à garotada que essa é apenas "uma das roupas que é preciso ter no guarda-roupa". Ou seja, que ela é adequada para uma situação, e não para todas. (Cipro Neto, 2009).

Ou seja: cada macaco no seu galho! O internetês está bem-aceito, desde que fique em seu lugar; desde que ele não tome o lugar da língua padrão. Quem pensa o contrário é tachado de arauto da falsa modernidade.

Para alguns estudiosos de internet, o internetês é nada mais que uma forma de transmitir mensagens, utilizando uma escrita reduzida e "truncada" que imita a modalidade da fala. E, por conseguinte, eles entendem que os efeitos do internetês são, em larga medida, nocivos à norma culta e prejudiciais à juventude, que, uma vez "viciada" no novo linguajar da moda, fica impedida de seguir com eficiência as regras da escrita culta.

O linguista britânico David Crystal (2010; ver também Crystal neste volume), que cunhou o termo "*internet linguistics*", tem uma opinião notavelmente diferente. Em suas palavras,

> A internet tem feito com que a linguagem evolua para uma nova forma de comunicação, diferente em aspectos fundamentais das formas conversacionais tradicionais da fala e da escrita. Os atributos que diferenciam a CMC [comunicação mediada por computador] da fala incluem a ausência de *feedback* simultâneo (vital para conversação bem-sucedida), a ausência da fonologia não segmental (ou da tonalidade da voz, que as emoções se esforçam para eximir, porém não conseguem) e sua habilidade de múltiplas interações simultâneas (como em salas de conversa em tempo real). Os atributos que diferenciam a CMC da escrita incluem sua dimensão dinâmica (através de efeitos como animação e atualização de páginas), sua habilidade de enquadrar mensagens (mediante cortar e colar e-mails) e sua hipertextualidade (apenas aludida na escrita tradicional via noções como a das notas de rodapé).

Ou seja, é inútil, no entender de Crystal, procurar desvendar o internetês utilizando, para tal fim, os conceitos disponíveis no velho arsenal com o qual estamos acostumados. Dualismos como o da "fala *versus* escrita" são simplesmente insuficientes e incapazes para dar conta do novo meio, o internetês, que acena para novas formas de letramento surgindo no horizonte (Toschi, 1996; Topping, 1999).

A pergunta a que devemos procurar responder não é se deve ser reconhecida a existência de algo chamado internetês ou sua razão de ser, com suas características próprias e distintas, mas se o surgimento do internetês, ou sua simples ideia, prenuncia mudanças significativas naquilo que vimos conceituando como língua.

O impacto do internetês e seus desdobramentos

Que toda inovação tecnológica impacta a forma pela qual as pessoas se comunicam, ninguém pode negar. Foi assim quando o mundo conheceu a telegrafia, em 1839. Até então, a única forma de repassar mensagens vitais a longas distâncias era via mensageiros a cavalo ou usando outros meios de transporte. As mensagens enviadas precisavam estar claras e concisas, sob a pena de haver mal-entendidos caso não estivessem. Elas também deviam ser curtas e diretas e, na medida do possível, criptografadas, em razão do perigo constante de cair nas mãos dos inimigos. Exemplo célebre de uma mensagem com todas essas características é o atribuído a Charles James Napier, comandante supremo do Exército Imperial britânico na, então colônia, Índia, que teria enviado a seguinte mensagem enigmática em latim a seus superiores em Londres, logo após conquistar a província de Sindh: "*peccavi*". Trata-se de um trocadilho. O general queria comunicar "Já estou com Sindh" ou "Já conquistei a província de Sindh" (em inglês, "*I have* Sindh/*sinned*"). Ocorre que as palavras "Sindh" (nome da província) e "*sinned*" (pretérito do verbo "*sin*", que significa "pecar") são homófonas em inglês.

Não importa aqui se o relato é verdadeiro ou uma bela ficção, mas sim que ele sintetiza bem as enormes dificuldades que existiam no passado em transmitir segredos militares a quilômetros de distância.

A invenção da telegrafia resultou naquilo que foi chamado na época de telegrafês. Da mesma forma, a invenção do computador e world wide web tornou possível a criação, ou, melhor dizendo, o surgimento ou o desenvolvimento do internetês. Em ambos os casos, o que prevaleceu foi a necessidade de comunicação na rapidez do piscar de olhos. São exemplos do fenômeno de o meio moldar a mensagem, na forma que Marshall McLuhan vislumbrou.

McLuhan (1911-80) nasceu numa época em que a comunicação telegráfica era prática rotineira. Ele não viveu para testemunhar a verdadeira eclosão da internet em larga escala, porém os sinais da revolução a acontecer estavam claramente em seu radar. Autor que cunhou e popularizou o termo "aldeia global", argumentou que toda inovação tecnológica no reino mediático se redundasse numa verdadeira extensão do próprio homem (McLuhan, 1964). A ideia era de que todo novo meio de comunicação, toda nova tecnologia (o autor muitas vezes usava os dois termos, "meio" e "tecnologia", de modo intercambiável), impacta nossas vidas não pelo conteúdo que ele consegue transmitir, mas em virtude de suas próprias características. McLuhan ilustrou sua tese com o exemplo da invenção da lâmpada elétrica, que, em sua ótica, não tem conteúdo algum, pelo menos no sentido em que se possa dizer a respeito de um jornal, que tem seus artigos, e da televisão, que tem seus programas. No entanto, a lâmpada causou um impacto de natureza social, na medida em que, literalmente, *criou* novos espaços, ao tirar do escuro lugares que, de outra forma, teriam permanecido inacessíveis e, para finalidades práticas, inexistentes.

Uma das teses mais controversas de McLuhan era sintetizada na seguinte frase: "O conteúdo de um meio é sempre outro meio." Ou seja, com a introdução de um novo meio, o meio até então utilizado é submetido a uma revisão radical e sofre um impacto forte, que o transforma de forma não trivial. Ora, uma vez que damos razão à tese de McLuhan, cabe a pergunta: de que forma a internet e mais especificamente o internetês impactam nossas vidas? Mas, para poder responder a essa pergunta, precisaríamos, primeiramente, identificar qual é o meio convencional e conhecido de que se serve seu conteúdo.

O conteúdo do internetês

Por incrível que isso possa parecer à primeira vista, o internetês tem como seu conteúdo não a mensagem, mas a escrita convencional. Alguém pode se apressar e objetar, dizendo: "Mas o internetês não veio a existir para permitir a transmissão de mensagens de forma instantânea e desinibida? Portanto, o que há de errado em afirmar que o conteúdo do internetês é a mensagem que ele transmite ou, pelo menos, procura transmitir?"

Antes de tentar solucionar a questão exposta no parágrafo anterior, deixemos claro o seguinte. Ou McLuhan tinha razão quando fez afirmações como "O meio é a mensagem" e "O conteúdo de um meio é sempre outro meio", ou a razão está em nossa impressão de que o internetês tem como seu conteúdo a mensagem. Ademais, na ótica de seus detratores, o internetês transmite a mensagem de forma precária e, portanto, perigosa, representando uma séria ameaça à língua portuguesa (ou a qualquer outra língua "bem-assentada").

É preciso, com certeza, responder a objeções desse tipo antes de prosseguir. Primeiramente, ninguém está negando aqui que as pessoas que aderem, um número crescente e impressionante, ao uso de alguma forma de internetês o fazem alegando as necessidades de rapidez e parcimônia de esforços na hora de transmitir e receber mensagens. É igualmente inquestionável que aqueles que, em tons cada vez mais ensurdecedores, criticam e condenam o uso do internetês e sua popularidade, principalmente entre os jovens e adolescentes, o fazem por sentirem-se "excluídos" das conversas em progresso e, às vezes, por se sentirem incapazes de acompanhar a rapidez com que o novo "linguajar" está se desenvolvendo.

A reação dos adultos ao uso do internetês pela juventude é análoga à atitude que eles têm demonstrado em relação ao uso de tipos de comunicação como a língua do pê. Como já disse, eles se sentem excluídos e discriminados, às vezes até ofendidos, por entender que os usuários da língua do pê estão se enclausurando num linguajar especialmente talhado para tal fim. Talvez haja um pouco de verdade nessa percepção de quem não está devidamente "entrosado". Voltaremos a discutir essa questão de forma mais minuciosa no decorrer de nossa discussão.

A alusão à língua do pê traz para o debate um elemento muito interessante em que se pensar. Qual a semelhança entre o internetês e a língua do pê (e outras línguas artificiais do gênero) e o que essa semelhança nos diz? Embora os objetivos de quem usa a língua do pê sejam claramente diferentes dos de quem utiliza o internetês em seu dia a dia, há um aspecto em que os dois linguajares parecem caminhar no mesmo sentido: são frutos de trabalhos *sobre* a escrita usual para transmitir mensagens. Em ambos os casos, o que temos, primeiramente, são algumas adaptações – em geral, abreviações – efetuadas a fim de reduzir o tamanho do recado transmitido. Ou seja, a "matéria-prima" – por assim dizer – que alimenta tanto as línguas artificiais como a língua do pê e o internetês é a própria escrita convencional (de uma língua padrão), e não uma ideia ou mensagem.

O internetês e seu diferencial

É importante, no entanto, não concluir apressadamente que o internetês é nada mais do que uma abreviação grotesca da língua padrão. Uma comparação do internetês com o "agora-já-ultrapassado" telegrafês talvez traga à tona um importante aspecto dessa "novilíngua" ainda em fase de construção (Barton, 1998). Os pontos de comparação aqui são principalmente a rapidez da comunicação (e não o desejo de não ser compreendido por pessoas além do destinatário) e, talvez mais importante ainda, o limite sobre o número de palavras – ou pelo custo financeiro que isso possa acarretar ou pelas limitações impostas sobre o próprio meio (no caso de serviços de microblog, como o Twitter, nada mais que 140 toques).

Convém repetir que o telegrafês também foi objeto de críticas severas, vindas principalmente dos puristas e das forças conservadoras em relação à língua (Fitzpatrick, Bachenko e Hindle, 1986). Na época, não foram poucas as pessoas que externaram suas apreensões quanto ao futuro da língua ante as "mutilações" que estaria sofrendo nas mãos dos adeptos da "novilíngua".

Entretanto, há uma importante diferença entre o uso do telegrafês no passado e o emprego do internetês nos dias de hoje. O uso do telegrafês estava sempre restrito aos correios encarregados de transmitir as mensagens a longas distâncias. A telegrafia nunca chegou nem perto da difusão da internet, que, com a popularização e barateamento do PC, transformou-se em algo ao alcance do cidadão comum, que pode se comunicar com pessoas em países distantes, em continentes a milhares de quilômetros, longe de onde ele se encontra. Outro fator que distingue o internetês de seu antecessor é a participação de usuários ativos com características muito diversas entre si e em um número exponencialmente maior. De acordo com a distinção entre meios quentes e meios frios feita por McLuhan (1964) (no caso de um meio frio, a participação do usuário ou destinatário é muito mais ativa do que no caso de um meio quente), está bastante evidente que a internet se apresenta como um meio que tende a frio, já que ela promove, e exige, a participação ativa e dinâmica por parte do usuário (ver Stearn, 1981).

Todavia, as mudanças mais inimagináveis estão ainda por vir, como Standage já nos alertava (num posfácio escrito em 2007):

> Foi o destino da telegrafia ser ofuscada por muitas de suas proles, pelo telefone em particular, o qual foi considerado à época meramente uma pequena variação tecnológica (o "telégrafo falante"), porém acabou sendo bem mais popular. [...] A mesma coisa está acontecendo com a internet, que está sendo incorporada a outros engenhos, em vez de ser acessível apenas mediante um PC. (Standage, 1998: 216-7).

A natureza do internetês

No capítulo "O meio do Netspeak" de seu livro *Language and the Internet*, Crystal aponta que "as opções comunicativas de um usuário [do internetês] são restringidas pela natureza do hardware requerida para obter acesso à internet" (Crystal, 2001: 24).

Alhures, o autor chega a declarar: "Em minha opinião, trata-se de uma oportunidade, não ameaça, para o ensino de línguas" (Crystal, 2001: 128).

Uma característica do internetês que chama atenção e sobre a qual, todavia, relativamente pouca pesquisa aprofundada vem sendo dedicada até o momento é que estamos diante de uma língua ainda em construção – uma língua sendo moldada de acordo com as necessidades e as conveniências que vão surgindo, movida e enriquecida constantemente pela criatividade e engenhosidade dos milhões de usuários e marcada pela concisão e compressão de redundâncias e de tudo o que é desnecessário do ponto de vista estritamente comunicacional. Muitos estudiosos, com certeza, reconhecem esse fato, mas deixam de avaliar suas implicações. *Trata-se do fato de que muitas das mudanças estão sendo provocadas de baixo para cima.* Ou seja, de forma diversa de outras línguas reconhecidas como artificiais, que literalmente saem das pranchetas de seus criadores, o internetês não tem um único criador. Pelo contrário, ele é fruto do trabalho coletivo de multidões de usuários. Por esse relevante aspecto, o internetês traz algo que é próprio das línguas ditas naturais – como o português ou espanhol, que não "caíram do céu" num belo dia, mas foram talhados por gerações e gerações de usuários, que os aperfeiçoaram ao longo de anos.

O que dificulta a percepção da importante semelhança entre línguas reconhecidamente naturais e o internetês nos moldes que acabamos de elaborar é que este é recém-saído do forno, e as pessoas estão ainda perplexas diante do fenômeno.

Impacto da tecnologia sobre a língua

Talvez a questão mais controversa de toda a nossa discussão seja o possível impacto da tecnologia sobre a língua (no aspecto convencional). Essa questão, no fundo, nada mais é do que uma reformulação da afirmação categórica de McLuhan de que "o meio é a mensagem", ou seja, à medida que muda o meio, muda também a mensagem. Isso porque, se a mensagem não mudasse conforme o meio que a carrega e transmite, ou se a tecnologia fosse tão somente um instrumento, um meio encarregado de levar o conteúdo ao destinatário, não haveria por que se preocupar tanto com inovações tecnológicas – afinal, seus possíveis efeitos nocivos seriam passageiros e não deixariam, como temem alguns, vestígios indeléveis. Como Thurlow assinala, "Na medida em que as tecnologias de comunicação continuam a se desenvolver e se transformar, o mesmo acontecerá com as formas linguísticas e práticas comunicativas correspondentes" (Thurlow, 2001: 289).

A razão pela qual caímos na armadilha de concluir que as mudanças no meio não necessariamente afetam a mensagem, ou que transformações nas formas de comunicação não impactam *eo ipso* a língua, é uma velha crença bastante arraigada entre nós que, no entanto, só tem ofuscado nossa forma de enxergar as profundas implicações de acontecimentos em curso. No artigo "The Politics of Language and the Concept of Linguistic Identity" (Rajagopalan, 2001), frisei que um dos grandes engodos no pensar sobre o funcionamento da linguagem é achar que é a disponibilidade de uma língua comum que possibilita a comunicação entre dois indivíduos aleatoriamente escolhidos. O que de fato ocorre é exatamente o contrário: a disposição para entender um ao outro, o desejo que um sente para estabelecer amizade com o outro, é o que faz a gente dizer que tem uma língua a qual torna possível a interação entre os dois indivíduos. Em outras palavras, a língua é apenas uma consequência e não, ao contrário do que se pensa comumente, uma precondição. Não é de se estranhar, portanto, que a primeira coisa que alguém exclama quando há um desentendimento, uma altercação com, digamos, seu vizinho, é: "O fulano fala *outra* língua."

Da mesma maneira que as necessidades comunicacionais afetam, moldam a forma linguística utilizada, podemos dizer com certeza que a funcionalidade é que determina a forma (e não contrário). O que vale para a explicação oferecida para o pescoço demasiadamente prolongado da girafa também pode servir para a explicação das mudanças que a forma linguística vai sofrendo ao longo das gerações de uso. Da mesma forma que a escassez de folhagem decídua durante os períodos de seca é oferecida como plausível explicação para que a girafa viesse a ter pescoço comprido, não há nada estapafúrdio em acreditar que a língua também sofre mudanças para se adequar melhor às novas necessidades de comunicação.

Linguística Aplicada e neoempirismo

Num texto publicado em 2003, sob o título de "The Philosophy of Applied Linguistics" (Rajagopalan, 2003b: 411), assinalei que o campo de pesquisa chamado Linguística Aplicada está passando por uma fase nitidamente neoempirista, entendendo pelo termo o desencanto geral dos pesquisadores com a maneira racionalista de teorizar a linguagem, sempre partindo de cima para o baixo. Convém acrescentar que o apego aos preceitos racionalistas, de sempre começar de uma posição teórica bem-articulada para, só a partir daí, procurar no mundo real casos concretos que comprovariam aquela posição assumida previamente, começou a sobressair no campo da Linguística como resultado direto da chamada "revolução chomskiana" dos anos 1950. Uma das consequências mais visíveis dessa nova onda que varreu a disciplina foi o total desprezo dos dados aleatoriamente colhidos (Rajagopalan, no prelo). Passado o calor da "revolução" e graças à percepção das limitações da concepção gerativista da linguagem para lidar com os verdadeiros problemas do mundo real, as coisas já mudaram bastante. Os avanços na Linguística de Corpus demonstram isso claramente. A maneira como o internetês está se espalhando no mundo, assim como as constantes transformações que ele vem sofrendo, é prova contundente desse mesmo fenômeno. Como já afirmei anteriormente, as mudanças estão sendo *sempre* despertadas de baixo para cima.

Estão aí, como maior comprovação da força advinda das massas, as recentes manifestações populares que sacudiram o mundo. Estou me referindo às revoltas populares no Oriente Médio, ocorridas em 2011, e ao movimento Ocupe Wall Street, que começou timidamente em Nova York também no ano de 2011, mas logo se espalhou aos quatro cantos do mundo. Nesses casos, como em tantos outros, em diversos países, a internet teve papel preponderante e decisivo graças à amplamente comprovada conectividade digital, possibilitando contato entre pessoas totalmente desconhecidas entre si, mas unidas por um único objetivo. "Manifestações do povo desorganizado" foi a forma, por sinal muito apropriada, que o escritor Ferreira Gullar (2011) achou para descrever o fenômeno inusitado. O internetês não tem dono, tampouco uma academia que salvaguarde as regras de boa conduta e a norma culta.

A internet está transformando nossas línguas. O alcance e a profundidade dessas mudanças é um assunto que ainda divide os estudiosos. Crystal, ao mesmo tempo que vê as mudanças em curso com naturalidade, não acredita que elas sejam tão drásticas. Referindo-se ao mundo anglófono, ele diz que as mudanças afetam basicamente a escrita e a despesa de certos vocábulos. As mudanças mais perceptíveis seriam apenas estilísticas (Crystal, 2010). Outros se revelam menos cautelosos, prognosticando mudanças mais significativas no futuro.

Há, hoje em dia, quem fale em "microjornalismo", já que os serviços de microblog, como Facebook e Twitter, mostraram-se extremamente eficazes, dando início à era de microcampanhas eleitorais. Segundo nos relata Cohen, o primeiro passo rumo ao "microjornalismo" teria sido dado para valer por John Dickerson, correspondente político da revista virtual *Slate*, que teria presenciado um entrevero envolvendo Bill O'Reilly, âncora da rede norte-americana Fox News, e um assessor da campanha do então candidato à presidência da república dos EUA, Barack Obama, e se apressou para enviar a seguinte mensagem curta pelo Twitter: "Nashua: Just saw Bill O'Reilly misbehaving at Obama rallly. Shoving Obama staffer."[2] Nas palavras do próprio Cohen:

> O "microjornalismo" é o novíssimo passo na evolução de Sr. Dickerson, que trabalhou anos na revista *Time* e vem migrando do jornal impresso para textos on-line, até chegar aos verbetes de blog com nada mais que 140 toques, ou algo em torno de duas frases. "Uma das coisas que se supõe que façamos é levar as pessoas a lugares que elas podem ir", ele disse numa entrevista. "É bem mais autêntico, pois parte realmente de dentro da sala." (Cohen, 2008).

Não pode haver mais nenhuma dúvida quanto a isso: essas novidades estão drasticamente alterando nossas formas de pensar jornalismo e campanhas eleitorais; enfim, toda a comunicação em massa.

Também não faltam observadores do cenário que se revela em nossa frente que não hesitam em prever consequências ainda mais alarmantes e sombrias. Carr, por exemplo, defende que a internet veio a mudar nossas formas de pensar, ler e lembrar as coisas. No prólogo de seu livro, o autor afirma o seguinte:

> O que tanto os entusiastas como os céticos [da internet] esquecem é o que McLuhan percebeu: que em longo prazo o conteúdo do meio importa menos do que o meio em si no que tange à forma como nós pensamos e agimos. Na qualidade de nossa janela para o mundo e para nós mesmos, um meio popular molda o que se percebe e como é que se percebe – e, eventualmente, se o usamos por um período suficiente, ele transforma quem somos, quer como indivíduos, quer como sociedade. (Carr, 2010: 3).

Internetês e mudança linguística

Como já vimos, há incerteza quanto ao tipo de mudança que o internetês é capaz de provocar na língua padrão. No lugar de especular no escuro sobre esse assunto, uma forma mais proveitosa de abordar a questão é perguntar quais os fatores que estão fazendo do próprio internetês algo volátil, com rumos tão imprevisíveis. Lembrem-se de que o internetês é, antes de tudo, um linguajar que está evoluindo sem a supervisão ou o controle de nenhum órgão fiscalizador. As inovações estão literalmente "brotando" no solo do uso cotidiano, despertadas, muitas vezes, pelas conveniências momentâneas. O único limite sobre a criatividade solta é a capacidade por parte do receptor da mensagem de "decifrá-la". Mas isso quer dizer também que os limites estão constantemente sendo ampliados, à medida que os usuários se familiarizam com o novo "código" em construção.

Outro fator, igualmente importante, se não mais significativo ainda, é que nem sempre os participantes de uma rede compartilham as mesmas circunstâncias linguísticas, sociais, culturais etc. Isso porque a internet desconhece qualquer barreira arbitrária, como as fronteiras entre nações, pátrias, línguas, entre outras. No caso da Primavera Árabe, a maioria dos participantes das salas de conversa (chat rooms) ou da mobilização mediante conversas no Twitter era presumivelmente de língua árabe, porém falantes de diferentes dialetos, e de diferentes camadas sociais, cada uma com seus falares distintos.

Já no do movimento que teve início na costa leste dos EUA e se espalhou pelo mundo, estavam envolvidos adeptos com idiomas diferentes, porém galvanizados por uma mesma indignação com a ganância de um punhado de banqueiros e seus altos executivos e total displicência por parte de autoridades em controlar suas atividades. Ao que tudo indica, a língua que foi utilizada para a divulgação das mensagens, para a mobilização, foi o inglês – ou melhor, um internetês com base naquilo que tenho insistido em chamar de World English (Rajagopalan, 2004, 2005a, 2011).

Ou seja, o World English, que, em meu entender, serve de trampolim para o internetês mais utilizado, já é uma língua híbrida, fruto de mestiçagem linguística. É verdade que nada garante que o internetês com base no World English continue dominando os contatos via internet no futuro. Contudo, de uma coisa podemos ter certeza: o "afrouxamento", a vontade de desafiar a rigidez das normas estabelecidas, que se tornou a marca registrada do internetês, está aí para ficar. Junta-se a essa vontade de rebeldia a necessidade premente de se comunicar com rapidez e com parcimônia de palavras.

Internetês e o binômio "fala-escrita"

A multimodalidade, que se tornou a marca registrada da comunicação mediada pelo computador (CMC), explode um mito que persiste em estudos linguísticos desde há muito tempo. Está aí uma das tantas formulações desse mito:

> A escrita é essencialmente um processo mecânico, sendo necessárias a manipulação de um instrumento físico e a coordenação consciente de habilidades específicas motoras e cognitivas. Assim, a escrita é completa e irremediavelmente artificial, enquanto a fala é um processo natural, fazendo uso dos meios assim chamados órgãos da fala. (Fávero et al., 2002: 4)

A "naturalidade" da fala é, dessa forma, contraposta à "artificiliadade" da escrita. Em um artigo publicado em 2007, frisei o seguinte:

> Trata-se de um truísmo e, porque não dizer, de um lugar-comum afirmar que a Linguística é uma ciência erguida sobre a premissa da primazia do oral, da fala. [...] Para a Linguística, pelo menos de Saussure em diante, a escrita não passa de uma excrescência, algo que foi inventado posteriormente e, por esse motivo, algo que não diz respeito à verdadeira essência da língua. Tal essência, diz a cartilha da moderna ciência da linguagem, só pode ser encontrada na fala – a versão humana do sopro divino. Na fala, o sujeito da língua estaria se mostrando tal qual ele é, escancarando sua verdadeira identidade. (Rajagopalan, 2007a: 257)

O fato inquestionável de que nem todas as formas de escrita demonstram a transição tão linear e tranquila de fala para escrita (a escrita oriental, por exemplo, é sabidamente imagética, utilizando ideogramas que representam não os sons ou sílabas, como no sistema alfabético, mas ideias ou imagens dos objetos ou conceitos que designam) sempre foi um incômodo, porém alguns estudiosos preferiam se esquivar disso, postulando uma escala de desenvolvimento cultural, começando pela escrita cuneiforme, passando pelos hieróglifos e ideogramas, até se chegar ao sistema alfabético, celebrado como o suprassumo do avanço civilizatório do homem. Ao que parece, ninguém sequer questionava a ordem linear postulada, muito menos se incomodava com o eurocentrismo indisfarçado que a postura acarretava.

Graças a estudiosos como Derrida (1976, 1978) e Harris (1981, 1986, 1995), hoje há quem julgue que a relação entre fala e escrita não é tão tranquila como se pensava e que há uma noção de "arquiescrituralidade" sem a qual a própria oposição entre as duas seria impossível (sobre isso, ver também Rajagopalan, 2005b, 2009).

Pois bem, o advento da internet e a consequente mudança na velocidade, volume e formas de comunicação em massa, desembocando no uso de múltiplas formas de mistura de gêneros e recursos semióticos, vieram a sanar definitivamente qualquer dúvida remanescente a esse respeito. Na internet, a escrita, a fala e a imagem se mesclam de forma, até pouco tempo atrás, impensável, obrigando todos nós a revermos algumas de nossas crenças fortemente arraigadas e herdadas dos tempos passados.

O que constitui um texto é uma questão que nunca foi satisfatoriamente respondida, e tornou-se ainda mais difícil de ser solucionada no contexto da CMC, uma vez que as possibilidades de links são infinitas, propiciando ao usuário o direito de "surfar" sem limites preestabelecidos.

Netspeak versus *newspeak*

Há uma variedade de outros nomes em inglês que se referem ao internetês. Segundo Thurlow (2001: 287), estão entre eles palavras como "*weblish*", "*netlingo*", "*e-talk*", "*tech-speak*", "*wired-style*", "*geek-speak*" e "*net-speak*". A última delas chama nossa atenção por sua semelhança com "*newspeak*", palavra cunhada pelo escritor George Orwell, autor do romance *1984*. Num apêndice de seu livro, o próprio Orwell chegou a explicar:

> O propósito do *newspeak* era não só o de providenciar um meio de expressão da visão do mundo e dos hábitos mentais próprios aos devotos do Ingsoc, mas também o de tornar impossíveis todos os demais modos de pensar. Era parte da intenção de que, quando o *newspeak* estivesse completamente adotado de uma vez para sempre e o *oldspeak* esquecido, um pensamento herético – isto é, um pensamento que divergisse dos princípios do Ingsoc – fosse literalmente impensável, na medida em que as palavras são dependentes de palavras. (Orwell, 1949)

Ingsoc era a ideologia política da Oceania no romance distópico de Orwell, e, com a palavra "*oldspeak*", ele quis designar a língua inglesa tal como todos a conheciam até então. Ou seja, no imaginário do romancista, o *newspeak* era o avesso da língua inglesa, feito para não ser compreendido pelos falantes do inglês ou de qualquer outra língua. Era, por assim dizer, uma espécie de jargão fabricado para ser o meio de comunicação entre os habitantes da Oceania. A "novilíngua" (como é costumeiramente traduzida para o português a palavra "*newspeak*") era uma língua cuidadosamente trabalhada e depurada para ser o veículo da ideologia do estado totalitário da Oceania.

Qualquer semelhança aparente entre a novilíngua de Orwell e o internetês da atualidade é, portanto, altamente enganosa. O internetês não tem nenhuma pretensão de ser um jargão propositadamente inacessível àqueles que se encontram de fora, embora para a "velha guarda", composta por aqueles que se recusam a aderir às novidades, incluindo aí os ludditas empedernidos, qualquer referência ao internetês invoque cataclismo na esfera comunicativa. Mais importante ainda, convém lembrar, é que o internetês nunca foi planejado e esculpido para ser o que ele é; ele adquiriu suas atuais feições de forma quase "espontânea".

Talvez seja nessa espontaneidade que se encontre a chave para desvendar esse grande enigma dos nossos tempos. Ao que parece, não se trata, nem de longe, de modismo passageiro. Pelo contrário, o internetês deve continuar vivo entre nós, sofrendo constantes mutações e se adaptando às novas exigências comunicativas e mediáticas que vão surgindo no caminho. É preciso também rechaçar a alegação de que o internetês ameaça se tornar uma terra de ninguém, onde tudo vale. Neste "novo mercado bagunçado" (*messy new marketplace*) (ver Blommaert, 2010), há regras rigorosas que nos desafiam e, com frequência, nos enganam a ponto de acreditar que tudo se passa a bel-prazer de quem dele participa.

É inútil tapar o sol com peneira – como no fundo fazem alguns observadores dos acontecimentos ao procurarem consolo no pensamento de que o internetês deverá desaparecer para sempre, sem deixar saudades nem rastros. Os rastros que ele vai deixar serão logo percebidos na forma como nossas línguas vão ter de se adaptar às novas realidades.

Notas

1 Agradeço ao CNPq a concessão da bolsa de produtividade (n. de processo: 301589/2009-7). E-mail: klrajagopalan@yahoo.com. Agradeço também ao prof. dr. Jair Antônio de Oliveira (UFPR) seus valiosos comentários.

2 Nashua: Acabo de testemunhar Bill O'Reilly se comportando mal no comício de Obama, empurrando o assessor de Obama.

Referências

BARTON, Ellen L. The Grammar of Telegraphic Structures: Sentential and Nonsentential Derivation. *Journal of English Linguistics*, 1998, n. 26, pp. 37-67.

BLOMMAERT, Jan. *The Sociolinguistics of Globalization*. United Kingdom: Cambridge University Press, 2010.

CARLYLE, Thomas. *Sartor Resartus*. 1833. Disponível em: <http://www.online-literature.com/thomas-carlyle/sartor-resartus/5/>. Acesso em: 28 jun. 2012.

CARR, Nicolas. *The Shallows:* How the Internet is Changing the Way We Think, Read and Remember. New York: Atlantic Books, 2010.

CIPRO NETO, Pasquale. *Entrevista interativa*, 26 fev. 2009. Disponível em: <http://www.educacional.com.br/entrevistas/interativa/educadores_pais/entrevista019.asp>. Acesso em: 28 jun. 2012.

COHEN, Noam. Campaign reporting in under 140 taps. *New York Times*. New York, 21 jan. 2008. Disponível em: <http://www.nytimes.com/2008/01/21/technology/21link.html?_r=2&ref=business&oref=slogin&oref=slogin>. Acesso em: 28 jun. 2012.

CRYSTAL, David. *Language and the Internet.* Cambridge: Cambridge University Press, 2001.

_____. *How Is The Internet Changing Language Today?* 2010. Entrevista. Disponível em: <http://www.youtube.com/watch?v=P2XVdDSJHqY>. Acesso em: 28 jun. 2012.

DERRIDA, Jacques. *Of Grammatology*. Gayatri Chakravorty Spivak (Trans.). Baltimore, Md.: The Johns Hopkins University Press, 1976.

_____. *Writing and Difference*. Alan Bass (Trans.). Chicago: Chicago University Press, 1978.

FÁVERO, Leonor L. et al. *Oralidade e escrita*. 3. ed. São Paulo: Cortez, 2002.

FITZPATRICK, Eileen; BACHENKO, Joan; HINDLE, Don. The *Status* of Telegraphic Sublanguages. In: GRISHMAN, R.; KITTREDG, R. (orgs.). *Analyzing Language in Restricted Domains:* Sublanguage Description and Processing. New Jersey: Lawrence Eribaum Associates,1986, pp. 39-51.

GULLAR, Ferreira. Internautas do mundo, uni-vos! *Folha de S.Paulo*. São Paulo, 23 out. 2011. Ilustrada, p. E14.

HARRIS, Roy. *The Language Myth*. London: Duckworth, 1981.

_____. *The Origin of Writing*. London: Duckworth, 1986.

_____. *Signs of Writing*. London: Routledge, 1995.

MCLUHAN, Marshall. *Understanding Media:* the Extensions of Man. New York: McGraw Hill, 1964.

ORWELL, George. *Nineteen Eighty-Four*. London: Secker and Warburg, 1949.

RAJAGOPALAN, Kanavillil. The Politics of Language and the Concept of Linguistic Identity. *CAUCE, Revista de Filología y su Didáctica*. Sevilla, n. 24, 2001, pp. 17-28. Disponível em: <http://www.cvc.cervantes.es/literatura/cauce/pdf/cauce24/cauce24_03.pdf>. Acesso em: 28 jun. 2012.

_____. Review of Language and the Internet by David Crystal. *Word*, v. 54, n. 1, 2003a, pp. 125-8.

_____. The Philosophy of Applied Linguistics. In: DAVIES, Alan; ELDER, Katherine (orgs.). *The Handbook of Applied Linguistics*. New York: Blackwell Publishers, 2003b, pp. 397-420.

_____. The Concept of "World English" and its Implications for ELT. *ELT Journal*, v. 58, n. 1, 2004, pp. 111-7.

______. A geopolítica da língua inglesa e seus reflexos no Brasil: por uma política prudente e propositiva. In: Lacoste, Yves (org.). *A geopolítica do inglês*. São Paulo: Parábola, 2005a, pp. 135-59.

______. Jacques Derrida. In: Chapman, S.; Routledge, C. (orgs.). *Key Thinkers in Linguistics and the Philosophy of Language*. Edinburgh: Edinburgh University Press, 2005b, pp. 66-71.

______. A escrituralidade do oral: a desconstrução derrideana e suas implicações para o ensino. In: Ernst-Pereira, Aracy; Funck, Susana (orgs.). *Escrita e oralidade:* questões e perspectivas. Pelotas: Educat, 2007a, pp. 257-64.

______. A Linguística de Corpus no tempo e no espaço: visão reflexiva. In: Gerber, Regina Márcia; Vasilévski, Vera (orgs.). *Um percurso para pesquisas com base em corpus*. Florianópolis: Editora da ufsc, 2007b, pp. 23-44.

______. Deconstruction. In: Chapman, S.; Routledge, C. (orgs.). *Key Ideas in Linguistics and the Philosophy of Language*. Edinburgh: Edinburgh University Press, 2009, pp. 44-7.

______. The "Outer Circle" as a Role Model for the "Expanding Circle". *English Today*, v. 27, n. 4, 2011, pp. 59-64.

______. A "dadidade" dos ditos dados na/da pragmática. In: Gonçalves, A. V.; Góis, M. L. S. (orgs.). *Ciências da linguagem*: o fazer científico. Campinas: Mercado de Letras, no prelo.

Standage, Tom. *The Victorian Internet:* the Remarkable Story. Bloomsbury, usa: Walker & Company, 1998.

Stearn, Gerald. *McLuhan:* Hot and Cool. Montréal: McGill-Queen's University Press, 1981.

Thurlow, Crispin. The Internet and Language. In: Mesthrie, Rajend. *Concise Encyclopedia of Sociolinguistics*. Oxford: Elsevier, 2001, pp. 287-9.

Topping, K. *Electronic Literacy in School and Home:* a Look into the Future. 1999. Disponível em: <http://www.readingonline.org/international/future/index.html>. Acesso em: 28 jun. 2012.

Toschi, Luca. Hypertext and Authorship. In: Nunberg, Geoffrey (org.). *The Future of the Book*. Berkeley, ca: University of California Press, 1996, pp. 169-208.

Variação entre registros da Internet

Tony Berber Sardinha

A internet deu vazão a novas formas de comunicação, como e-mails, blogs, Twitter, Facebook e páginas da web. Este volume é testemunho da importância dessas linguagens no mundo atual e dos esforços de linguistas para dar conta dessas variedades textuais. Contudo, conforme Crystal afirma na entrevista que abre a presente obra, os estudos comparativos sobre as linguagens da internet carecem de profundidade – há necessidade, segundo ele, de descrições sistemáticas dessas linguagens. Este capítulo[1] vai nessa direção, oferecendo um estudo comparativo entre variedades textuais (chamadas aqui de "registros") digitais e dezenas de formas analógicas surgidas antes do advento da internet, como cartas, conversas telefônicas e artigos de jornais e revistas.

Este estudo foi conduzido com base na Análise Multidimensional (AMD), uma metodologia de investigação no âmbito da Linguística de Corpus (Berber Sardinha, 2004; Biber, Conrad e Reppen, 1998; Shepherd, Berber Sardinha e Veirano Pinto, 2012; Sinclair, 1991) que visa compreender os princípios subjacentes à variação entre registros. Registros, por sua vez, são variedades de texto definidas situacionalmente, isto é, por meio do contexto em que ocorrem na sociedade. Eles podem ser variedades amplas, como "escrita acadêmica", ou específicas, como "editoriais de jornal". Em ambos os casos, o contexto de uso é o fator predominante em sua identificação: escrita acadêmica é um conjunto de práticas de produção textual pertinentes ao contexto da academia (universidade, ciência, saber etc.), chamado e reconhecido como tal por seus pares; e editoriais são escritos e lidos como tais pelos seus usuários (jornalistas, editores, leitores etc.). O que diferencia os dois registros é sua abrangência; escrita acadêmica engloba vários registros distintos, como o artigo, a resenha e a tese, enquanto editorial é um rótulo que se aplica somente a esse registro específico.

Dimensões de variação de registro do inglês

A base da comparação efetuada neste estudo são as cinco principais dimensões de variação de registro do inglês identificadas por Biber (1988) (inicialmente, foram identificadas seis dimensões). Em estudos posteriores (Biber, 2009), foi feita uma revisão de rótulos e características linguísticas que compõem as dimensões. A tabela 1 mostra as dimensões em suas duas versões. É importante ressaltar que a nomenclatura de 2009 se baseia na pesquisa de 1988, ou seja, tanto o *corpus* quanto a fatoração são os mesmos de 1988.

Tabela 1: Dimensões do inglês

Dimensão	Biber 1988	Biber 2009
1	Produção marcada por envolvimento *versus* informacional	Produção marcada por envolvimento *versus* informacional
2	Propósitos narrativos *versus* não narrativos	Discurso narrativo *versus* não narrativo
3	Referência explícita *versus* dependente de referência	Referência dependente de situação *versus* elaborada
4	Persuasão explícita	Argumentação explícita
5	Informação abstrata *versus* não abstrata	Estilo abstrato *versus* não abstrato
6	Elaboração em tempo real	

Além das adaptações dos nomes das dimensões, foi abolida a dimensão 6, por ter pouca variedade de características linguísticas (quase todas eram orações relativas ou de complemento). Por isso, ela não será computada nesta pesquisa. Outra alteração foi a mudança de polaridade da dimensão 3, de tal modo que o polo relativo à referência dependente de contexto passou de negativo em 1988 para positivo em 2009; essa alteração causa apenas uma mudança na ordem dos polos, não influindo em seu conteúdo. Usamos a polaridade original de 1988, pois é desse modo que ela é computada pelo CountTags (software de processamento dos dados).

O *corpus* empregado na pesquisa é composto pelos registros na tabela 2 (Biber, 1995: 87).

Tabela 2: *Corpus* usado por Biber (1988)

	Registros	Palavras (*tokens*)	Textos
1.	Biografias	30.000	14
2.	Cartas pessoais	6.000	6
3.	Cartas profissionais	10.000	10
4.	Conversa face a face	115.000	44
5.	Conversa telefônica	32.000	27
6.	Cultura popular	30.000	14
7.	Documentos oficiais	28.000	14
8.	Editoriais jornalísticos	54.000	27
9.	Entrevistas	48.000	22
10.	Ficção científica	12.000	6
11.	Ficção de aventura	26.000	13
12.	Ficção de mistério	26.000	13
13.	Ficção geral	58.000	29
14.	Ficção romântica	26.000	13
15.	Humor	18.000	9
16.	Palestras espontâneas	26.000	16
17.	Palestras preparadas	31.000	14
18.	Passatempos	30.000	14
19.	Prosa acadêmica	160.000	80
20.	Rádio e TV	38.000	18
21.	Religião	34.000	17
22.	Reportagens jornalísticas	88.000	44
23.	Resenhas jornalísticas	34.000	17
	Total	960.000	481

As características linguísticas que compõem as dimensões aparecem na tabela 3, seguidas de suas respectivas etiquetas. Em suma, as dimensões 1 a 5 compreendem 54 características linguísticas diferentes. Dessas, o CountTags (software de processamento do *corpus* etiquetado) não analisa cinco (*pronome relativo, negação sintética, negação analítica, oração adjetiva reduzida de gerúndio* e *oração adjetiva reduzida de particípio*). Das 49 restantes, o CountTags não leva três em conta para o cálculo dos escores de texto (*razão forma ocorrência, verbo no infinitivo* e *outros subordinativos*).

Tabela 3: Características linguísticas de cada dimensão segundo Biber (1988)

Dimensão	Peso	Etiqueta
Dimensão 1 – Polo positivo		
Verbo privado	0,96	prv_vb
Apagamento de THAT	0,91	that_del
Contração	0,9	contrac
Pronome de segunda pessoa	0,86	pro2
Verbo no tempo presente	0,86	pres
Verbo DO	0,82	pro_do
Negação analítica	0,78	
Pronome demonstrativo	0,76	pdem
Enfatizador	0,74	gen_emph
Pronome de primeira pessoa	0,74	pro1
Verbo to be	0,71	be_state
Pronome IT	0,71	it
Partícula discursiva	0,66	prtcle
Subordinação causativa	0,66	sub_cos
Pronome indefinido	0,62	pany
Atenuador	0,58	gen_hdg
Advérbio/qualificador-amplificador	0,56	amplifr
Pronome relativo	0,55	
Pergunta WH	0,52	WH_ques
Verbo modal de possibilidade	0,5	pos_mod
Coordenação não frasal	0,48	o_and
Oração WH	0,47	WH_cl
Preposição final	0,43	fnlprep
(Advérbios	0,42)	advs
(Subordinação condicional	0,32)	sub_cnd
Polo negativo		
Adjetivo em posição atributiva	-0,47	adj_attr
Preposição	-0,54	prep
Razão forma-ocorrência	-0,54	ttr
Tamanho de palavra	-0,58	wrlength
Substantivo	-0,8	n
(Oração adjetiva reduzida de gerúndio	-0,32)	
(Oração adjetiva reduzida de particípio	-0,38)	
(Voz passiva sem agente	-0,39)	agls_psv
(Advérbio de lugar	-0,42)	pl_adv
Dimensão 2 – Polo positivo		
Verbo no tempo passado	0,9	pasttnse
Verbo no aspecto perfeito	0,48	perfects
Pronome de terceira pessoa	0,43	pro3
Verbo público	0,43	pub_vb

Negação sintética	0,4	
Oração reduzida de gerúndio	0,39	
Polo negativo		
(Tamanho de palavra	-0,31)	wrlength
(Oração adjetiva reduzida de particípio	-0,34)	
(Adjetivo em posição atributiva	-0,41)	adj_attr
(Verbos no tempo presente	-0,47)	pres
Dimensão 3 – Polo positivo		
Oração WH em posição de objeto	0,63	rel_obj
Oração WH com preposição inicial	0,61	rel_pipe
Oração WH em posição de sujeito	0,45	rel_sub
Nominalização	0,36	n_nom
Coordenação frasal	0,36	p_and
Polo negativo		
Advérbio de tempo	-0,46	tm_adv
Advérbio de lugar	-0,49	pl_adv
Advérbios	-0,6	advs
Dimensão 4 – Polo positivo (único)		
Verbo no infinitivo	0,76	inf
Verbo modal de antecipação	0,54	prd_mod
Verbo suasivo	0,49	sua_vb
Conjunção subordinativa – condicional	0,47	sub_cnd
Verbo modal de necessidade	0,46	nec_mod
Advérbio encaixado no auxiliar	0,44	spl_aux
(Verbo modal de possibilidade	0,37)	pos_mod
Dimensão 5 – Polo positivo		
Conjuntivos	0,48	conjncts
Voz passiva sem agente	0,43	agls_psv
Orações adjetivas reduzidas de particípio	0,42	
Voz passiva com preposição BY	0,41	by_pasv
Modificador pós-nominal passivo	0,4	whiz_vbn
Outros subordinativos	0,39	sub_othr
(Adjetivo em posição predicativa	0,31)	pred_adj
Polo negativo		
(Razão forma-ocorrência	-0,31)	ttr

Corpus

O *corpus* de estudo é composto por cinco registros diferentes, a saber: e-mails, blogs, tweets, mensagens de Facebook e webpages, todos escritos em inglês. Esses registros são doravante denominados RIs (registros da Internet), em oposição aos RPIs (registros pré-internet), que são as variedades textuais analisadas por Biber (1988). Os RPIs são os listados na tabela 2.

Um desafio para a pesquisa em Análise Multidimensional de alguns RIs é a definição de texto. O que é um texto de Twitter? Um tweet individual é um texto ou uma porção de tweets é um texto? Uma mensagem no *wall* do Facebook é um texto ou um site pessoal de Facebook é um texto? Um e-mail individual é um texto ou as eventuais respostas embutidas nele fazem parte do texto? Nas páginas da web, onde começa e termina uma página, tendo em vista os hyperlinks e as múltiplas telas em que a informação vem disposta? As mesmas questões podem ser aplicadas a outros registros, já que muitos RIs têm convenções que os distanciam dos documentos em papel a que estamos acostumados e que serviram de base para a noção de texto da Linguística. Basta lembrar que a noção de texto já é controversa mesmo em alguns RPIs, como a conversação, uma vez que em muitas situações ela segue em fluxo contínuo. Impor demarcação mostrando seu início e fim constitui um artefato analítico (ver as discussões sobre o tema nos capítulos "Piso conversacional e gênero na CMC" e "Enunciados segmentados em MIs" deste volume). Aqui, não é possível aprofundar essas questões, visto que apresentam ramificações teóricas complexas. Limitamo-nos a determinar empiricamente o que é um texto de cada RI, com vista à execução da pesquisa aqui proposta.

Para os propósitos desta pesquisa, um texto de RI foi estabelecido desta forma:

a) E-mail: uma unidade textual de e-mail, nesta pesquisa, corresponde a uma única mensagem originária da conta de um usuário. Caso contivessem outras mensagens, em trechos ou por completo, estas foram removidas. A fonte dos textos foi o Enron Corpus,[2] uma coletânea de cerca de quinhentas mil mensagens de e-mails trocadas por funcionários (em nível de gerência) da empresa norte-americana Enron, que entrou em falência. Embora seja oriundo do contexto empresarial, o *corpus* inclui desde comunicações de negócio até mensagens de cunho pessoal. Para esta pesquisa, foram colhidas as terceiras mensagens da caixa postal de envio (*sent_items*) de cada um dos usuários. Elas foram pré-processadas a mão e com *scripts* especializados para retirada de mensagens embutidas.
b) Twitter: a unidade textual de Twitter empregada nesta pesquisa tem como base o tweet, que é uma mensagem de até 140 caracteres postada no twitter.com. No *corpus*, a média de caracteres por palavra é 3,9, portanto, se usados todos os caracteres, um tweet teria em média 36 palavras, o que é pouco para a análise da frequência de suas características linguísticas. Por isso, o texto de Twitter para esta pesquisa não foi igual a um tweet, mas sim calculado com base na frequência diária de tweets por usuário. Para tanto, tomou-se

a quantidade de tweets por dia (340 milhões)[3] e dividiu-se pela quantidade de usuários (140 milhões), o que dá 2,4 – arredondando-se para o próximo número inteiro, tem-se 3. Portanto, o texto de Twitter é igual a três tweets. Os textos foram coletados no Twitter[4] e em seguida processados por *scripts* desenvolvidos para esta pesquisa.

c) Facebook: a unidade textual de Facebook baseia-se nas mensagens postadas em facebook.com.[5] Não há limite de caracteres para as mensagens, mas para evitar que fossem curtas demais para a análise de frequência, foi estabelecido que um texto de Facebook nesta pesquisa seria composto por três mensagens, assim como o do Twitter. Esse número foi escolhido tendo em vista a falta de estatísticas confiáveis de quantidade de mensagens postadas por usuário.
d) Blog: a unidade textual é a página inicial dos sites listados em uma página que elenca os blogs mais populares da internet.[6]
e) Webpages: a unidade textual é a página inicial do site. Os endereços foram coletados de uma página que lista os mil websites mais visitados na internet.[7]

Uma vez coletados, todos os textos foram processados com *scripts* criados para permitir o funcionamento correto do etiquetador nesta pesquisa. Por isso, muitas vezes a ortografia foi alterada (por exemplo, *u* passou a *you*).

O *corpus* de estudo possui quinhentos textos, que somam 424.589 *tokens*, divididos da maneira exposta na tabela 4. A quantidade de textos de cada registro foi determinada pela aplicação dos procedimentos sugeridos por Biber (1993).

Tabela 4: Composição e extensão do *corpus*

Registro	Textos	Palavras	Tamanho médio dos textos (em palavras)
Blogs	104	287.502	2.764
Webpages	182	116.702	641
Facebook	72	8.592	119
Twitter	72	2.191	30
E-mails	70	9.602	137
Total	500	424.589	

Metodologia

Há dois tipos de Análise Multidimensional: uma voltada à extração de dimensões e outra dedicada à aplicação de dimensões já existentes a um novo *corpus*. Nesta pesquisa, utiliza-se o segundo tipo, visto que são empregadas as dimensões do inglês identificadas por Biber (1988) para descrever o *corpus* de textos da internet.

Os passos da análise foram os seguintes:

1. Coleta de um *corpus* piloto.
2. Etiquetagem do *corpus* piloto com o *Biber Tagger* e pós-processamento com o CountTags (ambos disponíveis no Grupo de Pesquisas em Linguística de Corpus, GELC, e Cepril/LAEL/PUC-SP).
3. Determinação do *corpus* definitivo, segundo Biber (1993).
4. Cálculo dos escores de fator em cada dimensão de Biber (1988) para cada texto com o CountTags.
5. Cálculo dos escores médios de cada registro em cada dimensão do inglês de Biber (1988) com o SPSS (Statistical Package for the Social Sciences) 20.
6. Inserção dos valores de escore médio dos registros nessas dimensões.
7. Cálculo da significância estatística da variação (Anova e R^2) com o procedimento General Linear Model, Univariate, no SPSS 20.
8. Identificação dos tipos textuais com o procedimento Cluster Analysis do SPSS 20.

O escore de fator ou escore de texto (item 4 dos procedimentos) é calculado da seguinte maneira:

1. Calcular a frequência das características linguísticas em cada texto.
2. Normalizar essas frequências por mil, com a fórmula *(frequência observada/tamanho do texto) * 1.000*. Por exemplo, se um texto de duas mil palavras (*tokens*) tiver cem substantivos, sua frequência normalizada será de cinquenta por mil, pois (10/2.000) * 1.000 = 50. Esse procedimento *nivela a extensão dos textos*, de tal modo que o tamanho do texto não influa na frequência das características linguísticas.
3. Padronizar as frequências normalizadas com base na média e desvio-padrão, de tal modo que elas tenham como base uma média de 0,0 e um desvio-padrão de 1,0. Essa frequência (também conhecida por escore z) é calculada pela fórmula *(frequência normalizada - média)/desvio-padrão*. Por exemplo, se em um texto a frequência normalizada de substantivos for cinquenta, a média de substantivos no *corpus* for cem e o desvio-padrão vinte, a frequência padronizada será -2,5, pois (50 - 100)/20 = -2,5. Esse valor indica que a frequência de substantivos nesse texto está 2,5 desvios-padrão abaixo da média (i.e., 50), segundo a fórmula *média + (frequência normalizada * desvio-padrão)*, pois 100 + (-2,5 * 20) = 100 - 50 = 50. Ou seja, o texto tem baixa frequência dessa

categoria gramatical, já que está abaixo da média. Esse procedimento *nivela a frequência das características linguísticas*, de tal modo que aquelas com maior frequência não tenham maior peso no cálculo dos escores simplesmente porque são mais comuns, e vice-versa.

4. Para cada texto, calcular o escore de fator, somando as frequências normalizadas das características que compõem cada polo, separadamente, e em seguida subtraindo a soma referente ao polo negativo do total do polo positivo. Por exemplo, se no polo positivo de uma dimensão houver as características substantivo e preposições e, no negativo, verbos e pronomes pessoais, então o escore de fator de cada texto será calculado pela fórmula *(frequência padronizada de substantivos + frequência padronizada de preposições) - (frequência padronizada de verbos + frequência padronizada de pronomes pessoais)*. Assim, um texto que tenha as frequências padronizadas iguais a: substantivo = 3,5; preposições = 2,0; verbos = 2,5; e pronomes pessoais = 1,0, terá um escore de fator na dimensão igual a 2,0, pois (3,5 + 2,0) - (2,5 + 1,0) = 5,5 - 3,5 = 2,0.

Pergunta de pesquisa

Como os registros da Internet se encaixam nas dimensões de variação do inglês de Biber (1988)?

Resultados

Os resultados referentes à primeira dimensão de variação de Biber (1988) aparecem na figura 1. Os RIs são grafados em caixa-alta. Os números na base dos gráficos representam a escala de escores dos registros nas dimensões. Quanto maior a barra relativa a um registro, maior é seu escore, seja positivo ou negativo. Na dimensão 1, "conversa ao telefone" e "documentos oficiais", são os registros com maiores escores, nos polos positivo e negativo, respectivamente. "Conversa ao telefone" tem um escore próximo de quarenta, sendo o registro com maior índice de envolvimento interpessoal; o de "documentos oficiais", por outro lado, é próximo de menos vinte, sendo o mais "informacional".

Figura 1: Dimensão 1 – foco no envolvimento *versus* informação

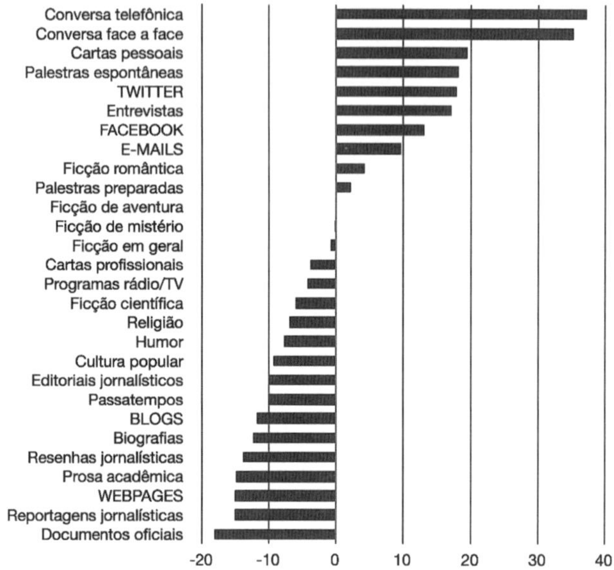

A parte direita do gráfico corresponde ao polo da dimensão "envolvimento" (escores positivos), enquanto a parte esquerda refere-se ao polo "informacional" (escores negativos). No polo "envolvimento" encontram-se os RIs Twitter, Facebook e e-mail, enquanto no polo informacional estão os RIs blogs e webpages. Há, desse modo, uma separação clara entre os registros em função do envolvimento e da informatividade. O tweet 030 apresenta a maior pontuação nessa dimensão.

> Tweet 030
>
> I <pro1> 'm <contrac> mean . It <it> 's <contrac> up to you <pro2> to figure out under which category you <pro2> fall <pres> . Things everyone <pany> can <pos_mod> relate <pres> to being happy and you <pro2> do <pres> n't <contrac> know <pres> <prv_vb> why <wh_cl> . Voxer Knows <prv_vb> How <wh_cl> To Find Your Fuckin Enemies.

Nele há contrações ("*I'm*", "*it's*", "*don't*"), pronomes de segunda pessoa ("*you*"), verbos no presente ("*do*", "*fall*", "*relate*", "*know*"), pronome nominal ("*everyone*"), modal de possibilidade ("*can*"), verbo privado ("*know*") e orações WH ("*don't know why*", "*knows how to find*"), características associadas a envolvimento e interação entre escritor/falante e leitor/ouvinte. Já no Facebook, o texto com a maior pontuação nessa dimensão é o 065.

Facebook 065

They said <that_del> love is like a toy , when it 's <contrac> new , it 's <contrac> so <gen_emph> loved and do <pres> n't <contrac> want <pres> to lend it to others , does n't <contrac> want <pres> anybody <pany> touching it , and <o_and> do <pres> n't <contrac> want <pres> to let go <pres> of it . Yes it 's <contrac> being taken care of <fnlprep> , but <o_and> the downside is it 's <contrac> being played so many times. I <pro1> bet <that_del> everyone <pany> wishes the same thing . They say <pres> <that_del> it 's <contrac> gonna <contrac> get <pres> hard , I <pro1> cry because <sub_cos> it 's <contrac> an emotion not a weakness ! I <pro1> 'm <contrac> going to become <pres> a woman because <sub_cos> this <pdem> is my responsibility and I <pro1> 'm <contrac> going do <pres> my best , fuck the rest .

O Facebook 065 e o tweet 030 compartilham as mesmas características da dimensão envolvimento/interação, além do enfatizador ("*so*"), preposição final ("*taken care of*"), oração coordenada ("*but the downside is*") e subordinadas ("*because it's an emotion*", "*because this is...*"). Em relação a e-mails, o de número 055 revela as mesmas características de envolvimento/interação dos demais exemplos.

E-mail 055

Hi Betsy , Sorry for the delay . what <wh_ques> are <pres> you <pro2> interested in doing ? jeff

Em relação ao polo negativo, o blog com maior escore[8] (negativo) é o 053, um trecho do qual aparece a seguir.

Blog 053

News <n> Feed <n> . Sport <n> Feed <n> . Entertainment <n> Feed <n> . Funny <adj_attr> & Strange <adj_attr> Feed <n> . World <n> Feed <n> . Lifestyle <n> Feed <n> . Featured <adj_attr> Stories <n> ! Top Post <n> in <prep> Movies <n>. Anchorman <n> 2 Teaser <n> Promises To Deliver A Fun <n> Movie <n> [video <n>] . The first teaser <n> for <prep> the new <adj_attr> Ron <n> Burgundy <n> movie <n> doesn't divulge <n> too many plot <n> points <n> , but come on, it's Anchorman <n> (...)

No blog 053 há muitos substantivos, vários nos *menus* ("*news*", "*sport*", "*entertainment*" etc.); adjetivos em posição atributiva ("*funny*", "*strange*" etc.), e preposições ("*in*", "*for*"). Essas características marcam foco na apresentação de informação.

Assim como o blog 053, a webpage 088 (vide trecho abaixo) tem muitos substantivos ("*terms*", "*manager*", "*browser*" etc.), adjetivo em posição atributiva ("*rapid*") e preposições ("*about*", "*of*").

> Webpage 088
>
> Rapid <adj_attr> Share <n> . About <prep> us . News <n> . Career <n> . Contact <n> . Terms <n> of <prep> Use <n> . Privacy <n> Guidelines <n> . Rapid <adj_attr> Tools <n> . Rapid <adj_attr> Share <n> Manager <n> . Browser <n> extensions <n>. Windows <n> sidebar <n> gadget <n> .

Em relação à dimensão 2 (propósitos narrativos *versus* não narrativos), a distribuição dos escores aparece na figura 2. Todos os RIs aparecem no polo negativo da dimensão, sendo assim não narrativos. O e-mail com maior escore negativo nessa dimensão é o 06.

> E-mail 06
>
> Declines in Houston and replacements are <pres> noted below : Declined Replaced by Chris Chang (financial <adj_attr> Settlements) Gordon Heaney Kelli Little (gas Risk Management) Matt Olney Anna Kulic (gas Risk Management) Monte Jones Susan Scott (gas Scheduling) Shannon Groenwald I do <pres> not have <pres> updated <adj_attr> information on acceptances or declines from Portland or Calgary Operations At This Time - Sally

Há muito poucas características associadas à narratividade no e-mail 06, como adjetivos em posição atributiva ("*financial*", "*updated*") e verbos no presente ("*are*", "*do*", "*have*"). Percebe-se que o e-mail 06 apresenta uma lista de nomes que foram substituídos em um evento da empresa, não sendo, evidentemente, uma narrativa.

Figura 2: Dimensão 2 – propósitos narrativos *versus* não narrativos

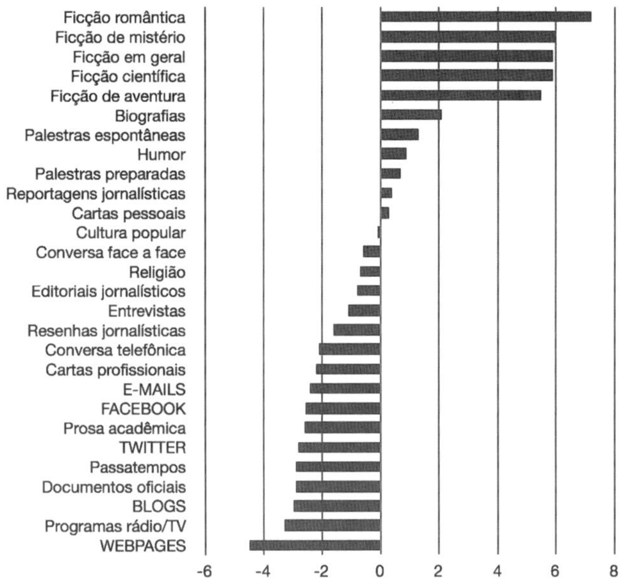

Assim como o e-mail 06, o Facebook 052 também é composto por poucas características associadas à narratividade (vide trecho a seguir).

Facebook 052

Mark <pres> and the huskies faces at the end look <pres> like how I feel <pres> inside , at the world , and some of these women thinking of being with the wrong <adj_attr> person . People will realize <pres> one day . Damn <pres> shame <pres> .

Já o tweet 014 apresenta o maior escore negativo na dimensão, não tendo características relacionadas à narratividade.

Tweet 014

Yelling out Jean at a Haitian event ! bob marley ! my dude . struggling .

Por fim, os blogs e webpages com menores escores tampouco apresentam características narrativas e, por razões de espaço, não serão expostos.

Em relação à dimensão 3 (referência explícita *versus* dependente da situação), a distribuição dos escores aparece na figura 3. A figura mostra uma diferença entre blogs de um lado e os demais RIs de outro; os blogs estão no polo positivo da dimensão, que indica referência explícita, enquanto os outros RIs estão no polo negativo, que sinaliza referência dependente de contexto. O blog 098 ("freerateupdate.com") apresenta o escore mais alto nessa dimensão; o trecho abaixo traz nominalizações ("*mortgage*", "*affordability*") e oração WH relativa ("*which makes it*") que explicita a referência textual.

Figura 3: Dimensão 3 – referência explícita *versus* dependente de contexto

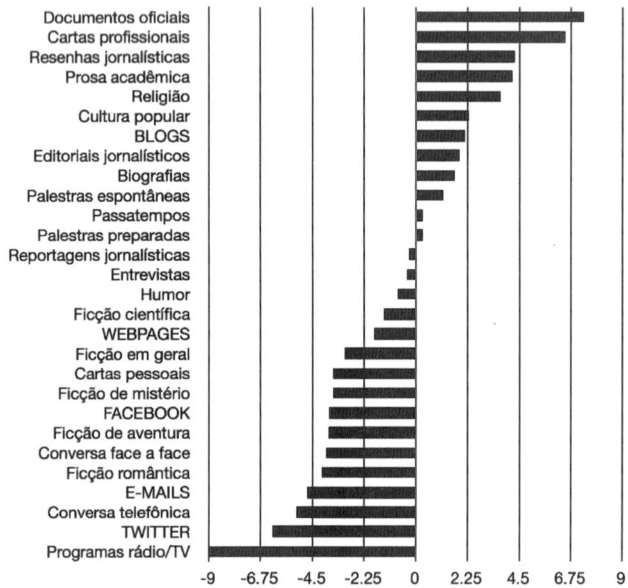

Blog 098

According to Freddie Mac , low mortgage <n_nom> rates are driving up home affordability <n_nom> which <rel_sub> makes it a perfect time for a home purchase . Since this could change at any time , those who <rel_sub> are interested in purchasing a home should be actively looking now while home prices and mortgage <n_nom> rates are down .

Do outro lado da dimensão referência explícita/dependência do contexto, a webpage 090 apresenta o escore mais alto ("livingsocial.com") no polo negativo.

Webpage 090

North <pl_adv> Miami - dade South <pl_adv> Broward . The Fun Palette . Two - hour Byob Painting Class . $ 40 $ 19 view deal . North <pl_adv> Miami - dade South <pl_adv> Broward Families . Elite Summer Camps . One Week of Youth Sports Summer Camp . $ 127 $ 59 view deal . Miami . Natural Resources Organic Pest Control.

Organic Interior and Perimeter Pest Control . $ 145 $ 69 view deal . Coral Gables South <pl_adv> Miami . My Only Boot Camp . One Month of Unlimited Boot Camp Classes . $ 100 $ 30 view deal . Ft . Lauderdale . Ending soon <tm_adv> .

O trecho anterior inclui advérbios de lugar e tempo ("*South*", "*North*", "*soon*"), que, segundo Biber (1988), indicam referência dêitica dependente de contexto.

Já o texto do Facebook 028 apresenta o escore mais alto no polo negativo dessa dimensão. O trecho abaixo contém uma variedade de advérbios ("*now*", "*out*", "*too*", "*rather*", "*somewhere*") que indicam dependência ao contexto de produção.

Facebook 028

Football and college are the only things on my mind now <tm_adv> . If you are going out <pl_adv> with someone new , I 'm going out <pl_adv> with someone too <advs> , I will n't feel sorry for me , I 'm getting drunk , but i 'd much rather <advs> be somewhere <advs> with you .

O e-mail 050, cujo trecho aparece a seguir, também inclui advérbios ("*out*", "*there*", "*here*") que exprimem a mesma função de referência ao contexto imediato.

E-mail 050

Hey there <pl_adv> , Did you call me at the Derby ? I have some vague recollection of getting a voice mail from you...however i had many many mint juleps and was very intoxicated . I actually flew in on saturday and out <pl_adv> sunday morning.... was maybe there <pl_adv> 16hrs tops . Anyway <advs> , I guess you were here <pl_adv> this weekend .

O tweet 005 apresenta o maior escore negativo nesse polo da dimensão 3. Assim como os exemplos anteriores, contém uma grande variedade de advérbios ("*out*", "*fast*", "*then*", "*today*"), conforme mostra o trecho a seguir.

Tweet 005

My baby ass jus got kicked out <pl_adv> the bar I need a fake id Fast <advs>. Food run then <tm_adv> I 'm hitting zzzzzz . I barely tweeted today <tm_adv> . something's wrong with me .

Em relação à dimensão 4 (persuasão/argumentação explícita), a distribuição dos registros é indicada na figura 4, mais à frente. Nessa dimensão, há uma separação nítida entre e-mails, no topo da dimensão, Twitter no centro, e os demais RIs, na posição inferior. Isso significa que e-mails são o RI mais persuasivo/argumentativo, o Twitter não é marcado em relação à persuasão ou argumentação, e os demais RIs são não persuasivos ou argumentativos. O e-mail 022 apresentou o escore mais alto na dimensão 4, apresentando características associadas à argumentação/persuasão, como oração subordinada ("*if you want to*") e verbo modal de antecipação ("*will*"), além de um sintagma verbal clivado ("*will just confirm*"). A intenção do autor é de que seu destinatário lhe telefone para que prossigam as negociações.

> E-mail 022
>
> Keith , I 've just <spl_aux> spoke with Mark , and he agrees with all this . If <sub_cnd> you want to give <inf> me a call when you have a minute , I 'll conference in Mark from Aron , and we will <prd_mod> just <spl_aux> confirm all this . peter

O tweet 066, com o escore mais alto na dimensão 4, inclui algumas características de persuasão/argumentação, como infinitivo complementando um adjetivo ("*hard to take*"), modal de necessidade ("*should*") e auxiliar clivado ("*is fully committed*").

> Tweet 066
>
> It 's hard to take <inf> big steps sometimes but I guess if <sub_cnd> one person is fully <spl_aux> committed to making it work the other person should <nec_mod> do the same . I do not feel like writing this paper . about to go walk around .

Figura 4: Dimensão 4 – persuasão/argumentação explícita

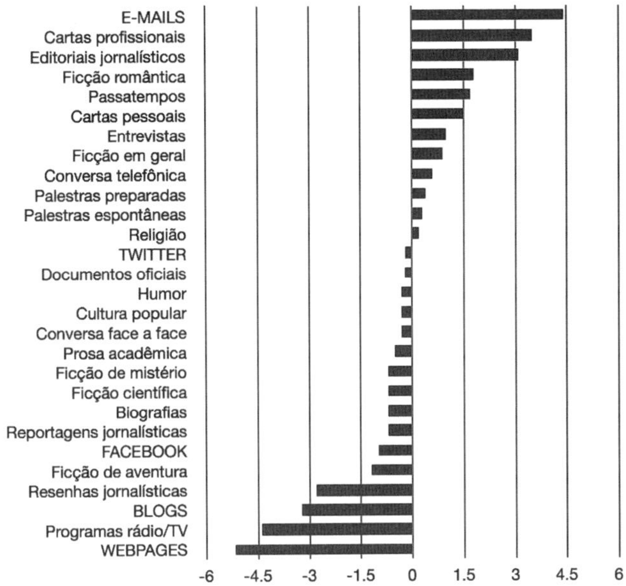

Os demais RIs aparecem no polo não persuasivo/argumentativo e, por razões de espaço, não serão exemplificados.

A última dimensão, informação abstrata *versus* não abstrata, apresenta a distribuição dos registros conforme mostra a figura 5. A distribuição dos RIs apresenta uma divisão entre os polos: no polo positivo estão e-mails e Twitter, indicando informação abstrata, e no negativo, blogs e webpages, indicando informação não abstrata.

O e-mail 006, com maior escore na dimensão 5, tem duas instâncias de voz passiva, uma sem agente ("*are noted below*") e a outra com agente ("*replaced by* <nome>").

E-mail 06

Declines in Houston and replacements are noted <agls_psv> below : Declined Replaced <by_pasv> by Chris Chang (financial Settlements) Gordon Heaney Kelli Little (gas Risk Management) Matt Olney Anna Kulic (gas Risk Management) Monte Jones Susan Scott (gas Scheduling) Shannon Groenwald. I do not have updated information on acceptances or declines from Portland or Calgary Operations At This Time - Sally

Figura 5: Dimensão 5 – informação abstrata *versus* não abstrata

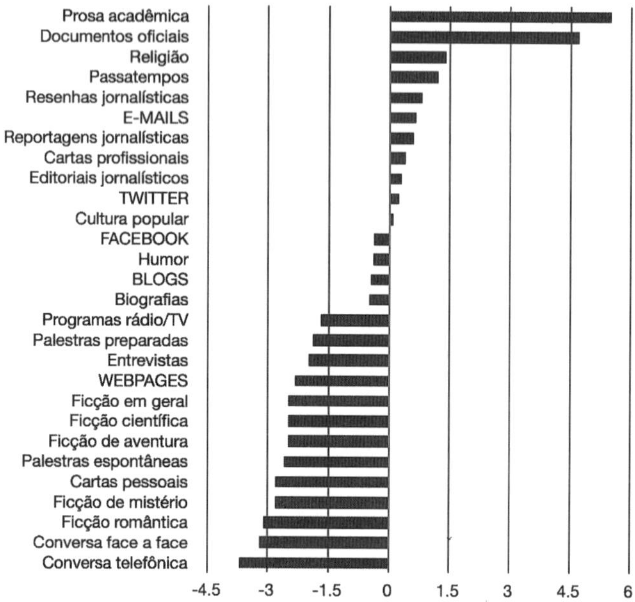

Segundo Biber (1988: 112), voz passiva e outras características dessa dimensão emprestam ao texto um caráter mais abstrato e impessoal.

> Essas construções são usadas para avançar proposições com pouca ênfase no agente, seja movendo o agente para a posição de objeto, seja apagando-o por completo. São usadas para marcar a proeminência do paciente, a entidade em elaboração no discurso, tipicamente um referente inanimado e sempre um conceito abstrato ao invés de concreto. As passivas são frequentemente usadas no discurso procedimental, nas quais o agente é pressuposto em várias orações e o agente específico da oração não é importante para o propósito do discurso. Discursos com grande frequência de construções passivas são tipicamente abstratos e técnicos em termos de conteúdo, assim como de estilo formal. Aparentemente, expressões adverbiais e conjunções subordinativas sempre co-ocorrem com construções passivas para marcar a complexidade das relações lógicas entre as orações e caracterizar esse tipo de discurso.

O tweet 040 apresenta o maior escore na dimensão 5, contendo conjunção ("*though*") e uma voz passiva sem agente ("*getting laid*"), que indica certo distanciamento do locutor. Os demais RIs figuram no polo não abstrato, em razão da baixa frequência dessas características. Sendo assim, e por razões de espaço, não serão ilustrados.

Tweet 040

Seriously though <conjncts> , Jamie Xx is better than your momma 's Sunday dinners. Florida stressed me out this whole weekend . Never say " is that it ? " after getting laid <agls_psv> . the repercussion is not good .

A tabela 5 mostra os testes estatísticos que mensuram a quantidade de variação capturada pelas dimensões. A coluna R^2 indica a quantidade de variação existente entre os textos que foi capturada pelos RIs; a coluna F, o valor da estatística F da prova ANOVA; e a coluna p, a significância estatística associada ao valor de F. Por exemplo, na dimensão 1, a variação capturada foi de 41,9% (0,419 * 100); ou seja, se soubermos qual é o registro a que pertence um texto, podemos dizer, com 41,9% de certeza, qual é seu escore na dimensão 1. Como se percebe, a maior parte da variação não foi capturada pelo RI, de tal forma que há muita variação entre os textos de um mesmo RI (visto que o valor de p é estatisticamente significativo), ao mesmo tempo que há semelhanças de escore entre textos de RIs diferentes. Isso também ocorre nas demais dimensões, que são ainda mais fracas do que a primeira em revelar as características dos RIs.

Tabela 5: ANOVA e a variação capturada

Dimensão	R^2	F	p
1	0,419	89,4	0,000
2	0,105	14,4	0,000
3	0,211	33,2	0,000
4	0,250	41,3	0,000
5	0,075	10.1	0,000

Em conclusão, as dimensões atuais de variação do inglês deixam escapar boa parte da variação entre os textos da internet. Contudo, isso não significa que não sejam relevantes, pois mesmo havendo mais variação do que são capazes de explicar, elas representam parâmetros estruturais, semânticos, comunicativos e discursivos em que podemos nos basear para caracterizar inicialmente os textos da internet. Devemos buscar outras dimensões, próprias dos RIs, para verificar se elas são capazes de representar melhor a variação entre os textos do que as dimensões pré-internet. Entretanto, tal pesquisa foge ao escopo deste capítulo.

Conclusão

Neste capítulo, comparamos registros típicos da internet a outros utilizados desde antes da invenção da internet. Os resultados mostram que há semelhanças marcantes entre registros virtuais e não virtuais.

É concebível que as práticas textuais dos usuários do mundo virtual sejam pelo menos em parte calcadas em suas experiências no mundo não virtual: um usuário de Facebook pode tomar emprestadas formas discursivas de sua experiência com bilhetes, cartas e conversação, por exemplo; quem escreve e-mail pode se basear em seu conhecimento de gêneros como ofício, conversa telefônica e recados, entre outros. Sem falar que há cruzamentos entre os próprios textos da internet – o Twitter é chamado de microblog, uma referência a outro gênero próprio da internet, indicando uma função análoga aos weblogs pessoais. Por fim, os textos da internet convivem com outros pré-internet, dentro e fora do mundo virtual. Fora, porque os registros não virtuais ainda fazem parte da vida de usuários dos virtuais; dentro, porque na própria webesfera há reprodução de formas não digitais de comunicação (versão digital de um jornal idêntica à impressa, por exemplo).

Sugerimos, desse modo, que os usuários de registros como e-mail, Twitter, Facebook, webpages e blogs tomam emprestada a linguagem de outros registros para essas novas formas de comunicação. Nesse processo de adaptação, esses registros da Internet passam a ter perfis linguísticos distintos, mas não exatamente singulares ou exclusivos. Uma boa parte da estrutura linguística neles usada existe em outros registros não virtuais. Esse achado pode ser visto como surpreendente na medida em que alguns registros virtuais parecem ser algo inteiramente novo e revolucionário na superfície, em razão do emprego de formas inovadoras de grafia, como abreviações e ortografia alterada. Mas por trás dessa aparente singularidade, reside um grau de afinidade considerável com a linguagem já conhecida e amplamente empregada em outras formas de comunicação. Os usuários, desse modo, transpõem e adaptam a linguagem pré-internet para a internet.

Descobrimos também que as dimensões de variação existentes, datadas de meados dos anos 1980, não dão conta por completo da variação entre os registros da Internet. Outras dimensões, próprias desses discursos, devem ser propostas. Para que sejam obtidas, é necessário que se faça uma nova análise fatorial e que os fatores resultantes sejam interpretados discursivamente. Essas dimensões serão de nível macro, à semelhança das de Biber (1988), mas assentadas em análise da estrutura léxico-gramatical de textos da internet em nível micro. Não é possível prever quais, quantas e como serão. Esta é tarefa para pesquisa posterior.

Notas

1 Agradeço ao CNPq e à Fapesp o apoio à pesquisa, na forma de diferentes auxílios.

2 Disponível em: <http://www.cs.cmu.edu/~enron/>. Acesso em: 28 jan. 2013.

3 Disponível em: <http://www.blog.twitter.com/2012/03/twitter-turns-six.html>. Acesso em: 28 jan. 2013.

4 Disponível em: <http://www.twitter.com/statuses/public_timeline.json>. Acesso em: 28 jan. 2013.

5 Os textos foram coletados no endereço: <https://graph.facebook.com/search?q=the&type=post>. Acesso em: 26 maio 2012.

6 Disponível em: <http://technorati.com/blogs>. Acesso em: 28 jan. 2013.

7 Disponível em: <http://www.google.com/adplanner/static/top1000>. Acesso em: 28 jan. 2013.

8 O maior escore negativo corresponde ao menor escore absoluto. Por exemplo, o escore de -36. 75 é o menor escore absoluto da dimensão 1 do RI webpages, sendo portanto o maior escore negativo.

Referências

Berber Sardinha, T. *Linguística de Corpus*. São Paulo: Manole, 2004.

Biber, D. *Variation across Speech and Writing*. Cambridge: Cambridge University Press, 1988.

______. Representativeness in Corpus Design. *Literary and Linguistic Computing*, v. 8, n. 4, 1993, pp. 243-57.

_______. *Dimensions of Register Variation* – a Cross-Linguistic Comparison. Cambridge: Cambridge University Press, 1995.

_______. Multi-dimensional Approaches. In: Lüdeling, A.; Kytö, M. (ed.). *Corpus Linguistics* – an International Handbook. Berlin/New York: Walter de Gruyter, 2009.

Biber, D.; Conrad, S.; Reppen, R. *Corpus Linguistics* – Investigating Language Structure and Use. Cambridge: Cambridge University Press, 1998.

Shepherd, T.; Berber Sardinha, T.; Veirano Pinto, M. (eds.). *Caminhos da Linguística de Corpus*. Campinas: Mercado de Letras, 2012.

Sinclair, J. M. *Corpus, Concordance, Collocation*. Oxford, New York: Oxford University Press, 1991. (Describing English Language).

A linguagem no Facebook

Nelly Carvalho
Rita Kramer

Este capítulo, partindo do entendimento de que "a língua não é nunca feita, pela simples razão de que não está nunca feita e sim está sempre a se fazer e a se refazer, ou, dito em outros termos, é uma criação permanente e uma incessante destruição" (Coseriu, 1979: 32), analisa algumas configurações atuais da mídia informativa, através de recentes publicações de notícias nas redes sociais. Na primeira parte, fazemos uma reflexão sobre o uso da linguagem na internet e suas implicações sociais. Na segunda, analisamos algumas representações da linguagem informativa no Facebook. Para tal, utilizamos como base teórica os postulados de David Crystal (2005; neste volume) sobre a revolução da linguagem e a teoria da Análise Semiolinguística do Discurso, da Análise do Discurso (AD) francesa de Patrick Charaudeau.

Crystal (2005) tem uma atitude serena quando observa o uso da linguagem no século XXI, relativizando as mudanças trazidas pela comunicação eletrônica. Suas ideias nos ajudam a manter uma postura equilibrada diante das mudanças geradas pelo uso dos meios digitais. A Análise Semiolinguística do Discurso, proposta por Patrick Charaudeau, contribui com um olhar conveniente para observar as recentes configurações comunicativas no espaço digital. Esse campo de análise vem sendo desenvolvido desde o lançamento da tese de doutorado do autor francês, no fim da década de 1970. Sua teoria faz parte de uma dissidência da corrente francesa de Análise do Discurso, lançada pelo teórico Michel Pêcheux. Diferentemente da teoria pêchetiana, os estudiosos da Análise Semiolinguística do Discurso não se preocupam com a relação entre discurso e ideologia, mas com as relações entre as manifestações do discurso em suas diversas situações de comunicação. Segundo a teoria, "o campo semiolinguístico não pode ser concebido de outra forma a não ser como um conjunto de atos significadores que *falam* ao mundo através das condições e da própria instância de sua transmissão"[1] (Charaudeau, 2008: 20). O autor afirma ser no jogo de relações entre as instâncias de produção e de recepção do discurso que surge o espaço em que os sentidos vão sendo construídos (Charaudeau, 2006).

Dialogando com Crystal

O século XXI vem sendo testemunha de uma verdadeira revolução na vida social, com a entrada da internet como meio usual de comunicação, introduzindo novas formas e novos conceitos na vida cotidiana. A linguagem, como matéria e tecnologia da comunicação humana, vem recebendo os efeitos dessa revolução. As decorrências das mudanças na interação vêm imprimindo suas marcas tanto no uso material da língua quanto em sua esfera discursiva, na qual ocorrem as representações dos sujeitos da era da participação.

A tecnologia buscou a nomeação das novidades técnico-científicas pela internacionalização de radicais greco-latinos, com termos criados pelos cientistas para suprir a falta de nomeação apropriada. Mas, com a vertiginosa evolução no ramo de saber tecnológico, o material linguístico passou a ser o da língua/cultura de onde vinham e vêm as novidades: o inglês. Nenhuma língua ficou imune a sua influência ou mesmo dominação. Além dos novos termos adotados, modelos de frases inusitados foram incorporados, em que o ato técnico é designado por um conjunto de elementos só decodificados na combinação da frase: "A memória do computador *deletou* as informações." "A mixagem do áudio foi realizada *indoor*." Em suma, *res sequuntur verba*: a novidade das coisas precede a novidade dos nomes e esta é veiculada e observada pela mídia, sobretudo na escrita.

Umberto Eco (1971), em seu livro *Apocalípticos e integrados*, analisa duas maneiras de reagir diante da mudança, por parte dos indivíduos. Os apocalípticos são os que rejeitam todo tipo de evolução, julgando-a perniciosa, e os integrados são os que assimilam a evolução como positiva, porém de forma acrítica. Em relação ao tema que estamos abordando – as mudanças na linguagem trazidas por um meio novo, a internet –, encontramos os dois tipos de posicionamento.

Há algum tempo, foi publicado no conceituado jornal *La Nación*, de Buenos Aires, um artigo apocalíptico, de um especialista sobre a linguagem da internet, que se estendia ao uso da sigla em geral. Dizia ele que a mutilação da palavra corta o vínculo com a experiência passada e impede também a presente. Invectivava até contra a redução dos nomes próprios nos apelidos como Tião e Zé. Trazia, em favor de sua posição, as palavras do alemão Heidegger, também lastimando a redução de universidade para "uni", que perdia assim sua força e poder e transformava-se num termo inócuo. Meditar sobre o tema e sobre as invectivas do articulista nos leva a discordar e a nos lembrar de que é difícil evitar os processos de economia linguística, que nos deram "cine", "pneu", "foto", "CD" e até "você" e "larápio". Crystal (2005) aborda a linguagem da internet e estuda essa linguagem sem lançar nenhuma sombra de preocupação sobre a permanência das palavras e seu significado, explorando, sobretudo, a ideia de que a internet é uma forma nova de comunicação que vem fazendo uma revolução na linguagem. O autor argumenta, por exemplo, que a comunicação mediada pelo computador tem características diferentes da fala, mesmo nos e-mails, porque não tem o retorno instantâneo do face a face. São mensagens completas, unidirecionais, sem a ajuda da entonação, nem da expressão facial, sendo uma forma de comunicação muito mais lenta na troca de informações do que a fala.

Os empréstimos, inclusive no templo sagrado da sintaxe, já se fazem sentir. Há uma tipologia de frase que foge aos modelos da língua portuguesa. "Os donos do *iPad* só precisam *baixar* o aplicativo da revista",[2] "Acesse o *Android Market* no seu celular".[3] De acordo com o *Dicionário Aurélio da língua portuguesa*, o verbo "acessar" criou uma nova sintaxe, derivada do inglês. O verbo "baixar", também a partir do inglês, adquire um novo sentido, baseado em sua tradução da expressão do inglês *to donwline load.*

Porém, o que mais nos interessa é sua diferença em relação à escrita, pois é aí, na simplificação que nela acarreta, que residem as preocupações. Entre estas, é vista como primeira diferença a estabilidade da escrita: o texto impresso é estático, enquanto uma página da web pode variar a cada busca. Quanto aos e-mails, o autor lembra a mobilidade de sua forma, a facilidade de modificá-los e/ou encaminhá-los a outro e as possíveis ligações com outros textos (links), que conduzem ao hipertexto.

Os possíveis erros de digitação não levam a concluir, como na escrita convencional, que houve erro e desconhecimento de regras da ortografia. Os textos são produtos da pressa e logo deletados: são passageiros e voláteis. Os efeitos, na língua, desse novo meio são duplos: ele inicia uma mudança no caráter formal da língua e possibilita maior utilização da escrita. São inúmeras abreviações usadas ("tb", "vc") e reduções ("facu"). A falta de maiúsculas e de acentos surpreende o falante de português. A ortografia fora do padrão, condenada na escrita convencional, é usada sem sanções em ambientes de conversa.

A aparente falta de respeito pelos padrões da escrita está preocupando muitos, prevendo-se que as crianças não saberão escrever no futuro, pela quantidade de abreviações usadas. Devemos pensar, contudo, que abreviações sempre foram usadas na língua, sem terem interferido para dificultar a comunicação. O único cuidado que se deve tomar é para que essas novas abreviações sejam usadas apenas na comunicação via computador e não sejam adotadas na escola. A língua tem determinados registros que devem ser respeitados.

Um vocabulário novo também está entrando para as línguas de todo o mundo através da internet, cuja fonte é o inglês. Tomados como empréstimos por línguas diversas, os novos vocábulos nomeiam situações, operações e atividades restritas à internet (embora algumas já estejam entrando no domínio geral, como "customizar", "linkar", "formatar" e "deletar") e tornam-se, assim, um dos mais criativos domínios lexicais das línguas contemporâneas.

De acordo com Crystal (2005), a comunicação pelo computador (e-mail e chat) não usa uma linguagem cifrada, mas diferente, de acordo com o meio novo, recém-criado. É mais que um agregado de características da fala e da escrita e, porque faz coisas que nenhum desses outros meios faz, esse meio tem de ser visto como uma forma de comunicação que gerou sua própria linguagem. Tem suas próprias regras e, sendo assim, não pode ser visto como uma escrita anárquica numa visão apocalíptica. Esse é um avanço tecnológico cujo alcance não podemos medir nem evitar.

Além disso, o autor defende a tese de que o inglês tornou-se a língua dominante no mundo, a partir dos anos 1990, exatamente por ser o veículo das novas tecnologias, e seu domínio não pode ser contestado. A revolução da linguagem no século XXI é um tripé, segundo ele, baseado nos dois fatos já expostos (predomínio do inglês/linguagem da internet) e também no desaparecimento das línguas das minorias que não acompanharam o desenvolvimento nem incorporaram mudanças.

As redes sociais e as inovações discursivas

Na onda dessa revolução, as redes sociais popularizaram-se rápida e massivamente, trazendo muitas novidades no campo da comunicação. O grande pressuposto-base da existência dessas redes é preponderância da interacionalidade na construção ou na troca de informações. Os sites de relacionamento congregam pessoas, que criam perfis virtuais para si mesmas, nos quais acrescentam informações a seu respeito, como interesses pessoais e profissionais, vídeos, fotos, mensagens e textos de várias naturezas. Nas redes, as pessoas agrupam-se de acordo com seus interesses em comum. Desse modo, esse tipo de site atua como representação virtual dos relacionamentos entre os seres humanos em seu mundo real. E em sua condição de representação, as redes encerram várias diferenças no que diz respeito ao universo das relações não virtuais humanas, gerando mudanças nos modos de interação através dos textos e dos discursos.

Existem vários tipos de redes sociais que se organizam em torno dos interesses dos sujeitos inscritos. A Wikipedia é uma importante rede social da atualidade, pois funciona como uma enciclopédia virtual, aberta à participação das pessoas que se interessarem por algum tema ou verbete, que podem escrever sobre ele. Todavia, essa abertura colaborativa pode trazer alguns inconvenientes. Muitas vezes as informações fornecidas pelo site não têm comprovação científica ou podem ser questionadas.

O Facebook é atualmente a mais popular[4] rede de relacionamentos no Brasil. Ele congrega pessoas de diferentes idades, classes sociais, graus de instrução, embora, por forças sociais, essas diferenças continuem sendo perceptíveis pelos perfis dos usuários e pela rede que integram. A revista *Veja*[5] publicou, a respeito, dados bem elucidativos, tendo dedicado a capa a esse fenômeno de comunicação. O criador do Facebook, Mark Zuckerberg, aos 27 anos, teve sua criação avaliada em cem bilhões de dólares. A reportagem, com o sugestivo título "O Facebook engole o mundo", registra que, no Brasil, 75 em cada 100 usuários da internet, conectados à web, entram no Facebook, subindo esse número na Índia e nos Estados Unidos para 80 usuários. Ainda acrescenta que "O Facebook cresce e encolhe o planeta". Entre os demais países, apenas a China vetou seu uso. Mesmo assim, somam-se 845 milhões seus adeptos em todo o globo. Essa não foi a primeira rede social, mas tornou-se a mais atraente, com um maior número de recursos e possibilidades de interação, que facilitam a troca de imagens e vídeos em tempo real, mesmo sendo acessada por um telefone celular. "Estamos acostumados a falar no impacto que tiveram no passado invenções como a imprensa e a televisão. Agora, nossa sociedade atingiu um novo ponto de inflexão", conforme recente declaração de Zuckerberg.

Por esses avanços, a mídia que vem se configurando nos espaços sociais da atualidade necessita de outro olhar. Segundo Lima (2004), não se pode definir o grande arsenal de manifestações da mídia comunicativa apenas sob o rótulo de "comunicação", pois, com o alargamento das possibilidades de uso da tecnologia, se modificaram algumas características do conceito. Assim, o autor propõe que se trabalhe com a noção de "comunicações". O termo abarcaria de maneira plural a diversidade de manifestações midiáticas de construção da informação. Ainda segundo o estudioso, essas comunicações não são mais instrumentos de *manipulação*, como se dizia anteriormente. Hoje, se pensa a mídia como instrumento de *persuasão* das massas e também vem se falando em *influência* da informação. "Na verdade, a mudança de terminologia revela a passagem de um modelo que considerava as comunicações como *todo-poderosas* (efeitos ilimitados) para outro em que esse poder passa a ser visto como cada vez menor (efeitos limitados)" (Lima, 2004).

Para o educador e pensador Paulo Freire, imbricados ao conceito de comunicação estão a interação e o diálogo entre os sujeitos de uma sociedade. O estudioso combate a ideia behaviorista de comunicação como transmissão da informação, dizendo que a comunicação é a "coparticipação de Sujeitos no ato de conhecer" (Freire, 1971: 22). Subjacente a essa noção, está a tese principal de Freire na obra remetida, a de que o conhecimento e o pensamento são construídos a partir das relações entre os seres humanos no mundo. Dessa maneira, as comunicações são tomadas como situação social em que as pessoas criam o conhecimento juntas, transformando-o.

Segundo a Teoria da Informação, a difusão da informação se dá por meio de sua transmissão, em que os sujeitos têm funções bem definidas: de transmissor e de receptor. Entendemos esse pensamento como uma manifestação reflexiva limitada, ao menos contemporaneamente, pois desumaniza os sujeitos em suas complexas relações sociais e comunicativas com todos os recursos que têm lhes sido disponibilizados.

Em contrapartida a esse entendimento, pensamos que no jogo da comunicação midiática estão envolvidos sujeitos que desempenham funções como atores sociais e estabelecem entre si um tipo de contrato comunicativo em que seus papéis não são engessados e recebem diversas influências dos aspectos sociais, políticos e linguísticos envolvidos nos eventos comunicativos. Essa ideia apoia-se na concepção de comunicação concebida por Charaudeau (2006, 2008), na qual o ato de linguagem (que pode ser um ato de comunicação) é uma encenação interenunciativa, e, por isso, aquele que recebe uma mensagem midiática não é mero receptor passivo. O receptor participa do processo desde a elaboração da mensagem, pois o enunciador ordena sua fala em função de intenções comunicativas que visam a um receptor presumido (destinatário) em uma situação de comunicação específica. Com isso, reiteramos a dinâmica complexa que existe na produção e propagação da informação na sociedade.

A natureza da comunicação midiática tradicional (falamos de televisão, rádio e imprensa escrita) é monologal. Mesmo quando os veículos abrem espaço à participação dos espectadores e leitores, isso ocorre de modo assíncrono, com a interferência das instâncias produtoras na seleção e divulgação do material recebido. Essa situação acontece principalmente pela defasagem de tempo que se dá entre produção, divulgação e resposta às mensagens, pois "todo ato de comunicação se realiza num determinado ambiente físico que impõe restrições para a realização do ato" (Charaudeau, 2006: 104). A essas condições de comunicação, Charaudeau (2006) dá o nome de "dispositivo de encenação", que "é uma maneira de pensar a articulação entre vários elementos que formam um conjunto estruturado, pela solidariedade combinatória que os liga" (Charaudeau, 2006: 104). Esses elementos são o suporte que veicula a mensagem, que se constitui de diversos materiais. Na comunicação por internet, integrados ao suporte, que é o canal de transmissão da informação, enunciador e destinatário podem estar presentes instantaneamente, além de se abrir a possibilidade para situações dialógicas instantâneas na divulgação de notícias, publicidades, textos literários etc.

Os recursos tecnológicos que configuram e reconfiguram a cada dia o suporte digital vieram a transfigurar um quadro já estabilizado na comunicação das mídias. Na figura 1, apresentamos o esquema de representação da encenação midiática de Patrick Charaudeau (2008), em que ele interpreta as relações entre os sujeitos envolvidos no ato de linguagem.

Figura 1: Circuito do ato de linguagem

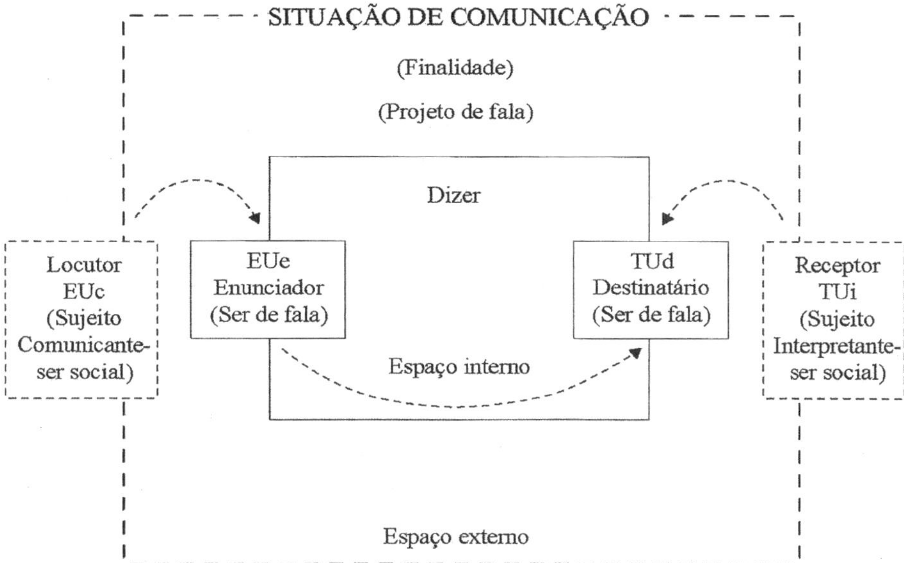

Na leitura do gráfico, depreende-se que em toda situação de comunicação existe uma finalidade (*para que informar?*) guiada por um projeto de fala (*por que informar?*). Há, ainda, dois espaços de comunicação, o espaço interno do dizer e o espaço externo do dizer. Esses lugares estão diferenciados porque pressupõem sujeitos distintos no ato de linguagem. No espaço interno da fala configurada, estão os sujeitos instituídos como imagem de sujeito enunciador (EUe) e sujeito destinatário (TUd), que se relacionam intimamente com os saberes ligados às representações linguageiras das práticas sociais (Charaudeau, 2008: 53). O TUd, sujeito destinatário, é o interlocutor fabricado pelo EU como um destinatário ideal, subtraindo as heterogeneidades próprias do espaço externo do dizer, onde se encontram seres em sua configuração "real" e psicossocial. Nesse caso, "o EU tem sobre ele um total domínio, já que o coloca em um lugar onde supõe que sua intenção de fala será totalmente transparente para o TUd" (Charaudeau, 2008: 45). Isso acontece porque, como dito anteriormente, a situação monologal tem como característica a assincronia temporal, que permite esse movimento sem a interferência imediata do destinatário sobre a mensagem.

Numa rede, como o Facebook, os destinatários presumidos misturam-se a suas configurações de TUi, pois a existência de uma relação pessoal entre os perfis criados como representação de sua atuação social faz o vínculo entre as instâncias de informação se estreitarem. A era da participação aproxima os sujeitos interpretantes de sua configuração como destinatários, pois seus perfis são representações de sua vida real.

Devido à dimensão alcançada pelo Facebook e à forma como essa nova configuração comunicativa vem alterando a relação entre as instâncias de notícias (e o uso que fazem da linguagem) e a recepção pelos destinatários/receptores, fazemos dessas configurações nosso próximo tema, ilustrando-as com excertos do Facebook.

Configurações da linguagem informativa no Facebook

Em nosso trabalho "Inovação publicitária nas redes sociais" (ver Carvalho, Lins e Kramer, 2011), analisamos a configuração da linguagem publicitária no contexto das redes sociais de relacionamento. Observamos que as redes sociais reconfiguram o circuito quando os próprios usuários podem se tornar enunciadores ou também são os veículos do texto. Por meio das alterações no circuito de comunicação realizadas pela extensão das ferramentas comunicativas no âmbito digital, é possível perceber que as redes proporcionam uma aproximação entre o enunciador e o receptor da mensagem, pela natureza dos relacionamentos nas redes sociais.

A publicidade na internet traz como marca de sua profunda diferença com as demais mídias sua extrema mobilidade. Enquanto o emissor e a fonte (tratando sob os termos da Teoria da Informação) são os mesmos da mídia convencional, na internet, o público-alvo é setorizado e diferenciado. Além disso, a própria noção de fonte se desintegra, já que a convergência de sites, através do recurso do hiperlink, alarga as possibilidades nesse âmbito. As peças publicitárias são acessadas por um público que tem interesse direto no produto. A mensagem é intencionalmente dirigida ao público-alvo e pode ignorar, diferentemente da TV, da mídia escrita ou do *outdoor*, aqueles que não são clientes em potencial. Sua permanente mobilidade impede a memorização de *slogans*, e a imagem predomina sobre a linguagem como forma de sedução. Na verdade, é mais uma estratégia de marketing do que uma simples mensagem publicitária. Normalmente, ela permite o acesso à compra, trazendo, com as vantagens anunciadas, preços, modelos e pontos de venda, nas publicidades de produtos e de serviços. Além de tudo, há uma diferença formal: enquanto as peças publicitárias na internet apresentam mobilidade e mudança de ângulo de visão, podendo variar a cada consulta, nas mídias tradicionais, elas são permanentes em sua forma de apresentação e conteúdo.

Assim como a publicidade, o texto jornalístico também vem buscando se adaptar ao suporte das redes sociais, que exige a participação dos destinatários/receptores na abertura do texto, conforme mostra o fragmento 1, da página eletrônica de *O Globo* no Facebook, em 10 de janeiro de 2012.

Fragmento 1:

O Globo:
Boa hora para iniciar aquela reforma em casa. Curtiu?
FGTS financiará material de construção para a classe média
oglobo.globo.com
Linha de crédito será de até R$ 20 mil, pagamento em até 120 meses e juros de 12% ao ano

Além da manchete e do lide, as notícias agora são acompanhadas de chamadas à interação com os destinatários: "Boa hora para iniciar aquela reforma em casa. *Curtiu*?" As postagens de qualquer perfil no Facebook trazem, na interface, a possibilidade do acréscimo de comentários, de compartilhamento da informação para amigos da rede e do ato de "curtir", tradução do inglês *like*. "Curtir" significa indicar a aprovação de algum conteúdo divulgado, seja por perfis pessoais ou institucionais, como é o caso da instância jornalística *O Globo*. Ao compartilhar uma notícia, o dono de um perfil divulga a informação para seus "amigos" que compõem sua rede de relacionamento. Desse modo, como um filtro, a rede espalha a informação para destinatários/receptores ligados entre si digital e socialmente, transformando os próprios destinatários em enunciadores, pois eles repassam a informação produzida pelos locutores socialmente autorizados. Nas notícias divulgadas pelos perfis virtuais das instituições de informação pelo Facebook, percebe-se a necessidade de abertura da informação à intervenção de seus receptores, que participam do debate sobre a notícia em tempo real, comentando, curtindo e compartilhando.

Na tentativa de se aproximar do uso da linguagem na internet, os jornais vêm inserindo símbolos do internetês em suas postagens. Na notícia do fragmento 2, divulgada pelo perfil do jornal carioca *O Globo*, observamos o uso de símbolos tipográficos que representam um sorriso: :-), que se podem notar abundantemente na comunicação em chats ou mesmo em postagens das redes sociais. O fragmento 2, da página de *O Globo* no Facebook, em 7 de janeiro de 2012, ilustra o fato:

Fragmento 2:

O Globo:
Podem respirar aliviados :-)
Agora que o mundo não vai acabar...Quais os planos para 2012 e além?
Mundo não vai acabar em 2012, mostram novas placas da cultura maia encontradas recentemente – O Globo
oglobo.globo.com
Menção é sobre início de uma era neste ano, regida por um novo Deus, e não o apocalipse
[...]

Segundo Paillet, embora não exista nenhuma linguagem que possa satisfazer os anseios pela neutralidade jornalística, existe a busca de uma "linguagem média" (Paillet, 1986: 76). Essa linguagem dependerá tanto da linguagem empregada na atualidade quanto da tradição jornalística, e terá uma relação distinta com cada cultura. De qualquer forma, o autor insiste que existe ainda algo em comum às normas empregadas no discurso jornalístico: este adota a linguagem que pode ser compreendida pelos "dirigentes e pelos homens instruídos" (Paillet, 1986: 76). Apesar de todas as variantes sociais com seus diferentes registros de linguagem, o registro formal parece ser uma exigência política imposta às linguagens do jornalismo, pois a sociedade valoriza seu emprego e qualifica como erros os desvios (Lage, 1985: 37).

Com os usos configurados nas redes sociais, inferimos certa relativização do rigor linguístico próprio à imprensa tradicional. Não obstante, essa maior liberdade no uso da linguagem parece ser limitada, pois ainda se relaciona com os usos sociais de prestígio, mesmo no âmbito da comunicação por meios digitais, como mostra o fragmento 3, retirado do perfil da *Folha de S.Paulo* no Facebook, no dia 14 de dezembro de 2011, por ocasião da publicação de uma notícia sobre um jogo entre o time brasileiro Santos e o time japonês Kashiwa Reysol:[6]

Fragmento 3:

Folha de S.Paulo
Todos comemora! HTTP://bit.ly/ltZoM7U Veja fotos de Santos 3 x 1 Kashiwa Reysol. ;)
João: Ainda tem gente que diz: "Esse pessoal que não entende gíria de internet... Me polpe de comentários idiotas!!! E gíria possuí acento agudo no primeiro " i" ...rsrsrs
Victor: é meme propositaI seus BURROS
Lúcia: Todos "comemora" ... pronto, sem stress...
Folha de S.Paulo: É uma expressão comum nas redes sociais
Luis Ricardo. Veja: HTTP://twitter.com/#!/search/%22todos%20comemora%22.
Obrigado pelo contato!
Maria: Gíria eh uma coisa: falar errado eh outra bem diferente.....e, antes que falem, Eu não tenho acentos, cedilhas e outras cositas aqui no meu laptop
[...]

O texto aqui reportado não contém erros de digitação. A expressão "todos comemora" advém de um uso popularizado pela rede de relacionamento Twitter, e não se sabe ao certo como apareceu. Ela faz parte dos chamados "memes" da internet, que são modismos usados durante um período de tempo, muito populares nas comunicações por redes. Não somente a expressão "todos comemora" faz parte desse grupo, como qualquer fórmula com a palavra "todo(a)s" seguida de um verbo no singular ("todas chora", "todos comenta"), simulando um erro de concordância, próprio das classes sociais menos favorecidas. Esse tipo de construção se disseminou em toda a rede, assim como as famosas abreviações "pq", "vc", "blz", "bjo" etc., e pode ser encontrado em diversas postagens na rede do Facebook e do Twitter, por vários tipos de usuários, de distintas classes sociais, idades e regiões do país. Não obstante, parece que muitos leitores da página do jornal *Folha de S.Paulo* não aprovaram o uso da expressão pelo veículo jornalístico. A publicação sofreu críticas de vários internautas, que acusavam a *Folha* de não usar a língua portuguesa corretamente. Outros alertavam para o fato de que a expressão era de uso comum e autêntico na internet, o que levou à criação de uma enquete pelo jornal, a qual se pode observar no fragmento 4, retirado dessa enquete da *Folha de S.Paulo* no Facebook em 14 de dezembro de 2011, em que aparecem três opções sobre o uso de expressões como "todos comemora":

Fragmento 4:

Após polêmica, queremos saber: a Folha pode usar termos como 'todos comemora'? [Leia nosso post anterior.]

o Sim – é a linguagem das redes sociais.
o Não – um jornal deve escrever corretamente.
o Tanto faz.

A maioria dos participantes defendeu o uso das convenções do texto formal pelo jornal e não a adesão aos modismos da linguagem praticados pelas redes sociais. O interessante é ressaltar que, apesar de *O Globo* utilizar caracteres de chats e de a própria *Folha de S.Paulo* também fazê-lo nessa ocasião do uso de "todos comemora", nenhum dos leitores protestou contra o emprego de emoticons pelas instâncias jornalísticas. Isso indica que o público receptor das notícias da rede social está parcialmente aberto às mudanças que o suporte pode trazer aos textos da imprensa, pois rejeita o uso de formas e expressões desprivilegiadas socialmente – a falta de concordância sugere falta de habilidade com o uso da linguagem, normalmente por pessoas de baixa escolaridade – e ignora os usos próprios da linguagem tecnológica, como os emoticons (representações de expressões faciais humanas através de caracteres tipográficos) e os empréstimos linguísticos.

Após o fechamento da enquete, a *Folha de S.Paulo* reeditou a notícia, fazendo a concordância entre nome e verbo para satisfazer o público leitor, no mesmo dia, quase instantaneamente. Isso indica uma intervenção efetiva do receptor na notícia, agora não apenas antes da publicação, como idealização, mas também como interventores reais na construção do texto. Isso demonstra que a instância de comunicação, na qualidade de enunciador, não pode abstrair os sujeitos sociais de sua função de destinatários, pois as respostas acontecem em ritmo acelerado, como na comunicação oral.

A análise do fragmento 5 reforça a presença de perguntas em textos jornalísticos na rede social como artifício retórico para chamar a atenção via participação dos leitores. Retirado do perfil da *Folha de S.Paulo* no Facebook, em fevereiro de 2012, o fragmento trata de uma notícia sobre as redes de televisão privada no Brasil, que têm expectativa de grande crescimento no país nos próximos anos. Ao reportar a notícia do site do jornal na internet, o perfil da *Folha* no Facebook introduz um texto de chamada para os usuários da rede social: "E na sua casa? Você tem assinatura de TV a cabo ou via satélite?"

Fragmento 5:

Folha de S.Paulo via Folha Mercado
Hoje, cerca de 12 milhões de residências têm TV paga. E na sua casa? Você tem assinatura de TV a cabo ou via satélite?

TV paga no Brasil deve dobrar em cinco anos, diz Anatel
www.folha.uol.com.br

O mercado de TV paga no Brasil deve dobrar em cinco anos, para 25 milhões de residências, previu nesta terça-feira o presidente da Anatel (Agência Nacional de Telecomunicações), João Resende.

Ricardo: a minha é via cabélite
Antônio: José Luiz?
Ricardo: que dizer, sabo
Luiz: Tenho SKY e eu ainda concordo com o Marcio: quando chove de maneira brusca, de vez em quando ocorre uma ausência de sinal nos canais.
Rafael: Tenho o gato nete!!! Huahuahua
Borges: TENHO SIM MAS PODERIA SEMAIOR ESSE NUMERO SIM OS PREÇOS FOSSEM MAS BAIXOS
[...]

Assim, a instância de produção simula um diálogo com os leitores, que, de certa forma, é efetivado em modelo de fórum de discussão no espaço reservado à notícia. Além de curtirem a publicação, os leitores interagem com opiniões sobre o tema e até revelam suas situações pessoais em relação às televisões pagas em questão. Um dos leitores, através de seu perfil, chega a confessar a utilização da TV por meio de um "gato", gíria utilizada para referência a ligações ilícitas de energia, televisão, internet etc. ("Tenho o gato nete!!!").

Outro leitor acrescenta informações sobre uma empresa específica de televisão paga, a Sky, manifestando impressões de sua experiência com a corporação. "Tenho

SKY e eu ainda concordo com o Marcio: quando chove de maneira brusca, de vez em quando ocorre uma ausência de sinal nos canais", comenta o leitor. Observamos aqui a participação real do receptor na construção da informação midiática, uma vez que sua interferência pode repercutir até mesmo na relação dos outros receptores com a empresa de televisão à que se refere. A informação não é apenas motivada pelos receptores como construção da expectativa ideal de um grupo social. Na própria interação, eles intervêm na notícia, modificando-a a cada momento e construindo sentido no diálogo com a informação e uns com os outros em tempo real.

As enquetes, como demonstrado no fragmento 4, vêm sendo um gênero muito útil para as instâncias de informação que aderiram à divulgação de notícias pelo Facebook. A organização do gênero valoriza a opinião do leitor, transformando seus movimentos em índices quantitativos. Na enquete realizada pela *Folha de S.Paulo* sobre a greve dos policiais em 13 de fevereiro de 2012 no Rio de Janeiro, é questionada a legitimidade da greve da categoria. Na ocasião, a sociedade carioca, amedrontada, sofria com o fantasma de uma cidade sem a proteção de parte de seus policiais. No fragmento 6, podemos observar os divergentes comentários de dois leitores que votaram, na enquete, e que decidiram justificar sua opinião através de comentários, tais como: "Com certeza!!! Senão não demora estaremos pagando pra trabalhar!!!! Nosso governo não é honesto!!!"

Fragmento 6:

O fim da greve de policiais no Rio é a manchete da Folha hoje. Para você, policial pode fazer greve?

o Sim, policiais têm direito a fazer greve.
o Não, policiais não podcm fazcr greve.

Marcelo. Sim, policiais têm direito a fazer greve. Com certeza!! Senão não demora estaremos pagando pra trabalhar!!!! Nosso governo não é honesto!!!
Geraldo: Não, policiais não podem fazer greve. Como a greve é proibida pela Constituição Federal a tendência é que a população não os apóie. Apesar da urgência da (justa) demanda da categoria, a melhor solução é de longo prazo: alterar as leis dos estados e da União para que haja provisão orçamentária adequada para que sejam pagos melhores salários. [...]
Mente Bilionária: Claro que tem o direito. Mas é preciso prestar atenção em como ela é feita. [...]

Esses conteúdos importam tanto para a instância de produção midiática quanto para os demais leitores de notícias relacionadas. Os dados contabilizados através da votação são indicativos da opinião dos receptores. Isso aponta a tendência real de expectativas dos leitores do jornal, podendo surtir efeito na elaboração das notícias e reportagens subsequentes do veículo midiático.

Para aqueles que leem a enquete, ao realizarem a leitura da notícia atual, ficam explícitos o debate e os argumentos dos que são contrários ou favoráveis ao tema em questão, sem que precisem ler as outras notícias relacionadas. Isso pode alterar diretamente os movimentos inferenciais dos leitores, bem como as conclusões a que podem chegar diante das informações presentes.

No fragmento 7, retirado de *O Globo* no Facebook em 14 de fevereiro de 2012, voltamos a observar o uso da linguagem coloquial pela instância divulgadora da notícia. Expressões como "ficar na sua" ou "botar a boca no trombone" marcam um tipo de linguagem utilizada em ocasiões comunicativas de natureza informal, presente comumente em situações de conversas íntimas. É importante notar que a notícia matriz não apresenta nenhum termo ou expressão de uso próprio da fala: "Saiba como trocar seu *status* de relacionamento sem notificar os amigos." Aqui, a notícia é mais direta e aproxima-se da linguagem jornalística dos suportes impressos ou mesmo do suporte digital oficial.

> Fragmento 7:
>
> ***O Globo***:
> Para quem quer manter a privacidade, é uma boa. Mas dependendo da situação, tem quem prefira alardear o fim de um namoro. Você prefere ficar na sua ou botar a boca no trombone?
>
> **Saiba como trocar seu status de relacionamento sem notificar os amigos – O Globo.**
> oglobo.globo.com
>
> **Cecília**: Realmente nao se tem mais o que noticiar... é o fim dos tempos mmo!!! Aff!!!
> **Karen**: já fiz isso ó... faz tempo! Há
> **Rui**: Esconder que nada, quero mais que todos saibam que estou solteiro...
> **Patrick**: Isso não dar certo, o povo que mesmo é se mostrar! Querem atenção, por mais boba que seja a coisa.
> **Georgete**: privacidade sempre;;;;
> **Luiza**: quer privacidade? Saia das redes sociais.
> [...]

Nesse caso, o locutor, que está ainda no espaço interno do dizer, se projeta em um enunciador diferenciado em relação àquele que fala na imprensa tradicional. Ele lança mão de recursos linguísticos que possam aproximar a notícia do novo receptor, o usuário da rede social. Este, por sua vez, na condição de destinatário, dentro do espaço interno do dizer, atua instantânea e efetivamente na notícia, pois a interface das redes abre possibilidades de interação.

As notícias tornam-se, nos espaços das redes sociais, temas de debates, interações e conversas. Os leitores/usuários comportam-se como em situações de conversas íntimas e informais, mesmo no perfil oficial de um jornal que é lido por pessoas de todo o país. Desse modo, ocorrem simultaneamente duas situações de comunicação: a publicação da informação através da escrita pela instância midiática e o momento de recepção, com posterior discussão da informação pelos receptores da mensagem. A grande novidade no âmbito das redes e da internet é a congregação de dois momentos, antes distintos, em apenas um, realizando-se, na propagação do texto informativo, cisões no que diz respeito tanto à tradição ligada ao discurso jornalístico quanto aos modos de interação ligados a essa prática discursiva.

Considerações finais

A internet é uma mídia que ainda vai provocar muitas modificações no processo de comunicação entre as pessoas. Estamos apenas adentrando essa nova era, que, no Brasil, teve início em 1996.

Capistrano de Abreu dizia que os colonizadores portugueses ficaram, durante vários séculos, como caranguejos, apenas arranhando as costas do Brasil, sem adentrar seu território, nem dominar as regiões desconhecidas. Em relação à internet, somos os novos caranguejos do início do século XXI, sem desvendar com segurança as possibilidades desse meio de comunicação revolucionário na produção e propagação de saberes. Não sabemos ainda o que acontecerá e como se dará; por isso, não podemos fazer previsões estanques. O que podemos é traçar caminhos em linhas gerais, baseando-nos no conhecimento que temos hoje, conforme discute Rajagopalan neste volume.

Em nossas análises, observamos que os eventos linguísticos demonstrados na mídia jornalística da rede social Facebook são exemplos de como as relações linguageiras nos meios digitais ainda estão se definindo, pois nem os próprios sujeitos estão seguros do que é permitido ou não nesse suporte. As instâncias de informação vêm tentando se adequar ao estilo e às possibilidades das redes, abrindo as notícias ao debate e reconsiderando posturas linguísticas de acordo com a manifestação instantânea dos leitores, que trazem às redes sociais as mesmas práticas linguísticas de sua vida "real". Pudemos atestar esse fato pela rejeição do público destinatário/receptor da *Folha de S.Paulo* a determinadas formas de variação linguística, ligadas principalmente às distinções entre estratos sociais, enquanto outros usos parecem ser integrados à linguagem das redes.

Também pudemos perceber que o público das redes sociais vem exigindo das instâncias de notícia mais flexibilidade, tanto no uso da linguagem quanto na concepção da notícia. Os leitores têm abertura para aprovar ("curtir") uma notícia, mas também para condená-la e tecer críticas na mesma situação de comunicação em que se configura sua recepção. Neste tempo e espaço sociais, a censura ao leitor real torna-se mais difícil, pois os recursos tecnológicos que vêm revolucionando os suportes midiáticos estão fazendo dos leitores cada vez mais agentes na construção da informação.

Notas

1 Grifo do autor.

2 *IstoÉ*, 16 nov. 11.

3 *IstoÉ*, 16 nov. 11.

4 Segundo pesquisa do Ibope Nielsen Online, em 10 de setembro de 2011, o Facebook ultrapassou o número de usuários do Orkut, no Brasil, atingindo 30,9 milhões de usuários únicos, o que corresponde a 68,2% dos internautas que acessam a internet no Brasil do trabalho ou de sua residência. De acordo com a mesma pesquisa, o Facebook congrega mais de 750 milhões de pessoas no mundo. Disponível em: <http://tecnologia.uol.com.br/ultimas-noticias/redacao/2011/09/10/facebook-passa-orkut-em-numero-de-usuarios-no-brasil-em-agosto-confirma-ibope.jhtm>. Acesso em: 20 dez. 2011.

5 *Veja*, 8 fev. 2012 (edição 2.255/2012 45/n. 6).

6 Nos fragmentos apresentados neste capítulo, todos os nomes são fictícios, preservando-se a anonimidade dos participantes.

Referências

CARVALHO, N.; LINS, R.; KRAMER, R. Inovação publicitária nas redes sociais. In: XAVIER, A. C. (org.). *Hipertexto & cibercultura*: links com literatura, publicidade, plágio e redes sociais. São Paulo: Respel, 2011.

CHARAUDEAU, Patrick. *Discurso das mídias.* São Paulo: Contexto, 2006.

______. *Linguagem e discurso:* modos de organização. São Paulo: Contexto, 2008.

COSERIU, Eugenio. *Sincronia, diacronia e história.* Rio de Janeiro: Presença, 1979.

CRYSTAL, David. *A revolução da linguagem.* Rio de Janeiro: Jorge Zahar, 2005.

ECO, Umberto. *Apocalíptos e integrados.* Trad. Geraldo Gerson de Souza. 2. ed. São Paulo: Pespectiva, 1971.

FERREIRA, Aurélio Buarque de Holanda. *Novo dicionário Aurélio da língua portuguesa.* São Paulo: Positivo, 2010.

FREIRE, Paulo. *Extensão ou comunicação?* Rio de Janeiro: Paz e Terra, 1971.

LAGE, Nilson. *Linguagem jornalística.* São Paulo: Ática, 1985.

LIMA, Venício A. de. *Mídia*: teoria e política. São Paulo: Fundação Perseu Abramo, 2004.

PAILLET, Marc. *Jornalismo*: o quarto poder. São Paulo: Brasiliense, 1986.

AS VOZES DA INTERNET

Piso conversacional e gênero na CMC

Susan Herring
Trad. Tânia G. Saliés

Os grupos de discussão on-line representam um fenômeno do qual participam milhões de pessoas no mundo todo. Os anos 1990, particularmente, testemunharam um crescimento dramático das interações textuais entre muitos participantes por meio das listas de correio eletrônico, dos grupos de notícia da Usenet e dos murais eletrônicos para avisos e notícias, gerando o que Sack (2000) denominou "conversas de larguíssima escala". Atualmente, as listas de correio eletrônico ainda são populares, especialmente no meio acadêmico, e grupos de discussão de larga escala sobre todos os tópicos ainda acontecem nos fóruns eletrônicos, nos blogs e nos sites de notícia.

Conseguir o piso conversacional em um fórum público é obter a atenção de uma audiência muito maior do que seria possível em contextos face a face (FAF), inclusive de membros de grupos tradicionalmente desprovidos de uma "voz" pública, como as mulheres (Balka, 1993) e os jovens (Stern, 2007). Ao mesmo tempo, a pesquisa na área já demonstrou que a transmissão e recepção de mensagens por sistemas de comunicação mediada por computador (CMC) limita a interação humana de maneira sistemática (por exemplo, Anderson, Beard e Walther, 2010; Cherny, 1999; e Herring, 1999). Então, resta saber o que exatamente significa "ter o piso conversacional" em CMC, e como um participante pode atingir tal objetivo.

A resposta trivial é: postar uma mensagem. Qualquer pessoa pode tomar o turno em uma conversa on-line se simplesmente postar uma contribuição em um fórum de discussão; a mensagem é assim distribuída pela rede na ordem em que foi recebida, e quem a postou sustenta o turno, presumivelmente, pela duração de tempo que os outros participantes levam para ler a mensagem. Trata-se de uma característica supostamente democrática da CMC. Como Flores argumenta, "a conferência por computador [...] gera um modelo de diálogo mais igualitário. [...] Cada participante pode sustentar o turno por tanto tempo quanto julgar necessário e não pode ser interrompido" (1990: 112). No entanto, nem todo mundo tem a habilidade ou o direito de postar em todos os fóruns;

alguns são em línguas que o participante em potencial não conhece, outros impõem restrições de acesso, e a decisão de um moderador pode determinar quais mensagens submetidas são postadas. Além disso, nem toda mensagem postada em um fórum de discussão abre o turno para todos que a recebem; muitas são apagadas sem serem lidas ou são lidas parcialmente. Por último, nem todas as mensagens sustentam o turno no mesmo grau. Algumas adquirem *status* mais central por prover mais respostas e podem até mesmo nomear o tema de uma linha de discussão que envolva dezenas de participantes ao longo de semanas ou meses. Por outro lado, outras mensagens ficam sem resposta.

Essas observações sugerem que não basta postar (o equivalente aproximado de "tomar o turno" no discurso oral) para se ter o piso conversacional na CMC: como na conversação FAF, o participante precisa ganhar a atenção da audiência também (Yngve, 1970; Philips, 1976; Wardhaugh, 1985); isto é, o turno de um participante precisa ser ratificado pelos outros participantes. No entanto, enquanto na conversação FAF o ato de ouvir com atenção pode ser sinalizado simultaneamente ao turno de quem fala por meio de uma variedade de pistas verbais e não verbais (Duncan, 1972), as respostas não verbais não fazem parte da CMC de base textual, e as respostas verbais só chegam ao destino após o fato consumado, em grande parte dos sistemas da CMC, de modo estritamente linear (Herring, 1999). Por consequência, a única maneira de sabermos se uma dada mensagem tomou e sustentou o turno (ou deteve o piso conversacional) é observarmos se as respostas subsequentes fazem referência ao conteúdo nela presente (ou se houver *feedback* por parte de um destinatário). Portanto, a análise do piso conversacional na CMC deve levar em conta não apenas as mensagens individuais, mas também padrões de participação e de resposta presentes nas mensagens.

Uma das abordagens que adota essa visão de piso conversacional é a de Carol Edelsky (1981). Partindo da análise de conversas FAF em comissões acadêmicas, Edelsky argumenta que em vez de se restringirem a um turno individual, os pisos são coconstruídos ao longo de uma série de turnos e geram um "efeito" que permite aos participantes reconhecer diferentes tipos de piso. A autora identificou dois tipos: o piso individual (F1), caracterizado pela fala de um participante de cada vez, e o piso colaborativo (F2), no qual "muitas pessoas parecem sintonizar em uma mesma onda ou participarem da conversa simultaneamente, com liberdade total" (Edelsky, 1981: 383). Neste capítulo, adapto e uso os tipos de piso propostos por Edelsky para analisar três linhas de discussão de um grupo público da internet no contexto acadêmico. Tal como Edelsky, que mostra a presença majoritariamente masculina em pisos F1 ("fala um de cada vez") e a presença de homens e mulheres igualmente participando de pisos F2 ("colaborativos"), examino como o gênero se relaciona com os padrões de piso conversacional na CMC. Duas perguntas guiam o estudo: há pisos diferentes na CMC e, caso haja, como eles se comparam aos pisos identificados por Edelsky na conversa FAF? Como os padrões de piso relacionam-se com o gênero dos participantes?

O piso conversacional na conversa FaF

Na linguagem coloquial, frequentemente nos referimos ao "piso" como tomada de turno;[1] o turno é alocado, tomado, sustentado, negociado, controlado, gerenciado, disputado, passado para o outro etc. Esse sentido originou-se de um significado anterior da palavra "*floor*", que se referia "à parte de uma Câmara Legislativa ou Salão Público de Reuniões onde os membros se sentavam e de onde eles falavam";[2] "depois, tomar o turno passou a significar 'levantar-se' para fazer um pronunciamento formal (em uma reunião ou assembleia legislativa)".[3] O estudo linguístico dos turnos remonta a Sacks, Schegloff e Jefferson (1974), que desenvolveram um modelo de transferência do direito de falar em conversas FaF. De acordo com o modelo dos autores, os falantes usam estratégias de alocação de turno e orientam-se para pontos relevantes de transição visando "minimizar as lacunas e a sobreposição" entre os turnos (Sacks, Schegloff e Jefferson, 1974: 704), buscando sustentar o piso "fala um por vez" como o ideal. Portanto, quem fala sustenta o piso durante seu turno, e o piso muda a cada troca de falante.

Entretanto, pesquisas sociolinguísticas posteriores desafiaram a noção de que o piso possa ser analisado no nível do turno individual. Com base na análise de cinco reuniões de um comitê acadêmico formado por professores do sexo masculino e feminino em uma universidade dos Estados Unidos, Edelsky (1981) identificou dois modos alternativos de organizar as trocas entre múltiplos participantes, de acordo com (entre outros fatores) o tópico e o propósito da interação. Ela descreveu esses dois tipos de piso: um tipo F1, que é "linear" e no qual os participantes falam de modo relativamente formal e ordenado, um de cada vez, conforme já descrito por Sacks et al. (1974); e um tipo F2, "colaborativo", caracterizado pela fala informal e sobreposições. Os turnos em pisos do tipo F1 nos dados de Edelsky são mais longos e distribuídos entre um pequeno número de participantes que controlam a interação hierarquicamente, enquanto os turnos em pisos do tipo F2 tendem a ser mais curtos e distribuídos democraticamente entre um número maior de participantes. O conjunto de características associadas a cada tipo de piso encontra-se resumido no quadro 1.

Quadro 1: Tipos de piso

F1	F2
Fala um de cada vez	Falas sobrepostas
Turnos mais longos	Turnos mais curtos
Duração total dos turnos estendida	Duração total dos turnos mais curta
Pequeno número de participantes centrais	Participação distribuída entre os participantes
Foco temático único	Pode apresentar múltiplos temas
Argumentativo	Colaborativo
Hierárquico	Igualitário
Formal	Informal
"Ordenado"	Dá liberdade de fala para todos

Fonte: Adaptado de Edelsky (1981).

Nos dados de Edelsky, a maioria dos participantes em pisos F1 era do sexo masculino; já nos pisos F2 havia homens e mulheres em proporções iguais. Além disso, enquanto "os homens tomaram um número maior de turnos e os sustentaram por mais tempo, fazendo brincadeiras, argumentando, direcionando a conversa e solicitando respostas em pisos F1" (Edelsky, 1981: 383), as mulheres

> ultrapassaram os homens no número de funções da linguagem utilizadas em turnos F2 (brincadeiras, argumentação, sugestão, solicitação de respostas, validação e direcionamento da conversa) e, portanto, [foram] mais proativas, permanecendo no centro do palco em pisos do tipo F2, e mais reativas, permanecendo à margem da conversa em pisos F1 (Edelsky, 1981: 415).

As observações de Edelsky sobre os tipos de piso e como eles se relacionam com o gênero foram mais tarde reforçadas e expandidas por Coates (1993; 1997a; 1997b). Após 12 anos estudando conversas FAF entre amigos do mesmo sexo no Reino Unido, a autora concluiu que em grupos formados exclusivamente por mulheres, a fala é produzida mais colaborativamente: os enunciados são algumas vezes produzidos conjuntamente, e os turnos tendem a se sobrepor. Já os grupos formados apenas por amigos do sexo masculino tendem a preferir o padrão "fala um por vez", e um dos falantes sustenta o piso por mais tempo ("o especialista") a cada vez. Diferenças semelhantes foram observadas entre grupos de amigos surdos do mesmo sexo, apesar de anteriormente haver sido apontado que as interações entre surdos exigiria uma troca de turnos linear, do tipo "fala um por vez", pois os interlocutores necessariamente precisam focar visualmente a pessoa que sinaliza a cada momento (Coates e Sutton-Spence, 2001). Coates conclui que as interações lineares e hierárquicas (equivalentes ao piso do tipo F1 de Edelsky) constituem um estilo masculino, enquanto a interação colaborativa e com falas sobrepostas (equivalentes ao piso F2 de Edelsky) constituem um estilo feminino, propondo também que esses estilos de piso, assim como outras preferências de uso (linguísticas e interacionais), fazem parte de como as pessoas constroem identidades quando em grupo.

Por outro lado, há pesquisadores que defendem a existência de mais de dois tipos de piso. Schultz, Florio e Erickson (1982) identificaram quatro tipos de piso em jantares familiares. Hiyashi (1991) criou uma taxonomia com oito tipos de piso com base na análise de conversas entre falantes nativos do japonês e do inglês, incluindo pisos como o "fala um por vez em horário nobre", quando um falante dá aula sobre determinado assunto; o "fala e apoia"; e o "fala sem proposição" ou "fala autocentrada", proferida por falantes inteiramente preocupados com os próprios pensamentos, todos parte de uma categoria maior denominada "fala sozinho". Esses pisos foram contrastados com aqueles que compõem a categoria "pisos colaborativos", tais como o "fala em conjunto", "fala junto" e "pisos múltiplos". Seguindo viés semelhante, Jones e Thornborrow (2004) identificaram pisos múltiplos, flexíveis e negociados localmente no discurso de sala de aula, que variam de pisos do tipo "fala restrita" ou "controlada", como quando a professora faz a chamada, até pisos de "fala livre", como quando a professora e um grupo de alunos andam pela rua durante atividades de campo. Os autores também apontam a presença de pisos do tipo "fala incipiente", nos quais o silêncio é a principal atividade, mas ocorrem algumas falas, e pisos do tipo "múltiplos", nos quais várias atividades acontecem em um mesmo contexto, cada uma com uma organização própria de piso conversacional "e com alguma fluidez entre os grupos conversacionais" (Jones e Thornborrow, 2004: 413). No entanto, nenhum desses estudos levou em consideração o gênero como variável a ser relacionada aos tipos de piso.

O piso conversacional na CMC

Os primeiros estudos em CMC frequentemente correlacionavam o ato de manter o piso com o ato de postar uma mensagem, já que mensagens de texto mediadas por computador, depois de postadas, não podem ser interrompidas (Flores, 1990). Freiermuth (2001) defendeu a natureza democrática da troca de turnos na CMC; o estudo do autor partiu da análise de grupos de quatro pessoas, compostos por dois falantes nativos e dois não nativos, conversando FAF e via chat em texto, e mostrou que os não nativos participam com turnos mais longos e em maior número via chat do que quando face a face. A interpretação que iguala postar um turno a manter o piso e vê o turno como empoderador é consistente com a caracterização do piso como turno de fala (Sacks, Schegloff e Jefferson, 1974). O efeito empoderador baseia-se na impossibilidade técnica de se interromper ou de se fazer uma contribuição sobreposta na maioria dos sistemas de CMC, já que as mensagens são transmitidas em bloco, sem que os destinatários possam ver o processo de digitação. Cherny (1999) denomina isso "sistemas de transmissão em via única"; fóruns públicos são exemplos de sistemas de transmissão em via única, nos quais cada mensagem recebida é mostrada uma de cada vez, em sua totalidade e na ordem em que foi recebida pelo sistema (Herring, 1999).

Tais propriedades dos sistemas de CMC em via única parecem predeterminar a tomada de turno uma a uma, posto que sobreposições e interrupções são tecnicamente impossíveis e, portanto, pisos F1 prevaleceriam nas interações on-line. No entanto, como os internautas entram e saem constantemente dos fóruns públicos, como o número de participantes é sempre grande e como eles não podem ver o que os outros digitam até que as mensagens sejam postadas,

> um dado participante pode iniciar uma discussão sobre um tópico enquanto ao mesmo tempo um outro inicia uma discussão sobre outro tópico, e um terceiro participante inicia um terceiro tópico que nada tem a ver com os dois anteriores. Essas três linhas de discussão podem se entrelaçar e, ao invés de a discussão focar em um tópico por vez, interfolia mensagens. [...] (Dennis, Fuller e Valacich, 2008: 585. Ver também Herring, 1999, 2003; Simpson, 2005)

Tal "paralelismo", ou entrelaçamento de linhas conversacionais, "impacta a habilidade de os internautas desenvolverem um foco compartilhado" (Dennis, Fuller e Valacich, 2008: 585; Herring, 1999, 2003; Simpson, 2005). Pode, por outro lado, ser visto como gerador de pisos múltiplos. Cherny (1999: 182), em sua análise de chats textuais em um MOO social, observa que as conversas em um MOO exibem "uma mistura espontânea de múltiplas linhas de discussão" e sempre parecem caóticas para internautas novatos. Partindo de Hiyashi (1991), ela também identifica pisos do tipo "fala e apoia", "fala sem proposição" e "colaborativos" como comuns no MOO. Cherny conclui que os pisos em MUDS e MOOS são muito diferentes dos pisos em conversas FAF. Ao mesmo tempo, ela cita um anônimo que lê os registros de um grupo de professoras formado para discutir o processo de ensino no MOO e que comenta posteriormente o seguinte:

> Até hoje, essa foi a minha experiência [de vida] mais assustadora em um MOO, ver a dinâmica do encontro e ver o que era dito... Meu sentimento avassalador foi de estar em uma sala abafada, em um tipo de cadeira relativamente desconfortável e com um bando de pessoas muito ultrapassadas, as mulheres tendo que inserir comentários marginalmente enquanto os homens consideravam necessário se comportar como moderadores práticos e dois outros homens argumentavam casualmente e sem parar sobre o animal de estimação deles enquanto os outros já pareciam querer mudar de assunto (Cherny, 1999: 181).

Essa citação sugere que há diferenças de gênero na organização do piso conversacional em chats textuais do sistema MOO; no entanto, Cherny não faz nenhum comentário sobre isso.

Em um dos poucos estudos que abordam exclusivamente o piso conversacional em CMC, Simpson (2005) descreve o referido conceito como um princípio organizacional da CMC que emerge no lugar dos modelos baseados na troca de turnos, que, conforme o autor argumenta, não se ajustam perfeitamente à CMC em razão dos limites técnicos impostos à troca de turnos já observados por Herring (1999) e outros. Como tal, continua Simpson, o piso desempenha um papel crucial no gerenciamento da conversa; com o tópico, ajuda os participantes a construir coerência na conversação. Na análise que o autor fez dos chats em um fórum para aprendizes e professores de inglês como segunda língua, identifica três tipos de piso conversacional: o "fala e apoia", o "colaborativo" e o "múltiplo". Esses tipos são semelhantes aos identificados como mais comuns por análises de interações FAF. Como já avançado por pesquisas anteriores, Simpson também sugere que o desenvolvimento de tipos particulares de piso conversacional depende de variáveis como o papel do participante, o tópico e a atividade, embora o autor não relacione seus achados ao gênero dos participantes.

Gênero e participação na CMC

Nenhum estudo anterior tratou exclusivamente da relação entre gênero e piso conversacional em CMC. No entanto, há estudos que analisaram o gênero e a participação nesses ambientes. Selfe e Meyer (1991) mostram que, em listas de discussão acadêmicas, participantes homens com "alto *status*" (por exemplo, professores titulares) tendem a dominar o discurso da lista tanto retoricamente quanto em número de mensagens postadas, mesmo quando a lista, experimentalmente, funcionou com postagens anônimas por duas semanas. Em vários fóruns de discussão mistos analisados por Herring (1999, 1996b), participantes homens postaram mensagens mais longas do que mulheres. Esses resultados levaram Herring (1993) a argumentar que, apesar de potencial e teoricamente distribuir o piso para todos que têm acesso ao computador e à internet, o discurso mediado pelo computador não é democrático, pois padrões interacionais que favorecem os homens e não as mulheres foram transferidos de contextos interacionais FAF para a CMC. Padrões semelhantes foram relatados para contextos on-line variados como o sistema de notícias Usenet (por exemplo, Sutton, 1994), listas de discussão para o estudo de ciência e tecnologia (Hert, 1997) e listas de discussão para bibliotecárias em contextos acadêmicos (Sierpe, 2000).

Um dos obstáculos à participação das mulheres em fóruns públicos on-line é a percepção de que falar em público é domínio masculino (Spender, 1980). Em uma lista de discussão mista sobre computadores e processo da escrita, a MBU-L (Megabyte University List), tanto os homens quanto as mulheres julgaram que estas dominavam sempre que "sustentavam o piso conversacional" ao postarem mais de um terço das mensagens em uma única longa linha de discussão (Herring, Johnson e DiBenedetto, 1998). No entanto, em fóruns voltados para as mulheres, como o WMST-L (Women's Studies List), é típico o maior número de contribuições ser de mulheres (Korenman e Wyatt, 1996), e isso é visto como normal. De modo geral (Herring, 1996b), demonstra que o sexo que predomina numericamente em fóruns de discussão determina não apenas o volume de participação, mas também o estilo de discurso usado por ambos os sexos. Os homens tendem a se comunicar em um estilo mais feminino (mais mitigado e amigável) em fóruns predominantemente femininos, e as mulheres tendem a usar um estilo mais masculino (mais contencioso e assertivo) em fóruns predominantemente masculinos.

Em resumo, há concordância na literatura quanto à identificação dos pisos "fala um por vez", "colaborativo" e "múltiplos", embora aparentemente eles se manifestem de formas um tanto diferentes na CMC em comparação a contextos FAF. Cabe notar, no entanto, que a maioria dos estudos sobre piso conversacional na CMC analisa chats em ambiente sincrônicos; comparativamente, faltam estudos que tratem do piso conversacional em discussões assíncronas. Além disso, as diferenças de gênero em relação ao tipo de piso foram abordadas por alguns estudos em contextos FAF, assim como as diferenças de gênero na participação de muitas pessoas na CMC. Até agora, nenhum estudo abordou sistematicamente se – e em caso afirmativo, de que tipo – existe relação entre o gênero dos participantes e o tipo de piso em CMC. O presente capítulo preenche tais lacunas.

Edelsky (1981) previu que pisos do tipo F1 e F2 seriam encontrados não apenas em encontros FAF, mas também em outros contextos interacionais. A autora oferece um modelo teórico aplicável à análise de tipos de piso na CMC: sugere características discursivas específicas (por exemplo, tamanho do turno e número de temas em discussão) que podem ser medidas empiricamente, além de avançar modelos de interpretação. O arcabouço teórico proposto por ela também identifica padrões de piso em relação ao gênero dos participantes, corroborados por pesquisas subsequentes por vários anos (Coates, 1997a, 1997b); portanto, o modelo de Edelsky é especialmente apropriado para verificarmos se os tipos de piso orientados pelo gênero dos participantes e identificados em contextos FAF são transferíveis para a CMC. Neste capítulo, comparo os achados de Edelsky com a análise de listas de discussão acadêmicas assíncronas, tomando o gênero dos participantes como variável dependente.

Os dados

Os dados analisados neste capítulo são longas linhas de discussão selecionadas de três listas eletrônicas acadêmicas, ativas no início dos anos 1990, período em que os fóruns on-line começaram a se tornar populares na comunicação acadêmica.[4] As três listas são a LINGUIST, dedicada a questões de interesse de linguistas na academia; a MBU-L, a questões computacionais e de escrita; e a WMST-L, à troca de informação sobre ensino e administração de programas em Estudos da Mulher – as duas últimas já mencionadas anteriormente. Selecionei listas eletrônicas acadêmicas para tornar os dados comparáveis, tanto quanto possível, aos do contexto FAF de reuniões acadêmicas utilizados por Edelsky. Todas as três são assíncronas, por correio eletrônico e com uma política aberta de subscrição a todos os interessados. O corpo de associados das três listas é formado principalmente por docentes, administradores e alunos de pós-graduação de instituições de ensino superior dos Estados Unidos. Na época da coleta de dados, duas delas (a LINGUIST e a WMST) eram moderadas por seus proprietários, enquanto a outra (MBU) não era moderada.

Escolhi essas três listas porque elas diferiam na distribuição de participantes por gênero. Na LINGUIST, os homens constituíam 64% dos associados na época e contribuíam regularmente com 85% do total de palavras postadas (Herring, 1992;

1993); essa lista, portanto, era considerada predominantemente masculina. Já a WMST era predominantemente feminina: as mulheres constituíam cerca de 90% dos associados e contribuíam proporcionalmente a sua representatividade numérica (Herring, 1996b; Korenman e Wyatt, 1996). A MBU era mista, com 58% de homens e 42% de mulheres entre os associados na época da coleta de dados. Embora os homens participassem mais do que as mulheres (Herring, Johnson e DiBenedetto, 1995, 1998; Selfe e Meyer, 1991), o foco da lista (o ensino da escrita) representa uma profissão predominantemente feminina; a combinação desses dois fatores deu origem a uma percepção geral de equilíbrio entre a representação de participantes masculinos e femininos.

Para comparar esses dados com os de Edelsky, que se baseavam em encontros fechados nos quais os participantes eram, em sua maioria, orientados para turnos únicos, selecionei para análise uma única linha de discussão ou uma linha de discussão tematicamente unificada de cada uma das listas. A discussão recortada da LINGUIST é um debate sobre a apropriação do termo "Linguística Cognitiva" por abordagens teóricas concorrentes dentro da Linguística. A discussão recortada da WMST é sobre a representação das diferenças fisiológicas entre o cérebro da mulher e o do homem pela mídia, dentro da linha temática "Sexo do Cérebro". A discussão recortada da MBU é um debate sobre a legitimidade de se oferecer um curso universitário em "Literatura Masculina". Todas elas já foram analisadas por outros estudos (Herring, 1992, 1993, 1996b; Herring, Johnson e DiBenedetto, 1995, 1998) quanto aos padrões discursivos relacionados ao gênero, embora nenhum deles as tenha analisado quanto ao piso conversacional.

Os critérios utilizados para selecionar as discussões foram: tamanho – as linhas de discussão mais extensas em cada lista foram selecionadas visando constituir um banco substancial de dados – e grau de envolvimento na lista. Todas representavam a principal atividade "em andamento" à época da coleta de dados. Portanto, parti da hipótese de que a maioria dos participantes ativos compartilhava um piso comum ao longo de toda a duração da discussão.[5] Um resumo sobre cada uma das três linhas de discussão e a participação por gênero encontra-se na tabela 1. No total, o banco de dados contém 313 mensagens, postadas por 118 diferentes participantes, dos quais aproximadamente metade do sexo masculino e metade do sexo feminino, somando 68.754 palavras.

Tabela 1: Perfil das três linhas de discussão

Lista	Participantes			Mensagens			Palavras			Duração
	M	**F**	**Todos**	**M**	**F**	**Todos**	**M**	**F**	**Todos**	
Ling. Cog. (LINGUIST)	30	5	35	53	18	71	20.950	3.495	24.445	31 jan. a 17 maio 1991 (107 dias)
Lit. Masc. (MBU)[6]	34	15	50	102	61	164	21.479	10.346	31.947	7 nov. a 26 nov. 1991 (20 dias)
Sexo do cérebro (WMST)	3	30	33	3	75	78	572	11.790	12.362	14 set. a 21 set. 1991 (7 dias)
Total	67 57%	50 42%	118 100%	158 50%	154 49%	313 100%	43.001 63%	25.631 37%	68.754 100%	(134 dias)

Procedimentos de análise

Partindo de Edelsky (1981), primeiramente codifiquei os pisos conversacionais no banco de dados, delimitados pelas mudanças de tipo de piso, de acordo com meu sentido de participante[7] sobre "o que estava acontecendo" nas discussões. Aplicado conservadoramente, esse método levou-me a identificar apenas uma mudança de tipo de piso em uma linha de discussão, aproximadamente até a metade da que trata de "Literatura Masculina". Nela, acontece uma disputa entre os participantes (a maioria do sexo masculino) que querem discutir que livro incluir em um curso de Literatura Masculina e outros (a maioria do sexo feminino) que desafiam a legitimidade de tal curso. Em um dado momento da disputa, o último grupo prevalece e ganha o controle da discussão. Não é só o foco que muda nesse ponto, mas os padrões interacionais também.[8] Enquanto na primeira parte da discussão a maioria das mensagens são respostas a uma única mensagem que nomeia o tópico "Curso de Literatura Masculina", na segunda parte, várias atividades discursivas acontecem simultaneamente. Elas incluem, além da discussão sobre o curso de Literatura Masculina, discussões sobre a hegemonia masculina nos departamentos de inglês, ameaças de se retirar da lista por parte de vários membros do sexo masculino e as reações às ameaças, assim como metadiscurso sobre a discussão em si. Durante esse período, o número de mensagens postadas por mulheres mais do que dobrou, já o número de mensagens postadas por homens decresceu. A tabela 2 desdobra a participação segundo o gênero dos participantes em cada uma das partes da discussão sobre "Literatura Masculina".[9]

Não foram observadas mudanças no piso nas outras duas discussões; os padrões de interação nelas presentes permaneceram relativamente estáveis todo o tempo. Portanto, esse procedimento inicial produziu quatro pisos conversacionais, cada um deles constituídos por um número aproximadamente igual de mensagens, dois deles ("Ling. Cog."; "Lit. Masc. 1") com predominância de participantes do sexo masculino e dois deles ("Sexo do Cérebro"; "Lit. Masc. 2") com predominância numérica e retórica de participantes do sexo feminino.[10]

Tabela 2: Participação por gênero na temática "Literatura Masculina" da MBU

Discussão	**Participantes**			**Mensagens**			**Palavras**			**Duração**
	M	**F**	**Todos**	**M**	**F**	**Todos**	**M**	**F**	**Todos**	
Lit. Masc. 1	22 69%	9 28%	32	57 73%	20 26%	78	9.537 78%	2.584 21%	12.243	7 nov. a 21 nov. 1991 (15 dias)
Lit. Masc. 2	24 67%	12 33%	36	45 52%	41 48%	86	11.942 61%	7.762 39%	19.704	21 nov. a 26 nov. 1991 (5 dias)
Total	34 68%	15 30%	50 100%	102 62%	61 37%	164 100%	21.479 67%	10.346 32%	31.947 100%	7 nov. a 26 nov. 1991 (20 dias)

Se a organização do piso conversacional na CMC varia de acordo com o gênero, como Edelsky demonstrou no caso das interações FAF, então espera-se que recortes predominantemente masculinos constituam um padrão distinto daqueles predominantemente femininos e que sejam encontrados pelo menos dois tipos de piso. Se, no entanto, não houver correlação entre gênero e piso nessas listas de discussão acadêmicas, não deve ser encontrado nenhum tipo de padrão segundo o gênero, e o número de diferentes tipos de piso representados no banco de dados pode vir a ser, a princípio, qualquer número entre um e quatro.

Para comparar os diferentes recortes, cada mensagem no *corpus* foi codificada de acordo com seis categorias formadas por atributos constitutivos do piso conversacional. Esses atributos advêm da descrição qualitativa dos pisos F1 e F2 em Edelsky (quadro 1) e foram operacionalizados para serem quantificados.[11] As seis categorias e seus atributos constituintes encontram-se no quadro 2.

Quadro 2: Operacionalização das categorias de análise do piso conversacional

Categoria	Características
Duração	Tempo (em dias) do episódio; média de palavras por mensagem individual
Densidade	Número de participantes contribuindo por dia; número de mensagens postadas por dia
Foco temático	Percentagem de mensagens sobre o tópico principal; número de subtópicos (conforme determinado pela linha de assunto)
Posicionamento interpessoal	Número de trocas concordando e discordando
Participação	Distribuição do número de mensagens postadas por todos os participantes; distribuição dos novos tópicos nomeados por todos os participantes
Respostas	Distribuição do número de respostas recebidas (por mensagem postada) por todos os participantes

Em relação a esses atributos, pisos F1 são de longa duração e contêm mensagens mais longas; interacionalmente, são "fracos"; têm um único foco temático; tendem a ser contenciosos; e são hierarquicamente dominados por uma minoria que participa e recebe respostas mais frequentemente do que outros de forma desproporcional. Por contraste, pisos F2 são mais curtos e contêm mensagens mais curtas; interacionalmente são "densos"; têm múltiplos focos temáticos; tendem a ser colaborativos e apoiam ideias de outros; e são igualitários, pois a participação e as respostas são distribuídas mais proporcionalmente entre os participantes. As categorias também permitem a identificação de pisos intermediários, pois as medidas são inerentemente escalares, e de pisos múltiplos e mistos, pois as medidas são logicamente independentes umas das outras.

Com relação ao gênero, parto das seguintes hipóteses com base em Edelsky (1981) e Coates (1997a, 1997b): pisos hierárquicos do tipo F1 serão dominados por participantes do sexo masculino, enquanto pisos predominantemente femininos serão "igualitários" e do tipo F2. Em pisos igualitários do tipo F2, o gênero será irrelevante (isto é, homens e mulheres deverão se comportar de forma semelhante). Apresento a seguir os resultados, organizando-os de acordo com cada categoria de análise.

Duração temporal dos episódios

Episódios predominantemente masculinos duraram mais do que aqueles predominantemente femininos, apresentando médias de tempo mais altas, conforme a tabela 3.

Tabela 3: Duração

	Ling. Cog.	**Lit. Masc. 1**	**Média Pre-M**	**Sexo do Cérebro**	**Lit. Masc. 2**	**Média Pre-F**
N. de dias	107 (40)	15	**61 (28)**	7	5	**6**

A discussão sobre "Ling. Cog." é bem mais longa do que a dos outros três episódios, em parte devido à natureza moderada da LINGUIST. Os moderadores coletaram as contribuições e redistribuíram-nas em pacotes de mensagens relacionadas por função e/ou tópico. Consequentemente, havia sempre uma demora de vários dias entre o momento em que uma mensagem era recebida pelos moderadores e o momento em que era redistribuída para a lista. Se somente os dias em que as mensagens foram distribuídas forem contados, o número total de dias de duração da discussão cai de 107 para 40 dias, conforme indicado entre parênteses na tabela 3. Entretanto, isso ainda torna os episódios predominantemente masculinos (Pre-M) quatro vezes mais longos, em média, que os predominantemente femininos (Pre-F).

Densidade

Os episódios Pre-F apresentam densidade de atividade superior à dos Pre-M, tanto em relação ao número de indivíduos que participam quanto ao número de mensagens postadas por dia, conforme a tabela 4.

Tabela 4: Densidade

	Ling. Cog.	**Lit. Masc. 1**	**Média Pre-M**	**Sexo do Cérebro**	**Lit. Masc. 2**	**Média Pre-F**
Participantes/ dia	0,9	2,1	**1,2**	4,7	7,2	**5,8**
Mensagens/ dia	1,8	5,1	**2,7**	11,1	17,2	**13,7**

Obs.: As medidas da "Ling. Cog." partem de um número de dias mais conservador e ajustado (ver a tabela 5) como duração da discussão.

As diferenças no panorama geral são novamente muito grandes, com os recortes Pre-F superando os Pre-M por um fator médio igual a cinco em ambas as medidas.

Foco temático

As três discussões mostram algum grau de "degradação do tópico", de tal forma que as contribuições tendem a focar em um único tópico no início e em tópicos múltiplos e paralelos à medida que a discussão aproxima-se do fim (Herring, 1999; Lambiase, 2010). Apesar dessa tendência geral, pisos Pre-M apresentam uma percentagem mais alta de mensagens cujas linhas de assunto repetem ou parafraseiam o tópico principal da discussão se comparados a pisos Pre-F. Além disso, pisos Pre-M apresentam um número inferior e menor frequência de subtópicos (operacionalmente definidos como a mesma linha de assunto repetida por pelo menos três vezes), conforme a tabela 5.

Tabela 5: Foco temático (% de mensagens, com base na linha de assunto)

	Ling. Cog.	**Lit. Masc. 1**	**Média Pre-M**	**Sexo do Cérebro**	**Lit. Masc. 2**	**Média Pre-F**
Tópico principal	66%	64%	**65%**	54%	21%	**37%**
Subtópico + frequente	4%	5%	**5%**	9%	17%	**13%**
N. subtópicos	2	2	**2**	3	5	**4**

A maioria (65%) das mensagens postadas em pisos Pre-M são contribuições orientadas para um único tópico, geralmente o tópico que dá nome à discussão ("Linguística Cognitiva" e "Literatura Masculina").[12] Cada piso masculino tem apenas dois subtópicos, dos quais os mais discutidos representam apenas 5% das postagens. Por contraste, apenas 37% das mensagens em pisos Pre-F representam o tópico principal ("Sexo do Cérebro" e "hegemonia masculina em departamentos de inglês"),[13] e os subtópicos são tanto mais frequentes quanto mais importantes. A tendência de gerar tópicos múltiplos encontra-se especialmente na amostragem da lista sobre "Literatura Masculina 2", na qual as mulheres tiveram que lutar para mudar o tópico do discurso de "Literatura Masculina" para "hegemonia masculina" e foram apenas parcialmente bem-sucedidas (Herring, Johnson e DiBenedetto, 1995, 1998).

Duração, densidade e foco temático são categorias que apontam para o mesmo resultado: pisos Pre-M seguem o padrão F1 de Edelsky; pisos Pre-F seguem o padrão F2 de Edelsky e/ou exibem pisos múltiplos. Isto é, os masculinos são longos e prolixos, morosos e relativamente focados em um único tópico, enquanto os femininos são mais breves, intensamente interacionais e focados em múltiplos subtópicos.

O conjunto de resultados que se segue apresenta as diferenças entre os padrões adotados por participantes masculinos e femininos, a despeito da amostragem de piso na qual se encontram.

Tamanho da mensagem

Os homens em todos os quatro episódios postaram mensagens mais longas do que as mulheres, conforme a tabela 6. A discrepância no tamanho das mensagens é maior na amostragem da "Ling. Cog.", cuja maioria dos participantes é homem, e menos evidente na amostragem do "Sexo do Cérebro", cuja maioria dos participantes é mulher – esse achado pode ser visto como evidência tênue de que pisos Pre-M são mais hierárquicos e os Pre-F mais igualitários.

Tabela 6: Tamanho médio das mensagens (número de palavras dividido por número de mensagens)

Mensagens	Ling. Cog.	Lit. Masc. 1	Média Predo-minante Masc.	Sexo do Cérebro	Lit. Masc. 2	Média Predo-minante Femin.
Masculinas	403	167	**281**	191	265	**261**
Femininas	194	129	**160**	157	189	**168**
Média por subcorpus	344	157	**250**	158	229	**198**

Entretanto, tais efeitos são mais fracos que o efeito do gênero dos participantes, corroborando vários estudos anteriores que correlacionaram gênero e tamanho de mensagens na CMC (Herring, 1993, 1996b, 2003; Herring, Johnson e DiBenedetto, 1995, 1998; Hert, 1997; Selfe e Meyer, 1991; Sutton, 1994). Os homens, em fóruns públicos assíncronos, produzem consistentemente mensagens mais longas que as mulheres em média – no caso do banco de dados deste capítulo, produziram mensagens mais do que uma vez e meia mais longas.

Respostas

Um padrão semelhante emerge da distribuição de respostas. As respostas têm relevância porque indicam quem é ratificado pelos outros para sustentar o piso. Os homens, em três dos quatro episódios analisados, recebem proporcionalmente um número superior de respostas por mensagem postada do que as mulheres, conforme a tabela 7.

Tabela 7: Índice de respostas (número de respostas por mensagem postada)

Mensagens	Ling. Cog.	Lit. Masc. 1	Média Predo-minante Masc.	Sexo do Cérebro	Lit. Masc. 2	Média Predo-minante Femin.
Masculinas	1,53	1,12	**1,31**	2,00	1,33	**1,38**
Femininas	1,1	1,35	**1,24**	1,00	0,73	**0,95**
Média por subcorpus	1,42	1,18	**1,30**	1,02	1,05	**1,03**

Na "Lit. Masc. 2", o padrão é invertido, principalmente porque uma única mensagem postada por uma mulher recebeu um grande número de mensagens.[14] No entanto, as mensagens masculinas, ainda assim, receberam um número ligeiramente superior de respostas nas amostragens de pisos Pre-M. Os homens também receberam um número superior de respostas em pisos Pre-F. Na realidade, a discrepância entre os gêneros torna-se aqui mais pronunciada para amostragens de ambos os sexos. Esse achado é incompatível com o entendimento de que pisos femininos sejam mais "igualitários"; pelo contrário, as contribuições masculinas parecem receber maior apoio e ter mais importância do que as femininas, já que elas são respondidas mais frequentemente.

Posicionamento interpessoal

Outra diferença entre padrões gerados pelo gênero dos participantes é a postura assumida pelos participantes em relação aos seus interlocutores: de alinhamento ou desalinhamento. No banco de dados, os homens tendem, mais do que a mulheres, a iniciar discordâncias, especialmente em contextos Pre-M. Por outro lado, as mulheres tendem, mais do que os homens, a iniciar concordâncias, especialmente em contextos Pre-F (ver exemplos e análise de alinhamentos e desalinhamentos nas linhas de discussão "Ling. Cog." e "Sexo do Cérebro" em Herring, 1996b). A tabela 8 resume os resultados dos alinhamentos e desalinhamentos iniciados dentro das "trocas", operacionalmente definidas como três ou mais turnos que funcionam como respostas entre si, em sequência linear (ver Sinclair e Coulthard, 1975).[15] A discordância ou concordância ocorre no segundo turno da sequência.[16]

Os resultados da tabela 8 são compatíveis com os efeitos gerados pelo piso: pisos Pre-M apresentam a maioria das discordâncias (65%) e pisos Pre-F a maioria das concordâncias (67%). Entretanto, as discordâncias são iniciadas, grande parte das vezes ou exclusivamente, por homens em três dos quatro recortes ("Lit. Masc. 2" apresenta uma divisão equitativa de discordância iniciada por homens e mulheres), e as mulheres são responsáveis pela maioria das concordâncias (com exceção dos episódios da linha "Lit. Masc. 2", dos quais 67% se deram entre os homens).

Tabela 8: Posicionamento interpessoal

	Ling. Cog.	**Lit. Masc. 1**	**Média Predominante Masc.**	**Sexo do Cérebro**	**Lit. Masc. 2**	**Média Predominante Femin.**
N. trocas	9	8	**8,5**	6	6	**6**
Discordância	78%	50%	**65%**	17%	33%	**25%**
Iniciada sexo masc.	100%	75%	**91%**	100%	50%	**67%**
Concordância	11%	37%	**23%**	83%	50%	**67%**
Iniciada sexo fem.	0	67%	**50%**	0	67%	**25%**

Portanto, uma explicação alternativa é que a tendência para o alinhamento ou desalinhamento em listas públicas de discussão advém do gênero dos participantes. Essa interpretação é consistente com achados anteriores que mostram como os homens em fóruns da internet tendem a ser mais contenciosos e suscetíveis a "inflamar" os outros (i.e., postam mais mensagens diretas e hostis ou insultos), em contraste com as mulheres, que tendem a tomar um alinhamento mais amigável *vis-à-vis* os interlocutores (Hall, 1996; Herring, 1994, 1996a, 1996b, 2003; Sutton, 1994).

O tamanho das mensagens, número de respostas recebidas e posicionamento interpessoal formam padrões em relação ao gênero dos participantes de modo mais pronunciado que o piso *per se*. Mesmo assim, um terceiro conjunto de padrões ficou evidente no que tange à iniciação de tópicos e participação e direcionamento de respostas por parte de participantes dominantes.

Iniciação de tópico

As mulheres nomeiam um número maior de tópicos novos e locais, circunscritos ao tópico global da linha de discussão, do que os homens em pisos Pre-F; por outro lado, os homens iniciam um número maior de novos tópicos que as mulheres em pisos Pre-M. A tabela 9 mostra que a iniciação de tópico é quase exclusivamente domínio do gênero majoritário – 100% (8/8) dos novos tópicos em pisos Pre-M são iniciados por homens e 93% (14/15) dos iniciados em pisos Pre-F por mulheres.

Tabela 9: Iniciação de tópico

	Ling. Cog.	**Lit. Masc. 1**	**Média Predominante Masc.**	**Sexo do Cérebro**	**Lit. Masc. 2**	**Média Predominante Femin.**
Tópicos novos masc.	4	4	**4**	1	0	**0,5**
% respostas recebidas	25%	100%	**63%**	100%	--	**n/a**
Tópicos novos fem.	0	0	**0**	10	4	**7**
% respostas recebidas	--	--	**--**	90%	50%	**79%**

Trata-se de um resultado surpreendente; pesquisas anteriores sobre nomeação de tópico em conversas FAF demonstraram que as mulheres, quando em díades compostas pelos dois sexos, nomeavam um número maior de tópicos novos em comparação aos homens, embora recebessem um número menor de respostas (Fishman, 1983). Em contrapartida, os achados deste capítulo sugerem que a CMC em grupo provavelmente faz os participantes sentirem-se empoderados pelo contexto a ponto de proporem novos tópicos. Se esses tópicos são ou não ratificados por respostas, depende da lista – com exceção de um único tópico novo, todos os outros nomeados na "Sexo do Cérebro" foram respondidos, enquanto apenas um (aquele que lançou um novo tópico principal) foi respondido em "Ling. Cog.". Em geral, os tópicos iniciados por mulheres nas amostragens Pre-F receberam tantas respostas quanto os tópicos iniciados por homens (ou até mais) em amostragens Pre-M.

Mensagens de e para participantes dominantes

O gênero da maioria dos participantes em cada piso conversacional tende a ser o dos indivíduos que dominam a discussão em número de mensagens postadas e respostas recebidas. Isto é, a participação e a resposta são distribuídas desigual ou hierarquicamente pelos participantes do mesmo sexo. Isso é verdade para as mulheres e para os homens em contextos em que predominam. A tabela 10 mostra o número de mensagens postadas e recebidas por participantes dominantes comparado com a média de mensagens postadas e respostas recebidas pelo grupo de participantes em sua totalidade, em cada amostragem. Para os propósitos dessa tabela, "participantes/destinatários dominantes" foram operacionalizados como indivíduos cuja média de mensagens postadas e respostas recebidas excede a média do grupo em três ou mais mensagens. Conforme a tabela 10, os únicos participantes dominantes em amostragens Pre-F eram mulheres, e a maioria dos participantes e destinatários dominantes eram homens. Há duas exceções para esse padrão que merecem destaque. Primeiro, há uma participante do sexo feminino na linha de discussão "Ling. Cog." que não só postou, mas também recebeu respostas com frequência desproporcionalmente alta. Essa mulher desfrutava de *status* profissional alto; era uma pesquisadora experiente, autora de um livro de ponta em sua área de especialidade e ex-presidente da associação nacional dessa área de conhecimento. Com seu *status* poderoso, ela participou de modo semelhante ao grupo "do poder", isto é, tendeu a dominar a discussão (Herring, 1992). A outra exceção foram quatro homens que dominaram o número de respostas recebidas na discussão "Lit. Masc. 2".

Tabela 10: Dominância em relação à média de mensagens postadas e respostas recebidas por participante

	Participantes dominantes	Média msgs. postadas (dominantes)	Média msgs. postadas (grupo)	Destinatários dominantes	Média msgs. recebidas (dominante)	Média msgs. recebidas (grupo)
Ling. Cog.						
M (n = 30)	1	7	1.8	1	12	2.7
F (n = 5)	1	13	3.6	1	16	4.0
Lit. Masc. 1						
M (n = 22)	2	8	2.6	1	21	2.9
F (n = 9)	--	--	2.2	--	--	3.0
Lit. Masc. 2						
M (n = 24)	--	--	1.9	4	12.3	2.5
F (n = 12)	3	8.3	3.4	1	10	2.5
Sexo do Cérebro						
M (n = 22)	--	--	1.0	--	--	2.0
F (n = 9)	1	18	2.5	2	13	2.5

O poder nesse episódio foi ativamente contestado; alguns participantes do sexo masculino resistiram à mudança de um piso predominantemente masculino para outro predominantemente feminino, respondendo exclusivamente às mensagens postadas por outros homens. As mulheres, na linha "Lit. Masc. 2", também responderam com maior frequência aos homens do que às mulheres; talvez um reflexo da falta de maioria verdadeira por elas desfrutada, que, consequentemente, impedia o contexto de as empoderar totalmente (Herring, Johnson e DiBenedetto, 1995, 1998). São exceções que comprovam a regra, já que demonstram como o poder, e não o gênero *per se*, determina quem posta e recebe respostas com maior frequência.

Portanto, a iniciação de tópico e o número de mensagens postadas e recebidas por participantes dominantes indicam que alguns aspectos considerados por Edelsky como consequência do piso conversacional em contextos FaF advêm do poder exercido por participantes dominantes em listas de discussão, nas quais o "poder" emerge de fatores como ser membro do sexo da maioria dos participantes e/ou do *status* individual dos participantes. Por um lado, propor novos tópicos e participar ativamente da discussão são ações que refletem o sentimento de ter direito a manter e controlar o piso conversacional. Parece que as mulheres experienciaram esse sentimento em contextos Pre-F aqui analisados, mas não (com exceção da única mulher de alto *status* que participava da discussão da "Ling. Cog.") em contextos Pre-M. Por outro lado, os homens engajaram-se nesses comportamentos empoderados nos contextos Pre-M, mas não nos femininos, apesar de exibirem outros comportamentos F1 (por exemplo, postaram mensagens mais longas).

As respostas, em contrapartida, constituem o reconhecimento por parte dos outros participantes de que quem postou sustenta o piso conversacional e – se as respostas são numerosas – de que esse participante é um interlocutor de influência. Na "Lit. Masc. 1", o participante que recebeu o maior número de mensagens era homem, e na "Sexo do Cérebro", os dois participantes que receberam o maior número de respostas eram mulheres. Entretanto, os padrões de resposta no presente *corpus* não dependem estritamente do sexo da maioria. Como as duas exceções discutidas anteriormente sugerem, é mais apropriado concluir que um número maior de respostas é recebido por participantes poderosos e que a tomada do turno (o ato de postar) e a ratificação do piso (o ato de responder) são estratégias que podem ser usadas para reclamar poder em situações nas quais ele é contestado.

Resumo

Os resultados das categorias "duração", "densidade" e "foco temático" corroboram pesquisas anteriores sobre o piso conversacional: os pisos na lista formada predominantemente por homens apresentam padrões semelhantes aos do tipo F1 de Edelsky, e na lista formada predominantemente por mulheres, padrões semelhantes aos do tipo F2 de Edelsky, além de exibirem pisos múltiplos. Os resultados das categorias "tamanho de mensagem", "índice de resposta" e "posicionamento interpessoal", no entanto, só corroboram os achados de Edelsky no caso das amostragens Pre-M. Essas amostragens apresentam mensagens longas, índice mais alto de respostas direcionadas aos homens e capacidade argumentativa – características de pisos F1. Os resultados são inconsistentes com a hipótese de trabalho anteriormente formulada, segundo a qual listas Pre-F seriam igualitárias (F2). No entanto, em vez de exibirem comportamento igualitário, os homens manifestam comportamentos hierárquicos de pisos F1. Esses achados sugerem uma interpretação alternativa: mostram que aquilo que é ilustrado pelo discurso das listas não é o tipo de piso *per se*, mas sim estilos de interação preferidos por homens e mulheres quando em situação de conversa. De acordo com essa visão, os pisos F1 na CMC têm o conjunto de características que têm porque a maioria dos participantes – homens – interage dessa forma, e os pisos F2 – na medida em que são projetados por uma maioria do sexo feminino – refletem as preferências interacionais das mulheres (Coates, 1997a, 1997b).

No entanto, o último conjunto de achados problematiza essa visão. Os estilos de preferência deveriam explicar as características comuns do comportamento masculino em todos os recortes, assim como aquelas do comportamento feminino. Na realidade, o comportamento de cada gênero varia de acordo com a iniciação de tópico e o número de mensagens postadas para e recebidas por participantes dominantes, dependendo do contexto (predominantemente masculino ou feminino). Em contextos do mesmo gênero, os tópicos são iniciados (e recebem repostas, na maioria das vezes) pelo sexo que numericamente predomina. Um pequeno número de indivíduos daquele sexo também tende a postar o maior número de mensagens e a receber o maior número de respostas. Esses achados põem em xeque a explicação baseada no piso, pois são inconsistentes com o tipo de piso "igualitário" (F2), uma vez que todos os recortes do banco de dados exibem resultados semelhantes.

Tomando-se como base os tipos de piso propostos por Edelsky, três padrões distintos emergem das discussões acadêmicas assíncronas aqui analisadas, conforme o quadro 3.

Quadro 3: Resumo

Padrão	*Evidência*
Baseado no tipo de piso (F1 *versus* F2)	Duração; densidade; foco temático
Baseado no gênero (masculino *versus* feminino)	Tamanho das mensagens; índice de resposta; posicionamento interpessoal
Baseado no poder (poderosos *versus* menos poderosos)	Iniciação do tópico; número de mensagens postadas e respostas recebidas por participantes dominantes

Revisitando as perguntas de pesquisa

A que conclusões podemos chegar com base nesses achados? Tomando a perspectiva de grupos Pre-M, os resultados parecem corroborar que as características do piso F1 proposto por Edelsky, delineadas no quadro 1, também se aplicam ao discurso das listas de discussão em contexto acadêmico. Comparados às amostragens Pre-F, as duas amostragens Pre-M apresentam duração maior e as mensagens postadas são mais longas, demoradas, focam um único tópico (em sua maioria), são mais argumentativas e hierarquicamente organizadas; já uma minoria dos participantes homens domina a discussão tanto em relação ao número de mensagens enviadas quanto recebidas.

Entretanto, a semelhança com Edelsky se desfaz à luz da análise de amostragens Pre-F. Embora haja algumas características de pisos F2, como duração e tamanho de mensagem mais curtos, interatividade densa e múltiplos focos temáticos, há também muitos padrões hierárquicos, alguns perpetuados por homens (por exemplo, mensagens longas e a argumentatividade) e outros perpetuados por mulheres (por exemplo, a iniciação de tópicos; distribuição desigual de mensagens e respostas). Além disso, as duas discussões que categorizei como predominantemente femininas apresentam naturezas diferentes, e nenhuma das duas pode ser considerada par análogo ideal para as conversas colaborativas entre homens e mulheres tomadas como base na definição do piso F2 por Edelsky: "Lit. Masc. 2" é contestatória e não colaborativa, e "Sexo do Cérebro" é quase exclusivamente feminina. Mesmo assim, esses dois recortes tendem a apresentar padrões comuns que os separam de amostragens predominantemente masculinas e, portanto, constituem um fenômeno a ser explicado.

Pode ser que as diferenças entre os resultados discutidos neste capítulo e os achados de Edelsky advenham das diferenças entre os meios de comunicação: mediada por computador *versus* face a face. Os aspectos tecnológicos das listas de discussão eletrônicas parecem favorecer algumas características dos pisos F1 mais do que as de pisos F2. Entre eles encontram-se a ininterruptabilidade dos turnos e a tendência de as mensagens aparecerem estritamente em ordem cronológica, o que predispõe o discurso das listas por correio eletrônico a assumir uma orientação linear e turnos "fala um por vez". Essa predisposição tecnológica talvez nos ajude a explicar por que os padrões F1 encontram-se misturados com os F2 nos recortes Pre-F. A tecnologia da CMC também pode explicar por que algumas características de pisos F2, como as múltiplas linhas de discussão simultâneas (Herring, 1999), são encontradas nos dados. No entanto, não podem explicar por que são encontradas quase sempre nas discussões predominantemente femininas, nem por que outras características F2, como o alinhamento e as mensagens curtas, aparecem nessas discussões. A tecnologia da CMC também não pode explicar por que o sexo "majoritário" associa-se a certos comportamentos do piso F1 e o "minoritário" a certos comportamentos do piso F2 (Herring, 1996b), ou por que indivíduos empoderados tendem a exibir comportamentos F1, a despeito do contexto. Esses achados levam-nos a buscar explicações no âmbito da esfera social e não nos fatores tecnológicos.

Além do tipo de piso, duas explicações surgiram na seção anterior para os padrões observados neste capítulo, ambos corroborados pela literatura em Estudos da Linguagem e de Gênero, que podem elucidar o que acontece com o comportamento dos recortes Pre-F: estilos discursivos e práticas de poder são determinados pela sociedade e pelo contexto. Por um lado, em contextos nos quais as mulheres são bem representadas (numericamente ou de outros modos), a preferência delas por mensagens curtas e rápidas, trocas interacionais sobrepostas, com a tendência de concordar ao invés de discordar, são consistentes com achados de outros estudos em ambientes desconectados ou conectados (por exemplo, Coates, 1997a, 1997b; Herring, 1999). Esses comportamentos refletem as normas de socialização dos gêneros, pois as mulheres, no mundo ocidental industrializado, são tradicionalmente educadas para falar menos em público do que os homens, serem sociáveis e evitar conflito (Coates, 1993; Lakoff, 1973). O processo de socialização também assinala valor inferior para palavras proferidas por mulheres (Spender, 1980), o que corrobora a média inferior de respostas enviadas para as mulheres em comparação à média das enviadas para participantes do sexo masculino no discurso mediado por computador. Por outro lado, o fato de algumas mulheres "dominarem" o piso conversacional, de acordo com os índices de participação e respostas enviadas em contextos Pre-F – e algumas vezes em outros contextos, como no caso da participante de alto *status* da discussão "Ling. Cog." –, sugere que práticas de poder condicionam certos comportamentos. O poder pode ser exercido tanto por mulheres como por homens. Mesmo Edelsky (1981) observou que nos encontros FAF de seu *corpus* as mulheres engajavam-se em alguns comportamentos F1 que denotavam muito poder, como fazer brincadeiras e solicitar respostas em pisos do tipo F2 (embora ela não tenha explicado esses comportamentos em relação ao exercício de poder). O poder é conferido, em parte, pelo contexto, como pesquisas anteriores sobre massa crítica demonstram (Herring, 1999). São as mulheres que controlam o tópico e o modo de discussão em fóruns on-line exclusivamente de mulheres e centrados nas mulheres (Balka, 1993; Korenman e Wyatt, 1996); na realidade, Herring, Johnson e DiBenedetto (1995) sugerem que esses fóruns existem com o propósito explícito de abrir espaços discursivamente empoderadores para as mulheres, em contraste com espaços públicos da internet, dominados por homens em sua maioria.

Essas duas interpretações são incompatíveis. Como Lakoff (1973) demonstrou há quase 40 anos, há um diferencial de poder nos estilos usados pelos dois gêneros. Sugiro que o mesmo acontece com os pisos F1 e F2. As diferenças de gênero no gerenciamento do piso conversacional emergem dos estilos descritos por Lakoff. A tendência é os homens manterem o piso por muito tempo e receberem respostas; o piso F1, preferido pelos homens, convenciona tal privilégio, enquanto o piso F2 ideal convenciona mulheres "compartilhando" o piso com outros. Isto é, há uma projeção das convenções relacionadas aos três primeiros componentes da primeira coluna da esquerda no quadro 3 – piso F1, sexo masculino e poderoso. Essas associações não são, contudo, absolutas; há exceções nas quais o poder torna-se a variável-chave. Portanto, em contextos nos quais as mulheres exercem o poder, como aconteceu na discussão "Sexo do Cérebro" da lista WMST, orientada para mulheres, as participantes exibem um número superior de padrões de gerenciamento de piso por exercício do poder – características de pisos do tipo F1. Práticas de pisos F1 também são estrategicamente empregadas tanto por mulheres como por homens na tentativa de ganhar ou sustentar o piso quando os direitos de fala são contestados, como é o caso da amostragem "Lit. Masc. 2". Por outro lado, padrões F2, por exemplo, na distribuição das respostas, podem indicar que os participantes perderam o poder (ou foram impedidos) de gerenciar o piso. Essa interpretação reconcilia resultados que aparentam ser inconsistentes.

Fatores na obtenção e manutenção do piso na CMC

Pesquisas realizadas com grupos pequenos (Hare, Borgatta e Bales, 1965) mostram que uma minoria entre seus participantes tendem a dominar a discussão em contextos FaF. Talvez seja irrealista almejar participação igualmente distribuída em qualquer meio, tendo em vista a dinâmica da comunicação humana em um dado grupo. De qualquer modo, os índices de participação e resposta concentram-se em um pequeno número de participantes nos quatro recortes; isso nos leva a questionar se é a ação de postar mais mensagens que provoca o recebimento de mais respostas e a perguntar que fatores contribuem para o recebimento de resposta on-line e, consequentemente, para o reconhecimento e ratificação da manutenção do piso.

No presente capítulo, o gênero dos participantes parece influenciar o sucesso na obtenção e manutenção do piso, pois a média do índice de respostas (número de respostas recebidas dividido pelo número de mensagens postadas) é mais alta para os homens do que para as mulheres. Anteriormente, já sugeri que se trata de um reflexo das práticas de socialização que conferem maior *status* aos homens. Nesta seção, retomo a questão em maior detalhe, explorando interpretações alternativas.

Analisando-se com maior cuidado os padrões de participação no presente *corpus*, vê-se que a maioria dos participantes – 54% deles – posta apenas uma mensagem se comparados com os 19% que postam duas e os 27% que postam três mensagens ou mais. Grande parte das mensagens únicas (52%) não recebe respostas. Entretanto, a probabilidade de se receber uma resposta aumenta para 77% quando o participante posta duas mensagens e para 100% se o participante postar três ou mais mensagens; neste último caso, recebe pelo menos uma resposta. Tal reflexão levanta a possibilidade de as mulheres haverem recebido um número menor de respostas por não terem chegado ao limite de três mensagens. No entanto, essa sugestão não se sustenta estatisticamente. Mulheres e homens têm a mesma probabilidade de postar apenas uma ou duas mensagens, mas, quando mulheres o fazem, têm menor probabilidade de receber uma resposta, como mostra a tabela 11.

Tabela 11: Respostas às primeiras, segundas e terceiras mensagens postadas por homens e mulheres

	Resposta 1a msg.	**Resposta 2a msg.**	**Resposta 3a msg.**	**Participantes que postam > 3 msgs.**
Homens	53%	86%	100%	53%
Mulheres	39%	67%	100%	52%
H e M	48%	77%	100%	53%

Outra possibilidade é os homens usarem um número maior de estratégias de sucesso para atrair respostas se comparados às mulheres. Participantes altamente bem-sucedidos na manutenção do piso – isto é, indivíduos que foram bem-sucedidos na obtenção de múltiplas respostas – encaixam-se em duas categorias: aqueles que postam muitas mensagens e aqueles que postam apenas algumas, mas de alto impacto. Estatisticamente, há correlação entre o número de mensagens postadas e o número de respostas recebidas no *corpus*, especialmente para níveis de participação mais altos.[17] Ao postarem muitas mensagens, homens e mulheres podem receber o mesmo número de respostas. Além do mais, algumas mulheres participam muito ativamente: mais da metade dos participantes que postaram cinco ou mais mensagens no *corpus* são mulheres, e elas contribuíram com 1,7 vez mais mensagens que os homens que postaram as mesmas cinco mensagens ou mais. Portanto, a participação mais ativa não me parece ser a explicação adequada para as diferenças nos índices de respostas recebidas por homens e mulheres, reportadas nas tabelas 7 e 11.

A segunda categoria de participantes que mantêm o piso com sucesso é a de indivíduos que postam apenas um pequeno número de mensagens – tipicamente uma ou duas – mas recebem um número desproporcional de respostas. É aqui que a discrepância entre os dois sexos é maior. São várias as razões para isso. Os maiores índices de resposta foram obtidos por indivíduos que alavancaram a discussão; sendo assim, o participante do sexo masculino que primeiro propôs o curso de Literatura Masculina recebeu 21 respostas na lista "Lit. Masc. 1", embora tenha postado apenas duas mensagens. Além disso, mensagens bem-humoradas ou inteligentes na forma tendem a receber altos índices de resposta. Por exemplo, na "Lit. Masc. 1", alguém postou uma mensagem por meio de um endereço mítico – Iron John – personagem do livro de Robert Bly sobre o "movimento masculinista", popular na época. Essa única mensagem, uma brincadeira sem conteúdo algum, atraiu quatro respostas imediatamente, a maioria especulando sobre como a mensagem conseguiu ser enviada. Outra mensagem jocosa de sucesso foi ostensivamente postada na lista "Ling. Cog." por Fred, o animal de estimação de um dos membros de lista; ela também recebeu quatro respostas. Por fim, mensagens provocativas (inclusive as ofensivas) ou controversas tendem a gerar um índice desproporcional de respostas. Quando um participante do sexo masculino ameaçou desligar-se da lista MBU como protesto contra a discussão sobre "Literatura Masculina", foi inundado com respostas defendendo sua permanência e implorando para que não cancelasse sua subscrição. Do mesmo modo, outro participante do sexo masculino que expressara visões inflamadas na lista "Ling. Cog." recebeu seis vezes mais mensagens do que ele próprio postou (12 mensagens recebidas ante duas postadas por ele), todas discordando de suas ideias. Os homens são os responsáveis pela maioria das mensagens jocosas no *corpus* e postam um número maior de mensagens contenciosas do que as mulheres. Tais práticas contribuem para a atenção extra recebida pelos participantes do sexo masculino.[18]

No entanto, as explicações oferecidas não dão conta de todas as mensagens bem-sucedidas. Há um número delas que foi postado por participantes com perfil de destaque –

isto é, por profissionais de notoriedade em suas áreas de atuação na academia. Outras foram postadas por participantes do sexo masculino que nem tinham alto *status* (de acordo com sua produção acadêmica)[19] nem eram provocativos, mas que parecem ter sido privilegiados com respostas simplesmente por serem homens. Isso sugere que o reconhecimento profissional e o gênero masculino conferem tipos diferentes de *status* e que ambos favorecem a obtenção do piso em fóruns de discussão mediados por computador (Selfe e Meyer, 1991). A masculinidade não é condição necessária nem suficiente, mas estatisticamente aumenta a probabilidade de um participante postar e receber respostas. Essa vantagem estrutural automática dos homens é representada por estratégias interacionais que chamam a atenção para eles próprios, como postar mensagens contenciosas ou provocativas. Ao mesmo tempo, as evidências também demonstram que persistir vale a pena – tanto homens quanto mulheres podem atrair respostas se postarem um número suficientemente grande de mensagens (três, no caso do presente capítulo).[20]

Conclusão

Embora o objetivo não tenha sido criticar o modelo de Edelsky, e sim explorar sua aplicabilidade à CMC, a explicação aqui proposta implica que o tipo de piso pode não ser um construto explanatório tão útil quanto a noção de que homens e mulheres são socializados para gerenciar interações diferentemente (aos homens convencionalmente se assinalam maior poder e privilégios em pisos públicos), e que há certas práticas poderosas de gerenciamento de piso disponíveis para indivíduos empoderados de ambos os gêneros. Esses achados não se devem às características do ambiente digital. Embora as propriedades de sistemas de CMC baseados em texto (como as listas de discussão que analisei) confiram certas características à interação – como a impossibilidade de interromper os turnos e a tendência para trocas interfoliadas e múltiplas –, elas não explicam as diferenças entre os gêneros ou práticas de poder, que só podem ser explicadas por fatores sociais que moldam a comunicação tanto em ambientes conectados como desconectados. Como tal, a interpretação aqui proposta pode, em princípio, estender-se para a interação FAF e é compatível com as observações de Edelsky (1981) e Coates (1997a, 1997b).

Isso dito, os dados do *corpus* não são exatamente equivalentes àqueles de estudos em contextos face a face: listas de discussão por correio eletrônico são assíncronas e a participação nas listas analisadas foi aberta para qualquer um que quisesse contribuir, ao contrário dos grupos fechados, interagindo em tempo real, analisados por Edelsky e Coates. Potencialmente, essas diferenças limitam os resultados do estudo. Além disso, os recortes (linhas de discussão) foram selecionados por sua extensão e coerência; não são representativos de linhas de discussão típicas da CMC assíncrona, até mesmo nos mesmos fóruns (embora a dinâmica do gênero pareça ser típica de linhas de discussão mais extensas dos mesmos fóruns) (Herring, 1996a, 2003). Uma seleção aleatória do discurso das listas de discussão por correio eletrônico provavelmente exibiria um grau menor de coerência e um número maior de pisos múltiplos (Herring, 1999), fatos consistentes com as observações de Cherny (1999) e Simpson (2005) na CMC sincrônica. Por fim, a época em que os dados foram coletados leva-nos a questionar se a dinâmica dos pisos mediados por computador mudou de lá para cá, tanto no que tange à interação nas listas de discussão acadêmicas dos dias de hoje, quanto no que concerne aos novos modos interacionais, como os blogs (ver "Interações na blogosfera", neste volume). Outros estudos são claramente necessários para abordar essa questão. Enquanto isso não acontece, padrões de participação orientados pelo gênero conforme os aqui relatados são corroborados por Sierpe (2000) em sua análise da lista acadêmica JESSE, quase 10 anos após as discussões aqui analisadas terem ocorrido. Há também evidência de que o processo de autoria e comentário nos blogs sofrem influência do gênero de modo semelhante a outros tipos de comunicação on-line (por exemplo, Herring et al., 2004; Pedersen e Macafee, 2007), apesar do piso assimétrico imposto pelo software dos blogs, nos quais o autor tem maior controle sobre o que é postado do que os comentaristas (Herring et al. 2005) (ver neste volume o capítulo "Interações na blogosfera").

Fecho ressaltando que o capítulo tem implicações para todos os interessados por processos interacionais e, principalmente, pelo fenômeno da obtenção e manutenção do piso conversacional. Contribuir com as próprias palavras e ser ratificado por outros é um produto valioso, geralmente almejado em conversações, e a conversa na internet não é exceção. Os resultados demonstram que o gênero é uma variável importante dessa equação, já que é implicado pelo volume de participação e pelo sucesso em atrair respostas. Além disso, a predominância do gênero masculino ou feminino em um grupo pode empoderar ou desempoderar os participantes – coisa que as mulheres nos fóruns on-line já sabem há tempos. A resposta para "quem detém o piso conversacional?" nas conversas mediadas por computador depende das relações de poder, e o gerenciamento do piso pode ser manipulado para reivindicá-lo. Como neste estudo 100% daqueles que postaram três ou mais vezes receberam algum tipo de resposta, encerro com uma recomendação prática: se você a princípio não for bem-sucedido na missão de receber respostas em fóruns on-line, poste, poste e poste mais uma vez.

(Texto originariamente publicado em inglês com o título "Who's Got the Floor in Computer-mediated Conversation? Edelsky's Gender Patterns Revisited", em S. C. Herring, (org.), Language@Internet, *n. 7, artigo 8, 2010, pp. 1-29. Número especial sobre Computer-mediated Conversation.)*

Notas

1 N. T.: Em inglês, a palavra "*floor*" tem duas acepções: piso conversacional e turno, dependendo do contexto.
2 Disponível em: <http://www.merriam-webster.com/dictionary>. Acesso em: 31 dez. 2010.
3 Disponível em: <http://dictionary.reference.com/browse/floor>. Acesso em: 31 dez. 2010.
4 Como observado na introdução à edição especial do periódico *Language@Internet*, n. 7, de Herring (2010), muitos dos estudos nele publicados foram conduzidos em meados dos anos 1990, tendo sido incluídos na edição pelo seu valor histórico e analítico, que os autores e a editora do periódico ainda acreditam vigorar, mesmo que o tipo de dado coletado não seja mais usado com frequência. As listas de discussão acadêmicas ainda são usadas, embora o interesse por elas tenha declinado e sido substituído pelo interesse em novas tecnologias como os weblogs e as wikis. A publicação mais recente que fui capaz de localizar sobre gênero e participação em listas de discussão acadêmicas foi Sierpe, em obra de 2010, cujos achados corroboram os meus.
5 Isso nem sempre é o caso em listas de discussão por correio eletrônico: as linhas de assunto são sempre entrelaçadas umas com as outras, conforme Herring (1999). Como as mensagens do *corpus* usado neste capítulo foram pré-selecionadas segundo a relevância para o tema central, a possibilidade de se descobrirem temas múltiplos e simultâneos, como seria autorizado em princípio por pisos do tipo F2, acaba artificialmente restringida.
6 Postaram uma mensagem na lista de "Lit. Masc." de um endereço fictício: "cachorro" chamado Bernard Chien Perro. Embora seja provável que Bernard tenha sido objeto da criação de uma participante do sexo feminino, o gênero do cachorro é projetado como masculino. Essa postagem foi excluída do *corpus*.
7 Embora eu não tenha postado em nenhuma das três listas, observei-as à medida que aconteciam em tempo real, como membro do grupo.
8 Para maior discussão sobre a dinâmica do debate na lista "Lit. Masc.", recomendo a leitura de Herring, Johnson e DiBenedetto (1995; 1998).
9 Os totais na coluna de "participantes" da tabela 2 não representam a soma dos participantes nas duas partes da lista de "Lit. Masc.", pois algumas pessoas participaram de ambas as partes da discussão.
10 Incluo a "Lit. Masc. 2" nessa categoria, mesmo que a média de participação das mulheres tenha sido menor que 50%, pois a participação feminina cresceu sobremaneira na segunda metade da discussão se comparada à primeira. Os próprios participantes subjetivamente perceberam que as mulheres dominaram a segunda metade, de acordo com pesquisa publicada por Herring, Johnson e DiBenedetto (1998).
11 Não tentei replicar os métodos quantitativos de Edelsky, pois muitos dos seus critérios assumem a linguagem oral como objeto de análise (por exemplo, riso, pausas, sobreposições longas), enquanto outros (uso de verbos no passado) não pareceram diretamente relevantes às conclusões sobre pisos do tipo F1 e F2. Tampouco a tabela 4 inclui todas as características mencionadas por Edelsky e sumarizadas na tabela 1. Por exemplo, não é possível comparar recortes de lista eletrônica nas dimensões "fala um por vez" *versus* "sobreposição", pois todos os turnos são necessariamente "fala um por vez", de acordo com Herring (1999). Também não tentei quantificar "formalidade" (Emigh e Herring, em obra de 2005, analisam quantitativamente a formalidade em repositórios de conteúdo on-line, outro ambiente assíncrono da CMC).
12 A parte II da lista "Ling. Cog." foi desenvolvida na linha de assunto "funcionalismo e formalismo". Incluí as mensagens da parte II na coluna "Ling. Cog.". Para maiores detalhes sobre a dinâmica dessa discussão, refiro o leitor para Herring (1992; 1993; 1996b).
13 Embora o tema "Literatura Masculina" persista durante a lista "Lit. Masc. 2", ele não é o tópico principal da discussão.
14 A mensagem indicava a hesitação em postar por parte da participante, pois ela sentia-se desencorajada a tentar expressar suas preocupações para os homens da lista. Essa mensagem recebeu cinco respostas encorajadoras, duas de mulheres e três de homens.
15 Por exemplo: (1) iniciação; (2) resposta/iniciação; (3) resposta/iniciação etc.
16 Nem todos os segundos turnos concordavam ou discordavam de um primeiro; portanto, o percentual de "concordância" e "discordância" na tabela nem sempre totaliza 100%.
17 O valor da correlação do *corpus* inteiro é 0,78 numa escala de -1 a 1, na qual qualquer valor acima de 0,321 é significante no nível de 0,001.
18 Fenômeno semelhante foi observado entre crianças em contextos escolares por Swann (1992). Os meninos recebem mais atenção dos professores porque se comportam de modo pouco cooperativo ou provocativo, levando-os a cuidar deles como "problemas" ou a selecioná-los para perguntas, na tentativa de forçá-los a explicar as provocações. Swann sugere que o comportamento dos meninos é estratégico.
19 Nessas listas de discussão acadêmicas, na época em que os dados foram coletados, era comum que os participantes revelassem seu *status* da vida real. Pessoas que ocupavam cargos acadêmicos normalmente os indicavam nas

assinaturas, e os alunos sempre indicavam seu *status* no conteúdo da mensagem. Para os propósitos deste capítulo, pessoas em cargos administrativos, médios ou altos, e professores de universidades americanas com vínculo permanente (ou o equivalente em outros países) foram considerados de alto *status*. Professores sem vínculo permanente ou contratados, ocupantes de cargos administrativos de baixa importância sem vínculo permanente ou contratados e alunos foram considerados de baixo *status* na hierarquia acadêmica.

[20] Refiro o leitor para Lambiase (2010), um estudo de caso sobre uma lista de discussão que ilustra o fenômeno para ambos os gêneros.

Referências

ANDERSON, J. F.; BEARD, F. K.; WALTHER, J. B. Turn Taking and the Local Management of Conversation in a Highly Simultaneous Computer-mediated Communication System. *Language@Internet*, v. 7, artigo 8, 2010. Edição especial sobre Comunicação Mediada por Computador. Disponível em: <http://www.languageatinternet.org/articles/2010>. Acesso em: 18 jul. 2012.

BALKA, E. Women's Access to On-line Discussions About Feminism. *Electronic Journal of Communication*, v. 3, 1993, n. 1. Disponível em: <http://www.cios.org/www/ejc/v3n193.htm>. Acesso em: 31 dez. 2010.

CHERNY, Lynn. *Conversation and Community:* Chat in a Virtual World. Center for the Study of Language and Information, 1999.

COATES, J. *Women, men and Language*. London: Longman, 1993.

______. One-at-a-time: The Organisation of Men's Talk. In: JOHNSON, S.; MEINHOF, U. (orgs.). *Language and masculinity*. Oxford: Blackwell, 1997a, pp. 107-29.

______. The Construction of a Collaborative Floor in Women's Friendly Talk. In: GIVÓN, T. (org.). *Conversation*. Cognitive, communicative and social perspectives. Amsterdam and Philadelphia: John Benjamins, 1997b, pp. 55-89.

______; SUTTON-SPENCE, R. Turn-taking patterns in Deaf conversation. *Journal of Sociolinguistics*, v. 5, n. 4, 2001, pp. 507-29.

DENNIS, A. R.; FULLER, R. M.; VALACICH, J. S. Media, Tasks, and Communication Processes: a Theory of Media Synchronicity. *MIS Quarterly*, v. 32, n. 3, 2008, pp. 575-600.

DUNCAN, S. Some Signals and Rules for Taking Speaking Turns in Conversation. *Journal of Personality and Social Psychology*, v. 23, n. 2, 1972, pp. 83-293.

EDELSKY, C. Who's got the floor? *Language in Society*, 1981, v. 10, pp. 383-421.

EMIGH, W.; HERRING, S. C. Collaborative Authoring on the Web: a Genre Analysis of On-line Encyclopedias. *Proceedings of the Thirty-Eighth Hawai'i International Conference on System Sciences* (HICSS-38). Los Alamitos, CA: IEEE Press, 2005.

FISHMAN, P. Interaction: the Work Women Do. In: THORNE, B.; KRAMARAE, C.; HENLEY, N. (orgs.). *Language, gender and society*. Cambridge, MA: Newbury House, 1983, pp. 89-101.

FLORES, M. J. Computer Conferencing: Composing a Feminist Community of Writers. In: HANDA, C. (org.). *Computers and community:* Teaching composition in the twenty-first century. Portsmouth, NH: Boynton Cook, 1990, pp. 107-17.

FREIERMUTH, M. R. Native Speakers or Non-native Speakers: who has the Floor? On-line and Face-to-face Interaction in Culturally Mixed Small Groups. *Computer Assisted Language Learning*, v. 14, n. 2, 2001, pp. 169-99.

HALL, K. Cyberfeminism. In: HERRING, S. C. (org.). *Computer-mediated communication:* Linguistic, social, and cross-cultural perspectives. Amsterdam and Philadelphia: John Benjamins, 1996, pp. 147-70.

HARE, A. P.; BORGATTA, E. F.; BALES, R. F. (orgs.). *Small groups:* Studies in Social Interaction. New York: Knopf, 1965.

HERRING, S. C. Gender and Participation in Computer-mediated Linguistic Discourse. Washington, D.C.: ERIC *Clearinghouse on Languages and Linguistics*. Document n. ED345552, 1992. Disponível em: <http://ella.slis.indiana.edu/~Herring/participation.1992.pdf>. Acesso em: 31 dez. 2010.

______. Gender and Democracy in Computer-mediated Communication. *Electronic Journal of Communication*, v. 3, n. 2, 1993. Disponível em: <http://ella.slis.indiana.edu/~Herring/ejc.txt>. Acesso em: 31 dez. 2010.

______. Politeness in Computer Culture: why Women Thank and Men Flame. In: BUCHOLTZ, M. et al. (orgs.). *Cultural Performances:* Proceedings of the Third Berkeley Women and Language Conference. Berkeley: Berkeley Women and Language Group, 1994, pp. 278-94.

______. Posting in a Different Voice: Gender and Ethics in Computer-Mediated Communication. In: ESS, C. (org.). *Philosophical perspectives on computer-mediated communication*. Albany, NY: Suny Press, 1996a, pp. 115-45.

______. Two Variants of an Electronic Message Schema. In: ______. (org.). *Computer-mediated Communication:* Linguistic, Social, and Cross-cultural Perspectives. Amsterdam & Philadelphia: John Benjamins, 1996b, pp. 81-106.

______. Interactional Coherence in CMC. *Journal of Computer-Mediated Communciation*, v. 4, n. 4, 1999. Disponível em: <http://jcmc.indiana.edu/vol4/issue4/Herring.html>. Acesso em: 31 dez. 2010.

_____. Gender and Power in On-line Communication. In: HOLMES, J.; MEYERHOFF, M. (eds.). *The Handbook of Language and Gender Oxford.* UK: Blackwell Publishers, 2003, pp. 202-28.

______; JOHNSON, D. A.; DIBENEDETTO, T. "This Discussion is Going too Far!" Male Resistance to Female Participation on the Internet. In: BUCHOLTZ, M.; HALL, K. (orgs.). *Gender Articulated:* Language and the socially constructed self. New York: Routledge, 1995, pp. 67-96.

______; ______; ______. Participation in Electronic Discourse in a "Feminist" Field. In: COATES, J. (ed.). *Language and Gender:* a Reader. Oxford, UK: Blackwell, 1998, pp. 197-210.

HERRING, S. C. et al. Women and Children Last: the Discursive Construction of Weblogs. In: GURAK, S. et al. (orgs.). *Into the Blogosphere:* Rhetoric, Community, and Culture of Weblogs. University of Minnesota, 2004. Disponível em: <http://blog.lib.umn.edu/blogosphere/women_and_children.html>. Acesso em: 30 dez. 2010.

______.Weblogs as a Bridging Genre. *Information, Technology & People*, v. 18, n. 2, 2005, pp. 142-71.

HERT, P. Social Dynamics of an On-line Scholarly Debate. *The Information Society*, v. 13, 1997, pp. 329-60.

HIYASHI, R. Floor Structure of English and Japanese Conversation. *Journal of Pragmatics*, v. 16, 1991, pp. 1-30.

JONES, R.; THORNBORROW, J. Floors, Talk and the Organization of Classroom Activities. *Language in Society*, v. 33, 2004, pp. 399-423.

KORENMAN, J.; WYATT, N. Group Dynamics in an E-mail Forum. In: HERRING, S. C. (org.). *Computer-mediated Communication:* Linguistic, Social, and Cross-cultural Perspectives. Amsterdam and Philadelphia: John Benjamins, 1996, pp. 225-42.

LAKOFF, R. Language and Woman's Place. *Language in Society*, v. 2, 1973, pp. 45-80. Republicado em 1975 pela Harper Colophon Books, New York.

LAMBIASE, Jaqueline. Hanging by a Thread: Topic Development and Death in an Online Discussion of Breaking News. *Language@Internet,* v. 7, artigo 9, 2010. Disponível em: <http://www.languageatinternet.org/articles/2010/2814/Lambiase.pdf>. Acesso em: 18 jul. 2012.

PEDERSEN, S.; MACAFEE, C. Gender Differences in British Blogging. *Journal of Computer-Mediated Communication*, v. 12, n. 4, artigo n. 16, 2007. Disponível em: <http://jcmc.indiana.edu/vol12/issue4/pedersen.html>. Acesso em: 30 dez. 2010.

PHILIPS, S. Some Sources of Cultural Variability in the Regulation of Talk. *Language in Society*, n. 5, 1976, pp. 81-95.

SACKS, H.; SCHEGLOFF, E. A.; JEFFERSON, G. A Simplest Systematics for the Organization of Turn-taking for Conversation. *Language*, v. 50, 1974, pp. 696-735.

SACK, Warren. Discourse Diagrams: Interface Design for Very Large-Scale Conversations. In: *Proceedings of the Hawai'i International Conference on System Sciences*, Persistent Conversations Track. Maui, HI: IEEE Computer Society, Jan. 2000.

SCHULTZ, J.; FLORIO, S.; ERICKSON, F. Where's the Floor? Aspects of the Cultural Organization of Social Relationships in Communication at Home and at School. In: GILMORE, P.; GLATTHORN, A. (orgs.). *Ethnography and Education:* Children in and Out of School. Washington, DC: Center for Applied Linguistics, 1982, pp. 88-123.

SELFE, C. L.; MEYER, P. L. Testing Claims for On-line Conferences. *Written Communication*, v. 8, n.2, 1991, pp. 163-92.

SIERPE, E. Gender and Technological Practice in Electronic Discussion Lists: an Examination of JESSE, the Library/Information Science Education Forum. *Library & Information Science Research*, v. 22, n. 3, 2000, pp. 273-89.

SIMPSON, J. Conversational Floors in Synchronous Text-based CMC Discourse. *Discourse Studies*, v. 7, n. 3, 2005, pp. 337-61.

SINCLAIR, J.; COULTHARD, M. *Towards an Analysis of Discourse*. Oxford, UK: Oxford University Press, 1975.

SPENDER, D. *Man Made Language*. London: Pandora Press, 1980.

STERN, S. Producing Sites, Exploring Identities: Youth On-line Authorship. In: BUCKINGHAM, D. (org.). *Youth, Identity and Digital Media*. Cambridge, MA: The MIT Press, 2007, pp. 95-118.

SUTTON, L. Using Usenet: Gender, Power, and Silence in Electronic Discourse. In: *Proceedings of the 20th Annual Meeting of the Berkeley Linguistics Society*. Berkeley, CA: Berkeley Linguistics Society, Inc., 1994, pp. 506-20.

SWANN, J. *Girls, boys and language.* Oxford, UK: Blackwell, 1992.

WARDHAUGH, R. *How Conversation Works*. London: Basil Blackwell, 1985.

YNGVE, V. On Getting a Word in Edgewise. In: *Papers From the 6th Regional Meeting of the Chicago Linguistic Society*. Chicago, IL: University of Chicago Department of Linguistics, 1970, pp. 567-78.

Enunciados segmentados em MIs

Naomi Baron
Trad. Tania G. Shepherd

Quanto à estrutura, a comunicação mediada por computador (CMC) pode ser definida por dois parâmetros básicos. O primeiro é o sincronismo. Na CMC sincrônica, a transmissão é essencialmente instantânea. Presume-se que os interlocutores estejam fisicamente presentes para ler e responder às mensagens, o que não acontece na CMC assíncrona. O segundo parâmetro é se a comunicação é de um para um, ou seja, entre duas pessoas, ou de muitos para muitos, isto é, se as mensagens vêm de inúmeros participantes e são enviadas a inúmeros interlocutores[1] em potencial. O resultado do cruzamento dessas quatro categorias de CMC acha-se no quadro 1.

Quadro 1: Tipos de CMC

	Síncrona	**Assíncrona**
Um para um	Mensagem instantânea	E-mail e torpedos em celular
Muitos para muitos	Chats, conferência por computador	Lista de discussão, blogs, redes sociais

Na prática, os usuários cruzam os limites dessas categorias com frequência. Por exemplo, é comum que e-mails (tecnologia assíncrona) transmitam mensagens quase em tempo real, e obtenham respostas imediatamente, transformando em síncrona[2] uma mídia que é, na essência, assíncrona. Por outro lado, apesar de a tecnologia ser síncrona no caso das mensagens instantâneas (MIs), estas são usadas com frequência de forma assíncrona, especialmente por jovens adultos (Baron, 2005). Podem-se fazer ressalvas semelhantes à distinção paradigmática na comunicação de um para um e de muitos para muitos.

Com mídias projetadas para a troca de mensagens diádicas, como o e-mail e as MIs, costuma-se enviar cópias duplicadas de mensagens para terceiros através do uso das funções da cópia, da cópia oculta, do encaminhamento, ou do "recortar e colar". Entretanto, o formato de muitos para muitos, como nas listas de discussão ou nos blogs, torna-se, às vezes, uma verdadeira interação de um para um, já que os outros leitores não participam dela.

A tecnologia da CMC em geral estabelece que as mensagens mediadas por computador sejam escritas.[3] No entanto, os usuários finais costumam comentar que a mídia tem uma qualidade semelhante à da fala informal (Lee, 2002). Uma questão que continua a instigar os pesquisadores da internet é se as características estilísticas da CMC se aproximam mais da fala informal ou da escrita (Baron, 1998, 2000, 2003; Collot e Belmore, 1996; Crystal, 2001; Danet, 2001; Ferrara, Brunner e Whittemore, 1991; Hård af Segerstad, 2002; Herring, 2002, 2003; Maynor, 1994; Yates, 1996).

Um dos desafios para interpretar parte da literatura em CMC (Crystal, 2001; Ferrara, Brunner e Whittemore, 1991) é a generalização sobre os achados em diferentes gêneros (e-mails, chats e páginas da web), já que os padrões de uso podem apresentar grandes diferenças de gênero para gênero. Além disso, em geral, os resultados vêm sendo obtidos em cima de um único ponto no tempo (uma exceção é Herring, 1998), enquanto os padrões de uso às vezes evoluem. Um caso específico é de os jovens acharem cada vez mais que os e-mails são meios relativamente formais se comparados às MIs (Shiu e Lenhart, 2004), algo que se opõe aos estudos de 1990, que viam os e-mails como estilisticamente informais (Crystal, 2001; Hale e Scanlon, 1999). Outro desafio é que formas de CMC revelam considerável variação estilística, refletindo a idade, sexo e nível de experiência do internauta, a função da comunicação e o meio de enviar e receber mensagens (por exemplo, o teclado do computador *versus* o do celular) (Herring, 2007). Dada a variação encontrada tanto na língua falada quanto na escrita tradicional off-line (Tannen, 1982a, 1982b; Chafe e Tannen, 1987), os dados usados para analisar a CMC são por vezes obscuros.

Por fim, grande parte da pesquisa em CMC vem se concentrando na comunicação de muitos para muitos, em vez da CMC diádica. Isso é compreensível, na medida em que a comunicação do tipo muitos para muitos é pública e, portanto, mais fácil de acessar e estudar. No entanto, usa-se mais a CMC privada, o que a torna um importante objeto de estudo.

Outro problema nas caracterizações da CMC como modalidade falada ou escrita é que poucas tentativas empíricas vêm sendo feitas para contrastar os dados da CMC com *corpora* comparáveis falados ou escritos. As exceções são Collot e Belmore (1996); e Yates (1996). No entanto, os dados de CMC examinados por eles constituem comunicação de muitos para muitos (por meio de um sistema do quadro de avisos eletrônico chamado de BBS e de um sistema de conferência por computador, respectivamente), e não de gêneros um para um, como o e-mail e a MI. Além disso, seus *corpora* de CMC são anteriores à explosão das atividades de CMC na última década, e os padrões de linguagem presentes na CMC podem ter evoluído nesse ínterim.

Nos últimos anos, a pesquisa sobre CMC está cada vez mais refinada. Herring (2003) investigou os efeitos linguísticos de gênero e de sincronismo na CMC americana. Hård af Segerstad (2002) comparou o sueco usado em e-mails, chats, MIs e mensagens de texto em telefones celulares. Ling (2004) analisou os efeitos da idade e gênero biológico sobre o caráter linguístico de mensagens de texto em norueguês.

Este capítulo contribui para o estudo empírico da natureza falada ou escrita da CMC, analisando a organização do discurso de MIs em inglês. Examina especificamente uma convenção estilística comum na maneira como adolescentes e jovens adultos compõem e transmitem MIs. Essa convenção implica quebrar ("grupar") enunciados individuais em vários segmentos que são então transmitidos em série, em vez de digitá-los por inteiro e transmiti-los de uma só vez. Por exemplo, em lugar de enviar por completo o enunciado "que deve ser bom estar apaixonado na primavera, com os pássaros cantando e os sapos pulando", como uma única transmissão, o interlocutor de uma MI pode enviar uma sequência de transmissões curtas, como:

Transmissão MI 1: that must be nice	que deve ser bom
Transmissão MI 2: to be in love	estar apaixonado
Transmissão MI 3: in the spring	na primavera
Transmissão MI 4: with birds chirping	com os pássaros cantando
Transmissão MI 5: and frogs leaping	e os sapos pulando

Este estudo analisa as características linguísticas dos segmentos de enunciado usados por um grupo de universitários americanos, em conversa com seus pares por meio de MIs. O objetivo final dessa análise é comparar os segmentos de enunciado nas MIs com os tipos de segmentação encontrados na comunicação informal face a face (FAF) e, assim, promover o debate em curso sobre a possível semelhança entre o discurso das MI e a fala ou a escrita. O capítulo inicia com uma breve revisão da CMC como discurso oral ou escrito. As seções seguintes resumem a literatura sobre a pesquisa em MI e introduzem o *corpus* de MI usado para a análise de segmentos, depois da qual são levantadas as implicações dos achados para as questões mais amplas sobre a MI como fala ou escrita, além daquelas relativas ao gênero biológico.

Fala, escrita e CMC

Há muitos trabalhos que analisam a relação entre fala e escrita (Baron, 2000; Biber, 1988; Chafe e Danielewicz, 1987; Chafe e Tannen, 1987; Crystal, 1995; Tannen, 1982a, 1982b). Tais pesquisas sugerem que as duas modalidades muitas vezes diferem em aspectos relativamente previsíveis. A linguagem escrita, por exemplo, é em geral estruturalmente mais complexa do que a fala, enquanto esta tem mais contrações e mais pronomes de primeira e segunda pessoa do que a escrita.

No entanto, as comparações esquemáticas entre fala e escrita não revelam muitas das características específicas de cada modalidade. Dada a tendência comum de descrever a MI como uma versão do discurso falado, embora em formato textual, vou focar aqui nas características da conversa falada de um para um, que ocorre tipicamente FaF.

CONVERSA FaF

Uma dessas características é a estruturação geral da conversa: Qual o comprimento e a velocidade do discurso? Qual o comprimento (em palavras ou tempo) dos turnos individuais?[4] Qual a composição lexical e gramatical de cada turno? Outras duas, que estão relacionadas, são a tomada de turno e as sobreposições (Sacks, Schegloff e Jefferson, 1974). Entre as questões relevantes aqui temos: Como os interlocutores tomam e mantêm o piso conversacional? O que constitui uma resposta preferível a uma enunciação? Quando se pode interromper o turno? Como acompanhar os vários tópicos de conversação que se sobrepõem? Também é uma característica a maneira como os interlocutores abrem e fecham as conversas (Sacks, Schegloff e Jefferson, 1974): Será que usam uma linguagem especial? Quantos turnos (e quanto tempo) são necessários para iniciar ou encerrar uma conversa?

Finalmente, há propriedade da divisão de turnos em unidades menores. Como Chafe (1980, 1994, 2001), Crystal (1975), Halliday (1967), Swerts e Geluykens (1994) e outros vêm observando, os participantes de qualquer discurso monológico ou dialógico costumam dividir suas falas em pequenos grupos tonais ou de respiração, separados por grupos tonais ascendentes ou descendentes ou por pausas. No âmbito de um único turno, um participante pode expressar uma sequência de trechos menores, tais como:

Segmento 1: I was wondering	Queria saber
Segmento 2: whether you're coming to dinner tonight	se você vem jantar hoje à noite
Segmento 3: or you need to work.	ou se precisa trabalhar

A divisão de turnos naquilo que Chafe chama de unidades de entonação é diretamente relevante ao presente estudo, já que os interlocutores em MIs tendem a encadear sequências de transmissões curtas de MI, enquanto mantêm o turno. Seriam essas sequências de transmissões de MI análogas às unidades de entonação da conversa FaF? Em caso afirmativo, a analogia dá suporte ao argumento de que a MI tende a ser uma forma de comunicação mais parecida com a fala?

Com o tempo, Chafe refinou a noção de unidade de entonação (ver Chafe, 1980: 14-5; Chafe e Danielewicz, 1987: 95; Chafe, 1994: 5). Entretanto, as características primárias da unidade de entonação permanecem as seguintes:

a) finaliza com um contorno de entonação no fim da oração (um tom ascendente ou descendente);
b) começa com pelo menos uma breve pausa;
c) começa com uma conjunção (normalmente "e"; alterna com "mas" e "assim"); e
d) sintaticamente, a unidade de entonação pode ser uma única oração, apesar de algumas orações se estenderem por várias unidades de entonação.

Um segmento de fala precisa somente ter uma dessas características para ser uma unidade de entonação. Entretanto, apenas a presença de uma pausa no fluxo da fala não é suficiente para sinalizar uma nova unidade de entonação. Por exemplo, ao codificar uma conversa entre acadêmicos, Chafe e Danielewicz (1987: 95) indicam que a estrutura da oração tem precedência sobre as pausas na determinação das unidades de entonação:

Unidade de entonação 1: [pausa] I just this year have [pausa] dropped down to teaching half time	[pausa] Só neste ano eu [pausa] diminuí minhas horas de aula pela metade
Unidade de entonação 2: [pausa] Which is what I've always wanted	que é o que eu sempre quis.

Os critérios de Chafe não estão em plena consonância com o modo pelo qual as transmissões de MIs funcionam. Na análise de uma MI, o mais próximo de uma pausa é a transmissão física da mensagem. Além disso, enquanto os excertos de fala de Chafe incluem tanto monólogos quanto diálogos, os dados de MI são majoritariamente dialógicos.

CMC COMO DISCURSO FALADO OU ESCRITO

A CMC se parece mais com a comunicação FAF ou com um tipo de linguagem escrita? Com base na literatura de então, que analisara, em sua maioria, dados de e-mails, *bulletin boards* e conferência via computador, Baron (1998) concluiu que, a partir do fim da década de 1990, a CMC era essencialmente uma modalidade mista. Em outras palavras, assemelhava-se à fala porque não era editada; usava pronomes de primeira e segunda pessoa, o tempo presente, contrações; seu nível de formalidade era baixo; e a linguagem da CMC podia ser rude ou mesmo obscena. Ao mesmo tempo, a CMC parecia-se com a escrita porque os interlocutores estavam fisicamente separados, e essa separação contribuía para a revelação de quem eles eram; a CMC ajudava a nivelar o campo conversacional entre interlocutores em diferentes pontos de uma hierarquia social. Além disso, a CMC parecia-se com a escrita porque o meio era durável e os interlocutores, via de regra, empregavam uma gama de escolhas lexicais e uma sintaxe complexa.

Crystal (2001) elaborou uma análise detalhada de tipos diferentes de CMC, incluindo páginas da internet, e-mail, chats e mundos virtuais (por exemplo, MUDs e MOOs), comparando cada um desses com sua investigação sobre linguagem falada e escrita. O autor cunhou o termo *Netspeak* para se referir às formas coletivas de linguagem usadas na CMC, concluindo que o Netspeak tem mais características da escrita do que da fala: "Entende-se melhor o *Netspeak* como uma linguagem escrita que foi de algum modo em direção à fala, do que uma linguagem falada que se tornou escrita." (Crystal, 2001: 47).

As conclusões de Baron e Crystal baseiam-se em achados de outros pesquisadores, e nenhum dos estudos anteriores havia abordado as MIs. O presente capítulo usa dados empíricos para estudá-las como uma forma específica de CMC.

MIs COMO CMC

As MIs surgiram na década de 1980, mas só ganharam popularidade com o advento do ICQ em 1996 e do America Online Instant Messenger (AIM) em 1997 (Baron, 2003; Herring, 2002). Nos Estados Unidos, o AIM era a plataforma preferida dos adolescentes e jovens adultos no início dos anos 2000, apesar de o MSN Messenger e Yahoo!Messenger também serem usados.

Quando analisamos as MIs, é necessário entender quem são os usuários. A popularidade das MIs no fim dos anos 1990 deve-se em grande parte a sua adoção por adolescentes e jovens universitários. Mais tarde, as MIs tornaram-se mais e mais comuns no trabalho (nos negócios ou na comunicação pessoal). Entretanto, não se deve presumir que as conversas em MI das adolescentes, por exemplo, sejam linguisticamente isomórficas às de gerentes de nível médio.

A maioria dos estudos sobre MIs (Boneva et al., 2006; Grinter e Palen, 2002; Isaacs et al., 2002; Lenhart, Rainie e Lewis, 2001; Nardi, Whittaker e Bradner, 2000; Schiano et al., 2002; Shiu e Lenhart, 2004) examinou as dimensões do meio (quem usa, com que frequência e para quê). Com algumas exceções, há poucos dados empíricos detalhados sobre as características das MIs. Hård af Segerstad (2002) estudou um sistema limitado de MI, conhecido como WebWho, que foi desenvolvido para um laboratório de computação de uma universidade na Suécia e cujo objetivo era indicar a presença de usuários logados no sistema. Ao analisar o *corpus*, Hård af Segerstad levantou a frequência lexical e o conteúdo das mensagens, mas não outras características linguísticas das conversas. A análise de Baron (2004) das conversas em MI entre universitários está descrita mais adiante neste capítulo[5].

Alguns outros estudos tocam na natureza linguística das MIs. Randall (2002) comenta o uso de emoticons, acrônimos e abreviações, e fala da pouca atenção dada à gramática nas conversas em MI. Jacobs (2003) nota que a adolescente americana observada por ela editava seus textos em MI antes de transmiti-los, uma prática entre adultos no ambiente de trabalho também relatada por Nardi, Whittaker e Bradner (2000).

Corpus de MIs da American University

Montei um *corpus* de MI entre jovens universitários nos Estados Unidos. Antes de introduzir o *corpus*, defino alguns dos termos usados.

Terminologia

Como não há uma terminologia linguística convencional para descrever dados de MIs, comecei identificando as unidades adequadas para análise. A mais importante dessas divisões é o que eu chamo de unidade de transmissão de MI[6]. Uma unidade de transmissão de MI constitui um segmento de texto que é escrito e enviado por um membro da díade conversacional. Linguisticamente, uma unidade de transmissão pode corresponder a um ou mais períodos (cada um composto por pelo menos uma oração independente) ou a um fragmento de frase. Cada um dos exemplos seguintes, retirados do *corpus*, constitui uma unidade de transmissão de MI:

Sentença completa	whatever the case, i suggest that you not worry about sitting on the couches	qualquer que seja o caso, sugiro que você não se preocupe em sentar nos sofás
Várias sentenças	and the prof left – he forgot something in his office	e o prof saiu – se esqueceu de alguma coisa no escritório
Fragmento de sentença	if the walls could talk	se as paredes falassem

As unidades de transmissão de MI são quase análogas à noção de unidade de entonação de Chafe (1980, 1994), já que ambas dividem enunciações maiores em segmentos menores. Entretanto, como veremos mais adiante, a comparação não é precisa. O quadro 2 delineia a terminologia adotada para a análise do *corpus* de MIs no presente estudo.[7]

Quadro 2: Terminologia para análise de MI

Unidade de transmissão: composição (digitação) e transmissão de MI
Ex.: Max: hey man (oi cara)

Enunciado: uma sentença em MI consistindo em, pelo menos, uma oração independente ou fragmento de oração
Ex.: Susan: somebody shoot me! (me matem por favor!)

Sequência: uma ou mais transmissões de MI enviadas em série pelo mesmo interlocutor
Ex.: Max: hey man (oi cara)
Max: whatssup (o que cê manda)

Segmentação de enunciado: quebrando um único enunciado de MI em duas ou mais transmissões
Ex.: Joan: that must be nice (deve ser bom)
Joan: to be in love (estar apaixonado)
Joan: in the spring (na primavera)

Par de enunciados segmentados: duas transmissões que são gramaticalmente parte do mesmo enunciado
Ex.: Joan: that must be nice (deve ser bom)
Joan: to be in love (estar apaixonado)

Ponto de segmentação (<QBR>): lugar onde acontece a segmentação entre dois membros de um par de enunciados segmentados
Ex.: Joan: that must be nice <QBR> (deve ser bom <QBR>)

Segmento de enunciado: uma transmissão dentro de uma sequência de transmissão de um par segmentado
Ex.: Joan: to be in love (estar apaixonado)

Fechamento: séries de transmissões (entre interlocutores) ao fim de uma conversa em MI, começando com um dos interlocutores iniciando o fechamento da conversa e acabando com o término da conecção da MI
Ex.: Sam: Hey, gotta go (hei, preciso ir)
(primeiro sinal que terminará a conversa)
...[outras transmissões conversacionais]
Sam: I´m outta here (vou sair daqui)

O corpus

O *corpus* de MI foi compilado em abril de 2003. Dele participaram 22 estudantes de graduação que frequentavam a faculdade ou haviam se formado no semestre anterior. Usando o AIM, esse grupo de alunos (ou de recém-formados) da American University em Washington-DC iniciou uma série de conversas por MI. Esses iniciadores de conversa (participantes do estudo) foram convidados a enviar MIs a seus pares listados em sua lista de amigos (*Buddy List*). No início de cada conversa, os iniciadores pediam a permissão de seus interlocutores para salvar a conversa. Formulários de consentimento formal foram distribuídos eletronicamente para todos (participantes do estudo e seus parceiros de conversa) ao fim da MI.

Ambos os interlocutores puderam retirar do *corpus* quaisquer palavras ou transmissões que quisessem (mas raramente o fizeram);[8] os nomes reais constantes da tela foram trocados. Uma vez preenchidos os formulários de consentimento, os estudantes transmitiam eletronicamente os arquivos de MI (e consentimentos) para um site do projeto. A discussão inicial nas MIs sobre o projeto de pesquisa foi eliminada dos dados, impossibilitando uma análise de aberturas de conversas.

O *corpus* consiste em 23 conversas distintas: nove conversas entre mulheres (FF) e nove entre homens (MM). As outras cinco conversas envolveram díades mistas, com participantes do sexo feminino e masculino (FM). Em uma série de conversas FF e FM, um único estudante conversou com várias pessoas de sua lista de amigos. Devido a desentendimentos entre os participantes do sexo masculino, a maioria das conversas MM envolveu os mesmos dois interlocutores. As 23 conversas têm 2.185 unidades de transmissão e 1.718 palavras. Algumas das análises discutidas foram realizadas em todo o *corpus*, enquanto outras se restringiram à comparação das nove conversas FF e MM (totalizando 1.861 unidades de transmissão).

UNIDADES DE ANÁLISE

Foram examinados três conjuntos de variáveis linguísticas: a organização discursiva (basicamente como as conversas foram construídas), as questões lexicais e as de gênero biológico. Começo pela organização discursiva, já que este é o foco do presente estudo. Ao fim do capítulo, resumo os achados anteriores em relação às questões lexicais e de gênero, objetivando criar um perfil mais nítido sobre a natureza linguística da MI. O quadro 3 delineia as questões de organização discursiva examinadas.

Quadro 3: Questões de organização discursiva

Transmissões	– comprimento médio das transmissões (em palavras) – % das transmissões de uma palavra (do total de transmissões) – transmissões por minuto – transmissão mais longa (em palavras)
Sequências	– média de transmissões por sequência – % de sequências com > 1 transmissão – sequência mais longa por transmissão – % de quebras nas falas
Comprimento das conversas	– conversas inteiras – fechamentos

Transmissões

A tabela 1 resume a estrutura de uso de transmissões individuais.

Tabela 1: Sumário das transmissões

Comprimento médio (em palavras)*	5,4
Percentual de transmissões com uma palavra (do total de transmissões)**	21,8%
Maior comprimento (em palavras)**	44,0
Transmissões por minuto*	4,0

* Calculado sobre o total dos dados (2.185 transmissões).
** Calculado somente sobre as conversas FF e MM (1.864 transmissões).

Os dados globais indicam que as transmissões médias de MI são relativamente curtas (5,4 palavras por transmissão). Chafe e Danielewicz (1987: 96) afirmam que as unidades de entonação na conversa têm, em média, 6,2 palavras, enquanto a "unidade de pontuação" para trabalhos acadêmicos escritos tem, em média, 9,3 palavras. Ou seja, a unidade de transmissão média está mais próxima do discurso FaF.

O comprimento médio das transmissões esconde algumas características importantes das MIs do *corpus*, incluindo a alta proporção de transmissões de uma só palavra (21,8% do *corpus* combinado de FF e MM). Da mesma forma, algumas transmissões são bastante longas, tendo a mais longa 44 palavras. As MIs da AIM têm um limite técnico de 1.024 caracteres por transmissão, dos quais cerca de 950 estão disponíveis para a mensagem (os caracteres restantes são utilizados para formatação). Se considerarmos que o comprimento médio de uma palavra tem seis caracteres e que cada palavra é seguida de um caractere adicional (um espaço ou sinal de pontuação), o limite de 950 caracteres permite cerca de 136 palavras por transmissão, o que excede em muito o comprimento das mensagens do *corpus*.

Usando o recurso de marcação de tempo da AIM, calculei quanto tempo durava cada conversa e o índice de transmissão. Em média, houve 4,0 transmissões por minuto. Dado que o comprimento médio de transmissão foi de 5,4 palavras, a média de palavras por minuto foi de 21,6.

Sequências e segmentação de enunciados

Defini sequência como uma ou mais transmissões consecutivas de MIs partindo do mesmo interlocutor. Se um remetente teve sua sequência de transmissões múltiplas interrompida por uma mensagem de seu interlocutor, mas ignorou a interrupção, considerei todas as transmissões consecutivas que tratam do mesmo tema parte de uma única sequência. A tabela 2 resume os resultados quanto à duração das sequências e frequência de segmentação dos enunciados.

O primeiro passo na análise foi grupar os dados em sequências. Foram achadas 1.292 sequências, a partir de um total de 2.185 transmissões. As sequências tinham entre uma a oito unidades de transmissão. A média de unidades de transmissão por sequência foi de 1,7. Das 1.292 sequências, 42% continham mais que uma unidade de transmissão.

Tabela 2: Sequências e segmentação de enunciados

Número total de sequências na base de dados	1.292
Sequência de MI mais longa por conversa (isto é, transmissões sequenciais do mesmo interlocutor)	18
Média de unidades de transmissão por sequência de MI	1,7
% de sequências de MI com > 1 unidade de transmissão	42%
% de transmissões para pares de segmentos de enunciados	16,2%

Quase um sexto das 2.185 transmissões (16,2%) consistiu em pares de segmentos de enunciado, isto é, transmissões que dividiam o enunciado em segmentos gramaticais. Examino a seguir a natureza desses segmentos.

Comprimento das conversas

A tabela 3 mostra os achados sobre as conversas, comprimento e duração das sequências de fechamento.

Tabela 3: Comprimento das conversas

CONVERSAS	
Média de transmissões por conversa Média de tempo por conversa	93,8 transmissões 23,7 minutos
FECHAMENTOS	
Número médio de transmissões Tempo médio para fechamento	7,0 transmissões 31,9 segundos

No conjunto, as conversas em MI são muito longas, tendo em média mais que 93 transmissões e durando quase 24 minutos. Individualmente, entretanto, essas conversas mostram uma enorme variação: vão de três ou quatro trocas de transmissões rápidas até discussões que se estendem por mais de duzentas transmissões e duram bem mais que uma hora. Além disso, apesar de o canal de comunicação poder permanecer aberto por um período extenso, os interlocutores não estão necessariamente interagindo uns com os outros durante esse tempo. Por exemplo, uma conversa FF (com 142 transmissões e 88 minutos) incluiu um intervalo de 15 minutos durante o qual nenhuma transmissão ocorreu.[9]

Como nas conversas FaF (Sacks, Schegloff e Jefferson, 1974), os interlocutores frequentemente demoram a terminar as MIs. Neste exemplo de fechamento de MI entre duas mulheres, a sequência durou 19 segundos:

Gale: hey I gotta run	oi tenho que correr
Sally: Okay	Ok
Sally: I'll ttyl?	falo com vc mais tarde?
Gale: gotta do errands	tenho coisas pra fazer
Gale: yep!!	é!!
Sally: Okay	Ok
Sally: ?	?
Gale: talk to you soon	falo com vc depois
Sally: Alrighty	tudo bem

Em média, as sequências de fechamento ocorreram em sete transmissões e duraram 32 segundos.

Análise da segmentação de fala

Em seguida, discuto como os usuários agrupam suas falas de MI em sequências de duas ou mais unidades de transmissão. Considero especificamente a composição sintática do segundo segmento dos pares de segmentos nos enunciados de MI, com o objetivo de compreender melhor o caráter falado ou escrito das MIs. Depois, comparo esses pares de segmentos à noção de unidade de entonação de Chafe e também investigo se o gênero biológico é uma variável relevante no uso de pares de segmentação em MI.

O caso mais simples de uma sequência de MI com múltiplos turnos é aquele que não envolve segmentação sintática. Na sequência a seguir, a enunciadora mantém o piso conversacional, mas as transmissões são sintaticamente distintas:

Jill: awww...;-(	awww...;-(
Jill: i'm sorry	desculpe-me
Jill: if it makes you feel any better, i'm being held captive by two of Julie's papers	se é algum consolo, estou refém de dois trabalhos da Julie

Contraste-se esse exemplo com as transmissões sequenciais de MI nas quais cada transmissão constitui um pedaço de um único enunciado:

Joan: that must be nice	deve ser bom
Joan: to be in love	estar apaixonado
Joan: in the spring	na primavera

PARES DE SEGMENTOS

Para estudar a natureza sintática dos pares de segmentos, analisou-se um subconjunto mais extenso do *corpus* maior, consistindo em todas as conversas entre os interlocutores femininos (FF) e masculinos (MM), isto é, eliminando-se as conversas mistas, entre os gêneros. As nove conversas FF continham 1.097 transmissões, com 272 sequências de transmissões múltiplas. Entre as nove conversas MM, havia 767 transmissões com 182 sequências de transmissões múltiplas. Os três parâmetros da análise foram:

a) tabulação da proporção das sequências de transmissões múltiplas contendo quebras nos enunciados;
b) tabulação do número total de transmissões contendo quebras nos enunciados; e
c) codificação e análise sintática dos pares de transmissão entre os segmentos em cujos trechos ocorrera um ponto de segmentação sintática.

A tabela 4 resume a proporção das sequências de transmissões múltiplas contendo uma ou mais quebras na enunciação.

Tabela 4: Sequências de transmissões múltiplas com quebras no enunciado

Número de sequências de transmissões múltiplas contendo uma ou mais quebras na enunciação	**Total de sequências de transmissões múltiplas no *corpus***	**% das sequências de transmissões múltiplas com quebras**
FF 61	272	22,4%
MM 71	182	39,0%
Total 132	454	29,1%

Das 454 sequências de transmissões múltiplas no *corpus* combinado de FF e MM, quase 30% continham quebras; por exemplo:

Transmissão 1:	he just played here in DC last weekend <QBR>	ele acabou de jogar aqui em DC no fim de semana passado <QBR>
Transmissão 2:	and by doing so he violated NCAA rules which gaurantees [sic] he is gonan [sic] go pro	e com isso ele violou as regras da NCAA que garantem [sic] que ele vai virar profissional
Transmissão 3:	it's really sorta cool	isto é mesmo tipo assim legal

Há uma quebra entre as transmissões 1 e 2, mas não entre as transmissões 2 e 3. As quebras foram mais comuns nas trocas MM (39%) do que nas trocas FF (22,4%). Em outras palavras, se contarmos todas as sequências que contêm pelo menos duas unidades de transmissão de MI, havia maior probabilidade significativa de as transmissões múltiplas masculinas conterem uma quebra sintática do que as femininas (x^2 (1) = 14,54, $p < 0,0001$).

O segundo passo na análise foi focar nos pares segmentados. A tabela 5 resume o total de pares de segmentos e sua relação com as transmissões de MI no *corpus* de FF com MM combinados.

Tabela 5: Total de transmissões em enunciados segmentados

	Total de pares segmentados	**Total de unidades de transmissão em pares segmentados***	**Total de unidades de transmissão no *corpus***	**% do total de unidades de transmissão em pares segmentados**
FF	84	145	1.097	13,2%
MM	105	176	767	22,9%
Total	189	321	1.864	17,2%

*Os números dessa coluna não são iguais ao dobro do total de pares segmentados, já que, às vezes, a mesma unidade de transmissão encontra-se em pares segmentados sequenciais.

O *corpus* FF e MM continha 189 pares de enunciados segmentados. Como cada par é composto por duas unidades de transmissão, poder-se-ia ter calculado o total de transmissões em pares segmentados como 189 vezes 2, ou seja, 378. Entretanto, a mesma unidade de transmissão servia a dois pares segmentados sequenciais; por exemplo, na sequência de turnos múltiplos:

Unidade de transmissão 1: that must be nice	que deve ser bom
Unidade de transmissão 2: to be in love	estar apaixonado
Unidade de transmissão 3: in the spring	na primavera

a segunda unidade de transmissão ("to be in love"/estar apaixonado) pertence a dois pares segmentados distintos:

Par 1 that must be nice	que deve ser bom
to be in love	estar apaixonado
Par 2 to be in love	estar apaixonado
in the spring	na primavera

No *corpus*, o total de unidades de transmissão em pares segmentados não foi 378, mas 321.

Consistente com os números da tabela 5, os homens tendem a ter mais transmissões em pares segmentados que as mulheres (22,9% do total de unidades de transmissão *versus* 13,2%). Isto é, se todas as unidades de transmissão em pares segmentados forem somadas e essa soma for comparada ao total de transmissões de MIs no *corpus*, os homens usaram significativamente mais unidades de transmissão com pares segmentados que as mulheres (x^2 (1) = 29,68, p < 0,00001).

A terceira parte da análise consistiu na codificação sintática do segundo componente de cada um dos 189 pares segmentados do *corpus*; por exemplo, no par segmentado:

to be in love	estar apaixonado
in the spring	na primavera

a segunda transmissão ("in the spring"/na primavera) funciona como um sintagma preposicional/advérbio, modificando o sintagma verbal da transmissão anterior.

Esquema de codificação dos pares segmentados

Desenvolvi um esquema de codificação gramatical para analisar os pares segmentados, conforme o quadro 4.[10] Com uma exceção, o esquema levou em consideração a função sintática do segundo componente do par. Quase todo o sistema de codificação seguiu as definições tradicionais (adjetivo, objeto direto, conjunção coordenada, conjunção subordinada). Para facilitar a referência, cada um dos pares foi numerado dentro do conjunto de dados FF e MM, respectivamente (FF33 denota o 33º par segmentado no *corpus* de FF). Os 189 conjuntos de segmentação foram codificados sem problemas.

Quadro 4: Esquema de codificação gramatical

Abreviações usadas			
Adj	= Adjetivo	Part	= Partícula verbal
Adv	= Advérbio	S	= Sentença
Ap	= Aposto	SN	= Sintagma nominal
Coord	= Conjunção coordenada	SP	= Sintagma preposicional
Frag	= Fragmento de oração independente	Subord	= Conjunção subordinada
OD	= Objeto direto	SUBST	= Substantivo
OI	= Oração independente	SV	= Sintagma verbal
ORel	= Oração relativa	<QBR>	= Quebra entre a primeira e a segunda transmissão no par segmentado (usada quando a análise da codificação sintática é esclarecida através de referência à estrutura do primeiro elemento do par segmentado)

Tipo gramatical	**Subtipo**		**Exemplo**
conjunções e sentenças ou frases introduzidas por conjunção	Coord + S	FF33	and she never talks about him *e ela nunca fala sobre ele*
	Subord + S	FF22	if I paid my own airfare *se eu pagasse minha própria passagem*
	Coord + SN	MM8	or cicleville *ou cicleville*
	Coord + SV	MM41	and had to pay back the bank *e tivesse que pagar ao banco*
	Coord + Adj	MM48	or more *ou mais*
	Coord + Adv	MM20	but all the time *mas o tempo todo*
	Coord	FF6	So *Portanto*
	Subord <QBR> Adj	FF53	though <QBR> more Japanese than anything else *embora <QBR> mais japonês do que outra coisa*

Orações independentes	OI Frag	MM27 FF2	that's all I'm saying *isso é tudo que estou dizendo* monitor democratic process *monitorar o processo democrático*
Adjetivos e sintagmas adjetivos	Adj SP ORel	FF38 FF47 MM26	completely harmless *completamente seguro* on Japanese rearmament *sobre o rearmamento japonês* that Laura even has on her profile *que Laura até tem no perfil dela*
Advérbios e sintagmas adverbiais	V + SN <QBR> SP	FF25	what are you bringing to the party <QBR> on saturday? *Que você vai trazer para a festa* <QBR> *no sábado?*
	V + Adv <QBR> SP	FF20	Kathleen is back in town <QBR> for a month or so *Kathleen voltou para a cidade* <QBR> *para ficar por mais ou menos um mês*
	V + SN <QBR> Adv	MM44	But I don't get their mail <QBR> not here *Mas não recebo as cartas deles* <QBR> *não aqui*
	V <QBR> Adv	FF44	I can't read <QBR> clearly *Não consigo ler* <QBR> *claramente*
Sintagmas nominais	SN <QBR> Ap	FF70	That's who you remind me of <QBR> like garfield *Você me lembra ele* <QBR> *garfield*
	V <QBR> OD	MM18	[expletive] <QBR> you *[expletivo]* <QBR> *você*
	Adj <QBR> SUBST	MM73	"THE FAN" <QBR> radio station *a estação de rádio* <QBR> *THE FAN*
Sintagmas verbais*	V <QBR> Ap	MM54	I have to at least try <QBR> at least see if they can stop charging me everyday *Tenho que tentar pelo menos <QBR> pelo menos para ver se podem parar de me cobrar todos os dias*
	SV <QBR> Part	FF36	At least not what I know <QBR> of *Pelo menos não o que eu sei <QBR> de*
	SN <QBR> SV	MM66	And then Pat McGee Band <QBR> perform like *E aí a banda Pat McGee <QBR> toca como*

* A categoria "sintagma verbal" refere-se a unidades de segunda transmissão em pares segmentados que começam com um elemento verbal propriamente dito (isto é, um aposto verbal, uma partícula verbal ou um verbo principal), e não com outros elementos que possam ocorrer em um sintagma verbal (isto é, advérbios, sintagmas preposicionais, objetos diretos).

Conjunções. As gramáticas tradicionais identificam os itens "e", "mas", "ou", "nem", "então", "embora" como conjunções coordenadas. Entretanto, itens como "entretanto", "portanto", "aí", "então", "também", que modificam orações, desempenham um papel semelhante, ao ligar duas orações independentes, a saber:

MM2 they put and [sic] sport, a food, and a numbers [sic] in a big hat <QBR> then pick one of each	colocam e [sic] esporte, uma comida, e um números [sic] num chapéu grande <QBR> e aí tiram um de cada

Na codificação, a segunda transmissão do par segmentado de MM2 foi classificada como Coord + S.

O sistema de codificação de dados geralmente levou em consideração a sintaxe da segunda transmissão de cada par segmentado, com exceção do par FF53:

FF53 year, only ¼ though <QBR>	Ano, mas só ¼
More Japanese than anything	Mais japonês que outra coisa

FF53 foi codificada como Subord [= Conjunção Subordinada] <QBR> Adj e foi listada sob a categoria conjunção, ainda que ocorresse na primeira transmissão. Esse é o único par segmentado (entre os 189) no qual a primeira transmissão do par termina em conjunção.

Orações independentes. Dois tipos de construções foram codificados como orações independentes. A construção com orações independentes após o ponto de segmentação foi a mais comum. Nela, a primeira transmissão no par segmentado continha um advérbio ou uma oração introduzida por subordinação como "se" ou "já que".

FF26 but if you are only coming for a little bit <QBR>	mas se está vindo só por pouco <QBR>
don't feel pressures	não se sinta pressionado

O segundo tipo foi uma oração independente após um ponto de segmentação, no qual a primeira transmissão do par era também uma oração independente, mas a segunda transmissão estava claramente ligada à primeira.

Transmissão 1: come on <QBR>	Vamos <QBR>
Transmissão 2: give me a freaking break	Me dá um tempo

Apostos. Gramáticas tradicionais definem aposto como um substantivo, sintagma nominal ou oração substantiva que se refere à mesma entidade que um substantivo, sintagma nominal ou oração substantiva anterior a ele, como por exemplo:

My best friend, the town mayor, gave me a tour of City Hall
Meu melhor amigo, o prefeito da cidade, me mostrou a prefeitura

O aposto "the town mayor" refere-se à mesma entidade que "my best friend". O *corpus* de MIs continha vários exemplos de apostos nominais semelhantes, como em:

FF42 well, not a real job <QBR> more like an internship
Bem, não é um emprego <QBR> mas um estágio

Esses pares foram codificados como SN <QBR> Ap. No entanto, houve também um exemplo de SV / aposto, no qual a segunda transmissão de um segundo par era um SV referindo-se à mesma ação que o SV da primeira transmissão.

MM54 I have to at least try <QBR> at least see if they can stop charging me everyday
Tenho que pelo menos tentar <QBR> pelo menos ver se podem parar de me cobrar todos os dias

Análise gramatical de pontos de segmentação

Cada um dos 189 conjuntos de pares segmentados foi codificado, os totais tabulados para cada subtipo e resumidos para cada categoria gramatical, conforme a tabela 6.

Tabela 6: Tabulação de subtipos de pares segmentados

Tipo	Subtipo	FF (n = 84)	MM (n = 105)	Total (n = 189)
Conjunções e sentenças ou sintagmas introduzidos por conjunção	Coord + S	25	45	70
	Subord + S	6	13	19
	Coord + SN	3	5	8
	Coord + SV	3	4	7
	Coord + Adj	1	1	2
	Coord + Adv	0	4	4
	Coord	1	0	1
	Subord <QBR> Adj	1	0	1
	Total	40 (47,6%)	72 (68,6%)	112 (59,3%)
Orações independentes	OI	9	10	19
	OI Frag	10	0	10
	Total	19 (22,6%)	10 (9,5%)	29 (15,3%)
Adjetivos e sintagmas adjetivos	Adj	3	2	5
	SA	1	1	2
	Or Rel	2	6	8
	Total	6 (7,1%)	9 (8,6%)	15 (7,9%)

→

Advérbios e sintagmas adverbiais	V + SN <QBR> SP	8	4	12
	V + Adv <QBR> SP	1	0	1
	V + SN <QBR> Adv	0	2	2
	V <QBR> Adv	1	0	1
	Total	10 (11,9%)	6 (5,7%)	16 (8,5%)

Sintagmas nominais	SN <QBR> Ap	7	2	9
	V <QBR> DO	1	3	4
	Adj <QBR> Subst	0	1	1
	Total	8 (9,5%)	6 (5,7%)	14 (7,4%)

Sintagmas verbais	V <QBR> OD	0	1	1
	V <QBR> OD	1	0	1
	SN <QBR> SV	0	1	1
	Total	1 (1,2%)	2 (1,9%)	3 (1,6%)

Conjunções e orações independentes. O resultado mais surpreendente da codificação é a predominância de conjunções como base para a segmentação. Dos 189 pares, 112 (59,3%) iniciam o segundo elemento com uma conjunção. Entre os 112, 89 (79,5%) utilizam uma conjunção coordenada ou subordinada para introduzir uma frase (por exemplo, Coord + S: "and she never talks about him"/"e ela nunca fala sobre ele" ou Subord + S: "if I paid my own airfare"/"se eu pagasse minha própria passagem aérea"). Outros tipos de pares com conjunções (por exemplo, Coord + SN ou Coord + SV) foram menos frequentes (23 em 112, ou seja, 20,5%).

O reagrupamento dos dados tomando por base a natureza da conjunção inicial (ou coordenada, como "e", "mas"; ou subordinada, como "*porque*", "*mesmo que*") revela uma forte assimetria na distribuição, conforme a tabela 7.

Tabela 7: Pares segmentados iniciados por coordenadas ou subordinadas

Tipo de conjunção	FF	MM	Total
Coordenada	33 (82,5%)	59 (81,9%)	92 (82,1%)
Subordinada	7 (17,5%)	13 (18,1%)	20 (17,9%)
Total	40	72	112

Das transmissões cujo segundo elemento começava por conjunção, enquanto apenas 17,9% começavam por uma subordinada, 82,1% iniciavam por coordenada. Uma comparação entre as 92 transmissões começando por coordenação e o *corpus* de 189 pares segmentados revela que 48,7% de todos os pares começam por coordenação.

A segunda categoria mais prevalente no início da segunda transmissão de um par segmentado foram as orações independentes. Dos 89 pares, 15,3% consistiam em orações independentes. Gramaticalmente, as orações independentes também são sentenças (ou fragmentos de sentenças). Somando-se os pares codificados como Coord + S ou Subord + S (isto é, a totalidade das conjunções) aos pares codificados como OI ou Frag (isto é, a categoria combinada de orações independentes), o total (89 + 29 = 118) constitui 62,4% dos 189 pares no *corpus*. Unidades sentenciais (precedidas ou não por conjunção) constituem um padrão significativo na construção de conversas por MI.

Em suma, a categoria mais frequente para o segundo elemento dos pares segmentados foram as conjunções e orações independentes. Se todos os dados provenientes das conjunções (N = 112) forem combinados com os dados das orações independentes (N = 29), essas duas categorias dão conta de quase três quartos (74,6%) dos 189 pares segmentados no *corpus*.

Adjetivos, advérbios, substantivos, sintagmas verbais. As categorias restantes se dividem em dois grupos. No primeiro (adjetivos, advérbios e sintagmas nominais), cada subcategoria representa menos de um décimo dos dados (adjetivos: 7,9%; advérbios: 8,5%; sintagmas nominais: 7,4%). Estes últimos representam 23,8% dos 189 pares analisados. Se somarmos os 23,8% de adjetivos, advérbios e sintagmas nominais aos 74,6% de conjunções ou orações independentes, contabilizamos 98,4% de segmentação.

O segundo agrupamento (contendo somente sintagmas verbais ou elementos pertencentes a ele) consistia em somente três exemplos, ou seja, 1,6% dos 189 pares.

V <QBR> Ap	I have to at least try <QBR> at least see if they can stop charging me everyday	Eu tenho de tentar pelo menos <QBR> pelo menos ver se eles podem parar de me cobrar todos os dias
VP <QBR> Part	at least not what I know <QBR> of	pelo menos não o que eu sei <QBR> OD
SN <QBR> SV	and then Pat McGee Band <QBR> perform like 7	e aí a Pat McGee Band <QBR> tocam cerca de 7

No último exemplo, o segundo elemento do par é um sintagma verbal ("*perform like 7*"/tocam cerca de sete músicas). Intuitivamente, uma segmentação entre os dois principais constituintes de uma sentença (ou seja, SN e SV) parece ser um lugar natural para se segmentar conversas em MI. Entretanto, apenas uma segmentação desse tipo ocorreu no *corpus*, levando-nos à suposição de que não é natural segmentar enunciados em SNs e SVs em MIs.

Os adjetivos, advérbios, sintagmas nominais e verbais podem também ser analisados em relação a sua função mais geral. Entre os 48 casos de Adj, Adv, SN e SV, 41 são modificadores; por exemplo:

> Adj: modifica substantivo FF38 a really decent dude <QBR> completely harmless
> Adv: modifica verbo FF44 i can't read <QBR> clearly
> SN: aposto de substantivo FF70 thats who you remind me of <QBR> like garfield
> SV: aposto de verbo MM54 I have to at least try <QBR> at least see if they can stop charging me everyday

Combinando esses 41 modificadores com as 112 conjunções e 29 orações independentes, temos 96,3% (182) do total de pares segmentados do *corpus*.

Variação de gênero

Portanto, os dados da organização discursiva (tabelas 4 e 5) indicam que os homens usam segmentação em seus enunciados significativamente mais do que as mulheres. Os dados sobre conjunções e orações independentes (tabela 6) também revelam diferenças significativas entre os sexos. É mais provável que os homens (68,6% contra 47,6%) comecem sua segunda transmissão com uma conjunção ($x2\ (1) = 8{,}49$, $p < 0{,}004$). No entanto, é mais provável que as mulheres (22,6% contra 9,5%) encadeiem frases relacionadas ($x2\ (1) = 6{,}16$, $p < 0{,}014$). As conversas no *corpus* FF mostram números quase iguais de orações independentes completas (por exemplo, "*that's all I'm saying*"/isto é tudo que estou dizendo) e de fragmentos de oração independente (por exemplo, "*monitor democratic process*"/monitorar o processo democrático). O *corpus* MM só continha exemplos de orações independentes completas.

MIs como um meio falado ou escrito

Os dados são evidência empírica interessante a respeito da natureza falada ou escrita de MIs. Com relação às questões de organização discursiva, a MI é caracterizada por turnos relativamente curtos, uso comum de enunciados com uma só palavra e fechamentos prolongados da conversação. Além disso, os interlocutores, muitas vezes, mantêm o piso conversacional através da transmissão de sequências de mensagens curtas. Quando essas sequências de transmissão são segmentadas, o segundo membro do par começa frequentemente por coordenação, sugerindo um estilo mais falado do que escrito.

Geralmente, as formas contraídas são mais comuns na língua falada, e as não contraídas mais comuns na escrita (Baron, 2004). Nos dados de MI, dos 763 casos em que uma forma contraída ou não contraída poderia aparecer, as contrações foram utilizadas 65,3% das vezes. No entanto, dada a caracterização popular das MIs como um meio informal cheio de atalhos na digitação, minha hipótese era de que as contrações seriam ainda mais frequentes. Baron, nesse mesmo estudo, também calculou o uso de abreviações, acrônimos e emoticons no *corpus* de MI. Os dois primeiros são recursos típicos da escrita; os emoticons encontrados em CMC podem ser vistos como recursos que preenchem alguma função prosódica ou sintética associada à fala (ver Crystal neste volume).

As abreviações, os acrônimos e os emoticons apareceram raramente no presente *corpus* de MIs. De 11.718 palavras, apenas 31 são abreviações específicas de CMC (por exemplo, *cya = see you*); 90 são acrônimos específicos (por exemplo, lol = rindo alto); e apenas 49 são emoticons. Em suma, as MIs mais se assemelham à conversa FaF do que à linguagem escrita. A tabela 8 resume esses achados.

Tabela 8: MI como fala ou escrita

	Semelhante à conversa FaF	**Semelhante à escrita**
Organização geral do discurso		
• Comprimento médio do turno	Sim	Não
• Enunciados de uma palavra	Sim	Não
• Fechamentos da conversa	Sim	Não
Quebras no enunciado (QE)		
Frequência de agrupamentos de enunciados em transmissões sequenciais múltiplas	Sim	Não
Segundo elemento do par QE começa – com conjunção	Sim	Não
– com conjunção coordenada	Sim	Não
– com oração independente	Não	Sim
Aspectos lexicais		
• Uso de contrações	Razoável*	Razoável*
• Uso de abreviações/acrônimos	Não**	Razoável**
• Emoticons	Sim	Não

* Ainda que poucas, algumas contrações apareceram no *corpus*.
** Embora menos que o esperado, algumas abreviações de CMC e acrônimos apareceram no *corpus*.

Segmentos e unidades de entonação

Ao procurar por um modelo de fala semelhante à segmentação dos turnos nas MIs, lancei mão do modelo de análise de Chafe, ainda que as duas situações não fossem totalmente comparáveis. Em Chafe, o critério da oração é mais importante que o critério da pausa. O autor considera o segmento "*I just this year have* [pausa] *dropped down to teaching half time*" (Só neste ano eu [pausa] diminuí minhas horas de aula pela metade) como uma unidade de entonação única, apesar da pausa. Além disso, muitos dos dados de Chafe vêm de monólogos, e não de interações. No caso das MIs em tela, o único critério de identificação de uma unidade de transmissão foi o envio de um segmento de escrita a um interlocutor. Além disso, como já dissemos, a maioria das MIs é dialógica.

Tanto as unidades de transmissão quanto de entonação tendem a ser relativamente curtas (MI: 5,4 palavras; unidades de entonação: cerca de 6 palavras) (Chafe, 1980: 14). Em ambos os casos, as conjunções coordenadas iniciam uma nova transmissão ou a unidade de entonação. Além disso, também em ambos os casos, as unidades novas são por vezes constituídas por orações independentes.

Ao mesmo tempo, a comparação dos dados de MI com unidades de entonação revela vários pontos que podem ser falha na analogia ou insuficiência de dados. Vimos que as quebras sintáticas entre adjetivos e substantivos, ou entre sintagmas nominais e verbais são raras no *corpus* de MIs (apenas um caso de cada). Chafe, no entanto, relata várias instâncias em que uma pausa ocorre entre um adjetivo e um substantivo, ou entre um sintagma nominal e outro verbal, por exemplo:

adjetivo[11]	("the"/o) – substantivo ("road"/estrada): and spilled the pears all over the [pause] road/(Chafe, 1980: 20) e espalhou as peras na [pausa] estrada inteira
sintagma nominal sintagma verbal	("the picker"/o apanhador) ("was picking the pears"/estava colhendo as peras): where the picker,/onde o apanhador, was picking the pears/estava colhendo as peras (Chafe, 1980: 46)

Em alguns casos (como em "where the picker, was picking the pears"), Chafe codifica os enunciados como duas unidades de entonação distintas, talvez por causa da entonação descendente (indicada por vírgula) depois de "picker". Em outros casos (como "and spilled the pears all over the [pausa] road"), Chafe considera a sequência como uma única unidade de entonação, talvez porque contenha uma única oração. No *corpus* de Chafe, a segmentação ocorre nas posições sintáticas, nas quais raramente há segmentações nas unidades de transmissão.

Ao fazer uma analogia entre as pausas da análise de Chafe e as transmissões no *corpus* de MI, não levei em conta as elipses, os travessões e hífens que aparecem dentro de cada unidade de transmissão de MI, como em:

> haha, ok – you're right… i just wanted to be in bed like 5 hours ago
> haha, ok – tem razão... eu só queria ter ido para cama há 5 horas

Esses travessões e elipses ligam orações independentes e não indicam quebras dentro de estruturas sintáticas. A análise da pontuação no *corpus* de MI sugere que a maioria desses sinais de pausa funciona como no exemplo anterior.

Ao discutir as quebras no enunciado de MI que foram codificadas como adjetivos, advérbios, sintagmas nominais ou verbais, observei que a maioria dessas estruturas consistia em modificadores, como:

Transmissão 1: he is actually a really decent dude [sintagma nominal]	na realidade ele é um cara legal
Transmissão 2: completely harmless [adjetivo modificando o substantivo *dude*]	completamente sem perigo

Seria esclarecedor ter dados *corpora* comparáveis de fala para determinar quando tais modificadores aparecem como unidades de entonação distintas após os substantivos ou verbos que elas modificam.

Por fim, ao comparar os dados de MI com a fala, deve-se lembrar que, embora ambas as formas sejam chamadas de conversas, o ritmo temporal da MI e das conversas FAF pode diferir significativamente. No discurso falado, os interlocutores estão continuamente na presença física um do outro, com as convenções de polidez obrigando-os a atentar às declarações uns dos outros e respondê-las, conforme o caso, em tempo hábil. As conversas de MI de universitários são frequentemente atividades de fundo, que acontecem enquanto os interlocutores estão imersos em outras atividades (ver, por exemplo, De Siqueira e Herring 2009). A pesquisa sobre as atividades conectadas e desconectadas desenvolvidas pelos universitários americanos enquanto se comunicam via MI (Baron, 2008) sugere que os interlocutores contribuem para as conversas de MI de acordo com suas conveniências, enquanto desempenham múltiplas tarefas, usando ou não o computador (usam a web, processam textos, falam com outros FAF, veem televisão, ou conduzem múltiplas MIs simultaneamente). Uma análise dos intervalos (em minutos e segundos) entre as unidades de transmissão no *corpus* indica que enquanto a maioria das novas transmissões (66,9%) mantém um intervalo de 10 segundos da transmissão anterior, 24,5% das novas transmissões acontecem depois de 11 até 30 segundos, e 8,2% acontecem depois de 31 segundos a 5 minutos.

Embora a maioria dos *corpora* de discurso falado registre interlocutores focados na conversa daquele momento, na realidade as conversas são muitas vezes caracterizadas por participantes que se distraem, que inserem outras conversas dentro ou fora de suas conversas, ou silenciam durante algum tempo. Assim, enquanto a conversa FAF e as conversas por MI são ambas, em princípio, formas síncronas de comunicação, é necessária uma comparação detalhada para mostrar o que mais acontece enquanto universitários enviam MIs uns aos outros (ou falam FAF). Só então poderemos determinar até que ponto os meios de comunicação são comparáveis e em que grau um ou ambos são síncronos ou assíncronos.

O significado do gênero biológico

Os dados sugerem algumas distinções na forma como os universitários constroem conversas por MI. Comparados às mulheres, os homens são significativamente mais propensos a usar transmissões de MI com múltiplos turnos e a iniciar o segundo elemento de um par segmentado por conjunção. Comparadas aos homens, as mulheres são significativamente mais propensas a iniciar o segundo elemento de um par segmentado por oração independente. As análises anteriores do *corpus* de MI (Baron, 2004) revelaram outras diferenças de gênero na organização discursiva. As mulheres trocaram significativamente mais transmissões de MI para fecharem a conversa e levaram muito mais tempo para fazer isso do que os homens (pelo número de transmissões de MI, $t(14) = 2{,}37$, $p < 0{,}05$; pela quantidade de tempo, em segundos, para fechar uma conversa, $t(14) = 2{,}56$, $p < 0{,}05$.

Além disso, Baron (2004) relatou diferenças significativas de gênero quanto ao uso de contrações e emoticons. Os homens usaram contrações em 77,1% dos casos em que havia escolha entre uma forma contraída e não contraída, ao passo que as mulheres só utilizaram formas contraídas 57% do tempo ($x2(1) = 32{,}8$, $p < 0{,}0001$). Quanto a emoticons, 12 das 16 universitárias os empregaram, enquanto apenas um em cada seis interlocutores do sexo masculino o fizeram ($x2(1) = 6{,}14$, $p < 0{,}015$). Da mesma forma, em seus estudos de bate-papo (que, como a MI, é um meio síncrono), Herring (2003) descobriu que as mulheres usaram três vezes mais representações de sorrisos ou risadas que os homens.

Existem diferenças de gênero entre a natureza falada ou escrita das MIs? Afirmei que as conversas por MI dos universitários assemelham-se mais às conversas FAF do que à escrita. Entretanto, essa conclusão geral mascara importantes distinções de gênero, conforme o quadro 5:

Quadro 5: O papel do gênero nas MIs

	Semelhante à conversa FaF		Semelhante à escrita	
	homens	**mulheres**	**homens**	**mulheres**
Organização geral do Discurso Fechamentos da conversa		Mais longos	Mais curtos	
Quebras no enunciado (QE) Frequência de agrupamento de enunciados em transmissões sequenciais múltiplas	Mais frequente			Menos frequente
Segundo elemento do par QE começa com conjunção	Mais frequente			Menos frequente
Segundo elemento do par QE começa com oração independente	Menos frequente			Mais frequente
Aspectos lexicais Uso de contrações	Mais frequente			Menos frequente
Uso de emoticons		Mais frequente*	Menos frequente*	

* Entretanto, semelhantemente às abreviações e acrônimos, foram raros os emoticons no *corpus*, sendo a maioria smileys.

As conversas masculinas via MI têm muito em comum com as descrições prototípicas da conversa FaF. Por outro lado, as conversas femininas por MI se aproximam mais dos padrões da escrita. As únicas duas exceções a essa generalização são os fechamentos de conversa e o uso de emoticons – ambos mais acentuados entre as mulheres do que entre os homens, e ambos mais análogos à fala do que à comunicação escrita.

Desdobramentos

Outros estudos deverão analisar mais dados, mais abrangentes e com amostras maiores e mais equilibradas de universitários, de jovens conversando via MI (por exemplo, do ensino médio) e de adultos usando MIs no local de trabalho ou para se comunicar com a família e amigos. Há evidências informais de que as conversas de adolescentes são mais estilizadas (eles usam mais abreviações, acrônimos e emoticons; têm ortografia pior; usam unidades menores de transmissão do que os universitários) e de que, quanto mais velhos os internautas, mais as MIs aproximam-se de mensagens formais. Também cabe investigar se as características linguísticas das MIs diferem entre usuários nos Estados Unidos e no resto do mundo. Já que muitas pessoas na Europa e na Ásia usavam mensagens de texto antes de começarem a usar as MIs (o inverso aconteceu nos EUA), resta saber se os padrões americanos de MI estarão refletidos em culturas em que as mensagens de celular já estejam profundamente enraizadas.[12]

Em segundo lugar, é necessário fazer análises linguísticas de *corpora* de MI mais profundas e abrangentes. Entre as características estruturais que ainda precisam ser analisadas encontram-se os parâmetros gramaticais (por exemplo, interrogativas *versus* declarativas, complexidade gramatical) e a mecânica sentencial (incluindo pontuação, erros de ortografia e autocorreções). Com relação às questões discursivas, há necessidade de análises de conteúdo e de estudos sobre como os interlocutores mantêm o controle de vários tópicos da conversação (ver Herring, 1999).

Em terceiro lugar, seria importante comparar conversas em MI à fala informal e à escrita informal gerada pelo mesmo grupo demográfico. Para tal, no momento, estou analisando amostras de discurso informal e da escrita de universitários americanos. O próximo passo será coletar um novo *corpus* de MIs de universitários cujos tópicos discursivos sejam os mesmos de seu discurso informal e de suas redações, reduzindo assim o número de variáveis que, atualmente, tornam problemática a comparação entre a fala, a escrita e as MIs.

Em quarto lugar, embora este capítulo tenha relatado diferenças sugestivas na forma pela qual universitários de ambos os sexos constroem conversas via MIs e tenha concluído que as MIs dos homens se assemelham mais à fala, enquanto as das mulheres são mais parecidas com o discurso escrito, não foram exploradas as razões ou as implicações por trás dessas diferenças. Seriam os homens, por exemplo, mais abruptos ou incoerentes do que as mulheres nas conversas informais FAF e, em caso afirmativo, por quê? Será que as mulheres percebem-se fazendo maior esforço para construir suas conversas em MI do que os homens – e, novamente, em caso afirmativo, por quê? Seria a orientação sexual ou o tipo de personalidade, e não apenas o gênero biológico, uma variável relevante?

Finalmente, há a necessidade de se compararem os achados empíricos sobre a natureza linguística da MI com o crescente número de pesquisas sobre outras formas de CMC, tanto no que diz respeito a determinadas propriedades linguísticas (ver, por exemplo, Herring, 1999, 2001; Rintel, Mulholland e Pittam, 2001; Werry, 1996) como às diferenças de gênero (ver Boneva e Kraut, 2002; Herring, 2003; Ling, 2005). Só então poderemos começar a caracterizar as propriedades linguísticas da CMC em geral e da MI em particular.

(Texto originariamente publicado em inglês com o título "Discourse Structures in Instant Messaging: The Case of Utterance Breaks", em S. C. Herring (org.), Language@Internet, *n. 7, artigo 4, 2010. Número especial sobre Computer-Mediated Conversation.)*

Notas

1 Em Baron (2004) e Baron e Ling (2003), chamei a CMC de muitos para muitos de CMC do tipo "um para muitos", refletindo o fato de que a mensagem formulada por um único interlocutor ("um") é transmitida simultaneamente para múltiplos destinatários ("muitos").

2 Um exemplo estabelecido de e-mail essencialmente sincrônico é o sistema Blitzmail do Dartmouth College. Ver Hafner (2003).

3 Este capítulo não aborda a tecnologia de reconhecimento de voz ou os protocolos de VoIP.

4 Na Análise da Conversa, um "turno" é definido como a linguagem usada pelo falante enquanto ele/ela mantém a vez de falar antes de cedê-la ou ser interrompido por outro interlocutor.

5 Tagliamonte e Denis (2008) analisaram as características de um *corpus* de MI de adolescentes canadenses.

6 Em Baron (2004), a palavra "turno" foi usada para descrever o que chamo aqui de "unidade de transmissão". A terminologia empregada aqui reflete o fato de que, na maioria das discussões sobre análise de discurso, a palavra "turno" refere-se a tudo aquilo que o interlocutor diz enquanto não cede a vez de falar. Nas MIs, o equivalente aos turnos da fala podem se estender por múltiplas transmissões de MI.

7 Neste capítulo, os nomes dos participantes foram omitidos ou modificados para preservar o anonimato.

8 Já que essas alterações foram marcadas com "xxx", foi possível visualizar por meio do processo de editoração se poucas ou muitas unidades de transmissão haviam sido removidas.

9 Baron (2008) relata os resultados das atividades extras em que os universitários tomam parte on-line e off-line, enquanto estão fazendo MI.

10 Os exemplos mantêm sua pontuação e grafia originais. Entretanto, algumas transmissões foram encurtadas quando as palavras ou sintagmas omitidos não eram relevantes para a estrutura que estava sendo ilustrada.

11 Tecnicamente, *the* é um determinante e não um adjetivo. Entretanto, estruturalmente, tanto determinantes quanto adjetivos modificam o escopo do substantivo a que precedem.

12 Para um estudo comparativo das características linguísticas das conversas em MI e mensagens de texto via celular, ver Ling e Baron (2007).

Referências

BARON, N. S. Letters by Phone or Speech by Other Means: the Linguistics of E-mail. *Language and Communication*, 18, 1998, pp. 133-70.

______. *Alphabet to Email:* how Written English Evolved and Where it's Heading. London and New York: Routledge, 2000.

______. Language of the Internet. In: FARGHALI, A. (ed.). *The Stanford Handbook for Language Engineers*. Stanford, CA: CSLI Publications, 2003, pp. 59-127.

______. See You Online: Gender Issues in College Student Use of Instant Messaging. *Journal of Language and Social Psychology*, 23, 2004, pp. 397-423.

______. Instant Messaging by American College Students: a Case Study in Computer-Mediated Communication. In: *Conference Paper Presented at the American Association for the Advancement of Science*. Washington, DC, 17-21 Feb. 2005. Disponível em: <http://www.american.edu/tesol/baronhome.htm>. Acesso em: 12 set. 2009.

______. Adjusting the Volume: Technology and Multitasking in Discourse Control. In: KATZ, J. (ed.). *Handbook of mobile communication studies*. Cambridge, MA: MIT Press, 2008, pp. 177-93.

______; LING, R. IM and SMS: A Linguistic Comparison. In: *Paper presented at the Fourth International Conference of the Association of Internet Researchers*. Toronto, 16-19 Oct. 2003. Disponível em: <http://jls.sagepub.com/cgi/reprint/23/4/397.pdf>. Acesso em: 23 jul. 2012.

BIBER, D. *Variation Across Speech and Writing*. Cambridge: Cambridge University Press, 1988.

BONEVA, B.; KRAUT, R. Email, Gender and Personal Relations. In: WELLMAN, B.; HAYTHORNTHWAITE, C. (eds.). *The Internet in Everyday Life*. Oxford: Blackwell, 2002, pp. 372-403.

______ et al. Teenage Communication in the Instant Messaging Era. In: KRAUT, R.; BRYNIN, M.; KIESLER, S. (eds.). *Computers, phones, and the Internet*. Oxford: Oxford University Press, 2006, pp. 201-18.

CHAFE, W. The deployment of consciousness in the production of a narrative. In: ______. (ed.). *The pear stories:* Cognitive, cultural, and linguistic aspects of narrative production. Norwood, NJ: Ablex, 1980, pp. 9-50.

______. *Discourse, Consciousness, and Time:* the Flow and Displacement of Conscious Experience in Speaking and Writing. Chicago: University of Chicago Press, 1994.

Chafe, W. The Analysis of Discourse Flow. In: Schriffrin, D.; Tannen, D.; Hamilton, H. E. (eds.). *The Handbook of Discourse Analysis*. Malden, MA: Blackwell, 2001, pp. 673-88.

______; Danielewicz, J. Properties of Spoken and Written Language. In: Horowitz, R.; Samuels, S. J. (eds.). *Comprehending Oral and Written Language*. San Diego: Academic Press, 1987, pp. 83-113.

______; Tannen, D. The Relation Between Written and Spoken Language. *Annual Review of Anthropology*, 16, 1987, pp. 383-407.

Chomsky, N. *Aspects of the Theory of Syntax*. Cambridge, MA: MIT Press, 1965.

Collot, M.; Belmore, N. Electronic Language: a New Variety of English. In: Herring, S. C. (ed.). *Computer-mediated Communication:* Linguistic, Social, and Cross-cultural Perspectives. Amsterdam: John Benjamins, 1996, pp. 13-28.

Crystal, D. *The English Tone of Voice*. London: St. Martins, 1975.

______. *The Cambridge Encyclopedia of the English Language*. Cambridge: Cambridge University Press, 1995.

______. *Language and the Internet*. Cambridge: Cambridge University Press, 2001.

Danet, B. *Cyberpl@y:* Communicating Online. London: Berg, 2001.

de Siqueira, A.; Herring, S. C. Temporal Patterns in Student-advisor Instant Messaging Exchanges: Individual Variation and Accommodation. *Proceedings of the Forty-Second Hawai'i International Conference on System Sciences (HICSS-42)*. Los Alamitos: IEEE Press, 2009. Disponível em: <http://ella.slis.indiana.edu/~herring/desiqueira.herring.2009.pdf>. Acesso em: 12 set. 2009.

Ferrara, K.; Brunner, H; Whittemore, G. Interactive Written Discourse as an Emergent Register. *Written Communication*, 8, 1991, pp. 8-34.

Grinter, R. E.; Palen, L. Instant Messaging in Teen Life. In: *Proceedings of the ACM Conference on Computer Supported Cooperative Work* (CSCW '02). New Orleans, LA, Nov. 16-20. New York: ACM Press, 2002, pp. 21-30.

Hafner, K. All quiet on campus save the click of keys. *New York Times*, 2003 Aug. 14. Circuits Section, p. 1.

Hale, C.; Scanlon, J. *Wired Style:* Principles of English Usage in the Digital Age. New York: Broadway Books, 1999.

Halliday, M. A. K. Notes on Transitivity and Theme in English. Part II. *Journal of Linguistics*, 3, 1967, pp. 199-244.

Hård af Segerstad, Y. *Use and Adaptation of Written Language to the Conditions of Computer-mediated Communication*. Department of Linguistics, Göteborg: Göteborg University, 2002.

Herring, S. C. Le style du courrier électronique: variabilité et changement. *Revue d'Aménagement Linguistique* (formerly *Terminogramme)*, 84-85, Mar. 1998, pp. 9-16. Disponível em: <http://ella.slis.indiana.edu/~herring/terminogramme.1998.pdf > (French version) e <http://ella.slis.indiana.edu/~herring/term.html> (English version). Acesso em: 29 jan. 2013.

______. Interactional Coherence in CMC. *Journal of Computer-Mediated Communication,* 4(4), 1999. Disponível em: <http://jcmc.indiana.edu/vol4/issue4/herring.html>. Acesso em: 1 jul. 2005.

______. Computer-mediated discourse. In: Schriffrin, D.; Tannen, D.; Hamilton, H. (eds.). *The Handbook of Discourse Analysis*. Malden, MA: Blackwell, 2001, pp. 612-34.

______. Computer-mediated communication on the Internet. *Annual Review of Information Science and Technology*, 36, 2002, pp. 109-68.

______. Gender and Power in Online Communication. In: Holmes, J.; Meyerhoff, M. (eds.). *The Handbook of Language and Gender*. Oxford: Blackwell, 2003, pp. 202-28.

______. A Faceted Classification Scheme for Computer-mediated Discourse. *Language@Internet*, 4, article 1, 2007. Disponível em: <http://www.languageatinternet.de/articles/2007/761>. Acesso em: 12 set. 2010.

Isaacs, E. et al. The Character, Functions, and Styles of Instant Messaging in the Workplace. In: *Proceedings of the ACM Conference on Computer Supported Cooperative Work* (CSCW '02). New Orleans/New York: ACM Press, 2002, pp. 11-20.

Jacobs, G. *Breaking Down Virtual Walls*: Understanding the Real Space/Cyberspace Connections of Language and Literacy in Adolescents' Use of Instant Messaging. Trabalho apresentado na American Educational Research Association. Chicago, Abr. 2003.

Lee, J. I think, therefore IM. *New York Times*, 19 sep. 2002. Circuits Section p. 1.

Lenhart, A; Rainie, L.; Lewis, O. Teenage Life Online: the Rise of The Instant-message Generation and the Internet's Impact on Friendships and Family Relationships. *Pew Internet & American Life Project*, 2001. Disponível em: <http://www.pewinternet.org/pdfs/PIP_Teens_Report.pdf>. Acesso em: 1 jul. 2005.

Ling, R. *The Mobile Connection:* the Cell Phone's Impact on Society. San Mateo: Morgan Kaufman, 2004.

______. The Sociolinguistics of SMS: an Analysis of SMS Use by a Random Aample of Norwegians. In: Ling, R.; Pedersen, P. (eds.). *Front-stage/Back-stage:* Mobile Communication and the Renegotiation of the Social. London: Springer-Verlag, 2005, pp. 335-50.

______; Baron, N. S. Text Messaging and IM: a Linguistic Comparison of American College Data. *Journal of Language and Social Psychology*, 26, 2007, pp. 291-8.

Maynor, N. The Language of Electronic Mail: Written Apeech? In: Little, G.; Montgomery, M. (eds.). *Centennial Usage Studies*. Tuscaloosa, AL: University of Alabama Press, 1994, pp. 48-54.

Nardi, B.; Whittaker, S.; Bradner, E. Interaction and Outeraction: Instant Messaging in Action. In: *Proceedings of the ACM Conference on Computer Supported Cooperative Work* (CSCW '00). Philadelphia/New York: ACM Press, 2000, pp. 79-88.

Randall, N. *Lingo Online*: a Report on the Language of the Keyboard Generation. Department of English, University of Waterloo and MSN.CA. 2002. Disponível em: <http://www.arts.uwaterloo.ca/~nrandall/LingoOnline-finalreport.pdf>. Acesso em: 1 jul. 2005.

Rintel, E. S.; Mulholland, J.; Pittam, J. First things first: Internet Relay Chat Openings. *Journal of Computer-Mediated Communication*, 6(3), 2001. Disponível em: <http://www.ascusc.org/jcmc/vol6/issue3/rintel.html>. Acesso em: 1 jul. 2005.

Sacks, H.; Schegloff, E.; Jefferson, G. A Simplest Systematics for the Organization of Turn-taking in Conversation. *Language*, 50, 1974, pp. 696-735.

Schiano, D. et al. Teen Use of Messaging Media. In: *Proceedings of the ACM Conference on Human Factors in Computing Systems* (CHI '02). Minneapolis/New York: ACM Press, 2002, pp. 594-5.

Shiu, E.; Lenhart, A. How Americans use Instant Messaging. *Pew Internet & American Life Project*, 2004. Disponível em: <http://www.pewinternet.org/pdfs/PIP_Instantmessage_Report.pdf>. Acesso em: 1 jul. 2005.

Swerts, M.; Geluykens, R. Prosody as a Marker of Information Flow in Spoken Discourse. *Language and Speech*, 37, 1994, pp. 21-43.

Tagliamonte, S.; Denis, D. Linguistic Ruin? LOL! Instant Messaging and Teen Language. *American Speech*, 83, 2008, pp. 3-34.

Tannen, D. Oral and Written Strategies in Spoken and Written Narratives. *Language*, 58, 1982a, pp. 1-21.

______. The Oral/Literate Continuum in Discourse. In: ______. (ed.). *Spoken and Written Language:* Exploring Orality and Literacy. Norwood, NJ: Ablex, 1982b, pp. 1-16.

Werry, C. Linguistic and Interactional Features of Internet Relay Chat. In: Herring, S. C. (ed.). *Computer-mediated Communication:* Linguistic, Social, and Cross-cultural Perspectives. Amsterdam: John Benjamins, 1996, pp. 47-63.

Yates, S. Oral and Written Linguistic Aspects of Computer Conferencing. In: Herring, S. C. (ed.). *Computer-mediated Communication:* Linguistic, Social, and Cross-cultural Perspectives. Amsterdam: John Benjamins, 1996, pp. 29-46.

Interações na blogosfera

Márcia Regina de Oliveira

Na qualidade de agente transformador de processos, capaz de criar um gigantesco repositório de informações e de integrar várias formas de comunicação, a internet viabilizou novas formas de veicular informação, como o jornalismo digital, assim como novas formas de interação entre seus usuários, entre as quais estão os blogs institucionais jornalísticos.

A palavra "blog" provém do termo "web", que, conforme propõe Lemos (2002), é a contração das palavras "web" (de "World Wide Web", como sinônimo de "internet") e "*log*" ("diário" ou "registro"). Sua tradução sugere que os blogs funcionem como diários publicados no mundo virtual, o que, de fato, ocorreu logo após seu surgimento na década de 1990. Nessa época, um número relevante de internautas optou por compartilhar confissões pessoais com uma audiência desconhecida, capaz de interagir diretamente com o autor do blog. Isso, na prática, representou uma ruptura das fronteiras dos âmbitos público e privado, que até então costumavam ser altamente preservadas nos diários tradicionais.

No entanto, já há alguns anos, os blogs não se limitam a essa função de diário íntimo, já que, em um período relativamente curto, seu formato flexível e acessível[1] foi sendo aproveitado para outras finalidades, que tornaram muito difícil até mesmo a tarefa de conceituá-lo, em razão das múltiplas "roupagens" que esse dispositivo pode progressivamente assumir. Dentre essas outras aplicações dos blogs, pode-se destacar sua utilização para a publicação de informações jornalísticas, seja por parte de cidadãos comuns, que enxergaram neles uma oportunidade de manifestarem suas opiniões em um canal alternativo à grande mídia, ou pelas próprias empresas da *mainstream media*,[2] como jornais e revistas de grande distribuição, por exemplo. Estas últimas vislumbraram nos blogs uma oportunidade de aproximação de seu público, que culminou na adequação de suas práticas a uma nova forma de fazer e apresentar conteúdos jornalísticos, passando a contar com maior colaboração e interatividade por parte dos leitores. Nesse caso, a audiência passou a ter a possibilidade de dar maior contribuição à prática jornalística e a contar com um espaço que se destina a receber e publicar seus comentários, opiniões e reflexões.

Dessa forma, os blogs jornalísticos institucionais mantidos pela *mainstream media* (doravante j-blogs), que serão estudados neste trabalho, podem ser, de maneira reducionista, definidos como um formato misto de coluna, notícia e jornal (Robinson, 2006), embora não necessariamente reúnam essas três características simultaneamente. O que se sabe é que, definitivamente, não há como apresentar uma definição única para qualquer tipo de blog, uma vez que, como afirma MacDougall (2005: 1), "blogs são coisas estranhas".[3] Dessa forma, o autor resume o caráter híbrido dos blogs, considerando que, até mesmo quando agrupados em uma mesma categoria, eles podem ter apresentações e características de formato e conteúdo muito diversas. Isso implica que um j-blog pode, por exemplo, se constituir em uma simples transposição de uma coluna de opinião do meio impresso para o meio virtual, ou representar um espaço de discussão que propõe um novo tipo de relacionamento, que proporciona a aproximação do jornalista com sua audiência.

A relevância e a motivação para o estudo de j-blogs

A relevância de estudos de blogs reside, principalmente, no fato de eles representarem o primeiro meio nativo da internet (Orihuela, 2007), pois ao mesmo tempo que se diferem das versões eletrônicas dos meios tradicionais (como jornais, por exemplo), também se distinguem dos meios estritamente digitais (como é o caso dos websites, dos quais os blogs descendem).

No caso específico dos j-blogs, que interessam especialmente a esta pesquisa, percebe-se que também se trata de um dispositivo inovador para a área de Comunicação Social, já que representa "a primeira categoria do webjornalismo nascida genuinamente a partir da Internet" (Escobar, 2009: 228).

Os comentários de leitores: o foco da pesquisa

Uma das principais características dos blogs diz respeito à possibilidade de os leitores intervirem diretamente no conteúdo apresentado. Essa colaboração por parte da audiência se dá, principalmente, através da publicação de comentários, que, em geral, fazem referência ao texto divulgado pelo jornalista responsável pelo conteúdo do blog.

O que há de inovador nessa possibilidade de interação através da publicação de comentários é o fato de estes serem divulgados de forma intradispositiva. Isso significa que a interação entre as partes "se inscreve no ambiente onde ocorrem as rotinas produtivas" (Satuf, 2008: 4). Mais especificamente, as interações ocorrem em um espaço geralmente contíguo ao texto jornalístico, atuando como uma complementação imediata a ele.

É válido ressaltar também que os blogs dependem inteiramente da participação dos internautas para serem reconhecidos como tal, perdendo, em parte, sua função interativa e até mesmo sua "razão de ser" quando não há uma abertura ou mesmo a participação ativa de um grupo em interação mútua.

Assim, remetendo a uma abordagem polifônica do discurso (ver Brait, 2005), pode-se dizer que os textos jornalísticos publicados nos blogs estão em processo de formação, o que demonstra seu potencial dialógico e conversacional, em oposição a um formato fechado e monológico.

Dessa forma, nos blogs, a suposta "conversação" proposta por alguns autores é baseada na convivência plena de uma multiplicidade de vozes, que interagem com seu autor, o blogueiro, que atua como regente de um grande coro.

Este estudo, reconhecendo a contribuição desses comentários para mudanças dos paradigmas do campo jornalístico, tomará esse tipo de interação como foco.

Na área da Linguística, parece ainda haver poucas considerações a respeito do tema "blog", principalmente quando são considerados os comentários publicados por seus leitores. Os escassos estudos nesse campo estão concentrados em discussões voltadas para gêneros digitais emergentes (Marcuschi, 2004) ou para discussões a respeito das identidades construídas pelos autores de blogs (Macdougall, 2005: 1; Heine, 2008).

O *corpus* de análise

Os j blogs escolhidos para análise estavam entre os cem mais populares na internet brasileira no ano de 2009,[4] época do desenvolvimento deste estudo. São eles: Blog do Noblat e MiriamLeitão.com (ambos hospedados no website do jornal *O Globo Online*), blog Reinaldo Azevedo (publicado no site da revista *Veja*) e blog Josias de Souza (que integra o site do jornal *Folha Online*).

Todos os blogs em questão são voltados à discussão de temas políticos, com exceção do blog da jornalista Miriam Leitão, que tem um enfoque essencialmente econômico.

Para que fosse possível uma análise mais uniforme de comentários publicados nesses quatro blogs, optou-se por selecionar somente textos (ou "postagens") que tratassem do tema "apagão", referindo-se ao blecaute ocorrido em 18 estados brasileiros no dia 10 de novembro de 2009, que despertou discussões e manifestações de indignação em todo o país, chegando a ter repercussão internacional.

A intenção de abordar somente postagens relacionadas a tal assunto também remete à hipótese de que, por ter afetado 18 milhões de pessoas, tais textos teriam, em princípio, uma grande quantidade de *feedbacks* por parte dos leitores, dispostos e interessados em debatê-lo.

Assim, foram escolhidas quatro postagens, uma de cada blog, e coletados seus respectivos comentários para compor o *corpus* de análise. No total, esse *corpus* é composto por 400 comentários, provenientes de 266 leitores, publicados no ano de 2009 nos blogs em questão.

Objetivo e pergunta de pesquisa

Entendendo que a Comunicação Social considera os blogs ambientes virtuais potencialmente conversacionais, o objetivo principal deste estudo é investigar de que maneira ocorrem as interações no espaço destinado a comentários nos quatro j-blogs apresentados. Para orientar o desenvolvimento da pesquisa, foi formulada a seguinte pergunta: existe efetivamente uma conversação nos blogs estudados que envolva seus autores e leitores?

O jornalismo como "conversação"

Aparentemente, há um consenso que sugere que a relação entre o jornalista e seu público nos blogs é alinhavada através de uma chamada "conversação": "*Weblogs* constituem uma conversação massivamente descentralizada onde milhões de autores escrevem para a sua própria audiência" (Marlow, 2004: 3).

Na área do jornalismo, Gillmor (2005 apud Varela, 2007: 67), por exemplo, sugere que "o futuro da informação é, acima de tudo, uma conversa entre o jornalista e seu público", enquanto Varela (2007: 74) propõe que "as notícias do futuro serão mais uma conversação do que uma conferência". De fato, quando se fala em jornalismo digital, e, mais especificamente, em j-blogs, as variadas possibilidades de interação entre produtores e consumidores de informação já são uma realidade possível nos dias atuais, pois o discurso não necessariamente se encerra na "fala" do jornalista blogueiro, sendo cada uma de suas postagens um convite implícito à intervenção do leitor.

"Conversação" nos blogs x face a face

Uma tentativa de entender o fenômeno de interação nos blogs como uma conversação à luz da Linguística seria estudá-lo com base no arcabouço teórico da Análise da Conversação (doravante AC), corrente que se volta, em sua forma ortodoxa,[5] para os processos cooperativos da atividade conversacional (Marcuschi, 2006). Para a AC, a conversação apresenta, basicamente, cinco características: a interação de pelo menos dois falantes (isso exclui monólogos e sermões, por exemplo); a ocorrência de pelo menos uma troca de falantes (ou troca de turno); a presença de sequência de ações coordenadas (trocas e tomadas de turno); a execução em uma identidade temporal (a conversação deve ocorrer ao mesmo tempo); e o envolvimento em uma "interação centrada" (os interlocutores voltam sua atenção visual e cognitiva para uma ação comum). Além disso, vale ressaltar que os teóricos da AC não consideram a interação oral face a face como condição fundamental para a conversação, como é o caso das conversações telefônicas, que também são objeto de estudo de seus adeptos.

No entanto, ao analisar as principais características da conversação face a face detalhadas, identificam-se algumas razões que não permitem que a interação inerente aos j-blogs seja analisada da perspectiva da AC: diferentemente da conversação oral (face a face), as interações nos blogs ocorrem de maneira escrita e em um ambiente virtual, o que lhes confere características muito particulares, conforme detalham Herring (2004 e neste volume) e Crystal (2005).

Em um estudo voltado para a comparação da coerência na comunicação mediada pelo computador com os intercâmbios face a face, Herring (2004) destaca que: as frequências de resposta de conversações pela internet tendem a ser distantes dos turnos a que se referem; os tópicos normalmente se degradam com maior rapidez; não há *feedbacks* através de recursos paralinguísticos; as mensagens não podem se sobrepor; e a adjacência de turnos é normalmente rompida. Além disso, Herring ressalta que a coerência sequencial é frequentemente "quebrada" quando mensagens conectadas entre si são separadas por outras intervenientes, normalmente por outros emissores. A autora ainda sugere que as diferenças entre a comunicação mediada por computador e a conversação face a face residem na própria origem da internet, considerando que as redes de computadores foram idealizadas com o objetivo principal de transmitir dados, e não de abrigar núcleos que possibilitam a interação social, o que foi apenas uma consequência de sua popularização.

Crystal (2005) também apresenta algumas diferenças relevantes entre a comunicação mediada por computador e a conversação face a face, que, consequentemente, sugerem razões para uma inviabilidade do estudo de ambas com base no mesmo referencial teórico: a falta de retorno simultâneo típico das interações via web; a possibilidade de se participar simultaneamente de várias conversas no meio digital; o ritmo da interação na internet, que é muito mais lento que o de uma situação autêntica de fala.

Diante de tais referenciais e buscando entender como ocorrem as interações ou a chamada "conversação" entre os leitores e blogueiros/jornalistas e leitores entre si, partiu-se para análise dos quatrocentos comentários, considerando-se três classificações de base empírica propostas por este trabalho. São elas: Intervalos entre as Interações, Finalidade do Comentário e Identificação dos Coenunciadores.

A classificação Intervalos entre as Interações pode ser definida pelo tempo (em horas e minutos) decorrido entre a publicação da postagem por parte do blogueiro/jornalista e a publicação do último comentário analisado.

Já a classificação Finalidade do Comentário diz respeito neste estudo a quatro possibilidades percebidas a partir da observação do *corpus*: "reação ao tópico" (um comentário que responde diretamente ao texto publicado pelo jornalista), "resposta a outro comentário" (publicação de comentário em reação à mensagem de outro enunciador – ou outro leitor-comentarista), "reação dirigida ao blogueiro" (mensagem nominalmente dirigida ao jornalista responsável pelo blog em questão) ou "complementação de comentário" (comentário adicional publicado por um enunciador com o objetivo de acrescentar informações que não constaram em seu primeiro comentário).

Na categoria Identificação dos Coenunciadores busca-se identificar a quem se destinam os comentários estudados: ao blogueiro, a um ou vários leitores do blog que também publicaram seu(s) comentário(s), à empresa jornalística que hospeda o blog. Há também a possibilidade de os comentários se destinarem a terceiros, ou seja, pessoas ou instituições que estejam totalmente fora do contexto da interação ou que, em algum momento, foram citadas na postagem do jornalista ou nos comentários de leitores.

Vale ressaltar que, neste estudo, entende-se por "enunciadores" os leitores que publicam comentários nos blogs. Os "coenunciadores", por sua vez, são os destinatários dos comentários, a quem os enunciadores dirigem seus enunciados, e têm papel ativo no processo discursivo.

O método de pesquisa

A abordagem do *corpus* de comentários ocorreu de maneira predominantemente qualitativa e interpretativa.

Além disso, diante da quantidade de dados disponíveis (quatrocentos comentários no total) e da percepção de que estes poderiam ser agrupados em categorias que refletem padrões percebidos nas interações, também foi possível a utilização de uma abordagem quantitativa. Dessa maneira, optou-se por apresentar essas categorias através de gráficos e percentuais nas análises realizadas com os quatro blogs, como se verá mais adiante.

Análise dos comentários nos j-blogs

A seguir, serão apresentadas as análises das interações observadas na interface de comentários dos quatro blogs que são objeto deste estudo, tomando como base as categorias analíticas empíricas propostas para este trabalho, que inicia uma investigação sobre como ocorre a dinâmica interacional entre os blogueiros e leitores-comentaristas de seus blogs.

A fim de exemplificar essas interações, alguns comentários foram extraídos dos blogs estudados e reproduzidos na íntegra e da mesma forma que foram publicados – sem edições, correções ortográficas ou gramaticais.

O capítulo é dividido em quatro seções (uma para cada blog estudado) e, por último, há uma seção que reúne os resultados consolidados das análises.

BLOG DO NOBLAT

A postagem "Apagou Geral",[6] publicada no Blog do Noblat, suscitou 174 comentários[7] por parte de seu público. Desse total, oito comentários foram descartados (por estarem ininteligíveis ou repetidos). Assim, trabalhou-se com 166 comentários, provenientes de 63 enunciadores diferentes, obtendo-se uma média de 2,6 comentários por participante (figura 1).

Figura 1: Números relacionados aos participantes da interação no Blog do Noblat

Além disso, a interação referente a essa postagem transcorreu ao longo de 15 horas e 52 minutos (entre os dias 16 e 17 de novembro de 2009), com um intervalo médio de 5 minutos entre os comentários (figura 2).

Figura 2: Representação da duração total e Intervalo entre as Interações no Blog do Noblat

A distribuição dos comentários no que diz respeito à finalidade, conforme exibe a figura 3, tem maior percentual na categoria "reação a um comentário" (41%), seguida pela "reação ao tópico" (37%). Em terceiro lugar, fica a "reação dirigida ao blogueiro" (16%) e, por último, a "complementação de comentário" (6%).

Figura 3: Divisão percentual da Finalidade dos Comentários no Blog do Noblat

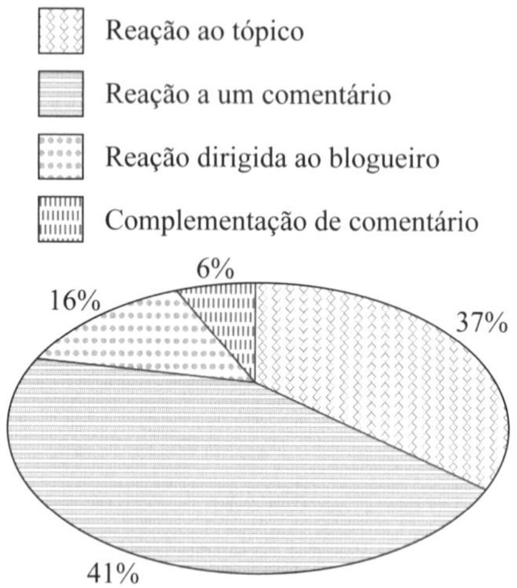

É curioso destacar a intensa utilização da "complementação de comentário" pelo enunciador "JA", que dividiu o que possivelmente seria o conteúdo de um único comentário em oito mensagens, com intervalo médio de nove minutos entre elas, sendo alguns deles reproduzidos nos exemplos 1, 2 e 3, nos quais se notam os intervalos de poucos minutos entre uma mensagem e outra, em negrito.

Exemplo 1:

JA – 16/11/2009 – 9:41

Apagão de carater nesse blog. Quem deu esses numeros para o vc? Que mais de 5H é essa? O apagão na midia começou com 50 milhões e já virou 88milhões em 18 estados. De o nome dos estados com o tempo sem energia. Aqui em Taubaté e acho que no estado de SP onde foi mais duro, não durou mais de 4h. No interior de Sp, na região de Barretos, nem teve apagão. E por que a Dilma tem que tratar bem esses ratos da imprensa, pauteiros sem objetivo? E que negócio é esse que FHC fez o marco regulátorio da energia? Dilma mudou tudo entre 2003 e 2005. FHC fez foi o maior racionamento de energia da história do Brasil. Dois apagões maiores que esse ultimo. Vá produzir um texto desse pro governador de SP, ex-prefeito, que não sabe faze buraco de metro nem ponte de 40m. Desse vc tem medo.

Exemplo 2:

JA – 16/11/2009 – 9:47

E se o Noblat não acredita em mim, é só ler o lead da materia postada pouco antes "Oposição argumenta que ministra foi a mãe do atual marco regulatório". O que FHC fez então? Só apagão e racionamento. O que faz o Noblat então? Politica partidária.

Exemplo 3:

JA – 16/11/2009 – 9:52
E mais, falou quem tinha que falar. Quem é o ministro do setor? Edson Lobão. Bom ou mal, amigo do Sarney, não interessa, ele é o ministro e deve explicações. E as deu. Se o Noblat ou a turma da Kombi não estão satisfeitos, tentem articular uma pergunta inteligente e não fazer papel de grauna do apocalipse. Isso não é informação é panfleto.

A análise da categoria de Identificação de Coenunciadores revela que grande parte das mensagens é destinada a "todos os leitores" (42%) e a "leitores-comentaristas" (40%). Além disso, 16% delas são voltadas ao blogueiro e apenas 2% a terceiros não citados na postagem (figura 4).

Figura 4: Percentuais de coenunciadores Blog do Noblat

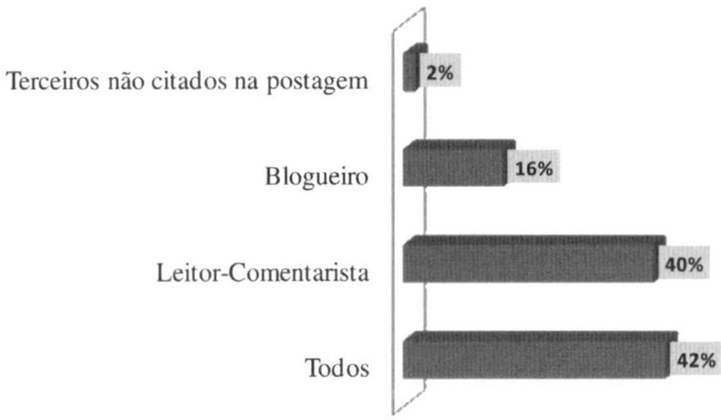

Na categoria "terceiros não citados na postagem", identifica-se que os coenunciadores são os defensores do governo, denominados "petezada" ou "para informa pctista", conforme os trechos iniciais dos exemplos 4 e 5, em negrito.

Exemplo 4:

RN – 16/11/2009 – 11:17
Pergunta a petezada: voces, por acaso, sabem onde foi parar o investimento de apenas 38% da verba destinada ao setor elétrico prevista no orçamento da União para este ano? E os demais 62%?Se não sabem, parem de defender o indefensável: o governo mais corrupto e incompetente da história deste País.Oito anos desperdiçados com corrupção, tomada do poder e outras coisitas más. Reformas necessárias para o País: politica, tributária etc, neca de nada. E dá-lhes incompetência.

Exemplo 5:

ABDV – 16/11/2009 – 15:32

Para informa petista: "16/11/09 - 13h07 - Atualizado em 16/11/09 - 15h01ONS corrige falha de segurança, mas site segue vulnerávelBrecha pode dar acesso ao banco de dados, segundo especialistas.G1 aguarda resposta do Operador Nacional do Sistema Elétrico.Altieres Rohr* Especial para o G1O Operador Nacional do Sistema Elétrico (ONS) corrigiu, na noite de quinta-feira (12), uma brecha de segurança que, segundo analistas de sistema, permitia que hackers se infiltrassem no site. Mas manteve a mesma vulnerabilidade em outra parte do site.O G1 comunicou o ONS sobre a falha nesta segunda-feira (16), mas o órgão ainda não se manifestou. A entidade é responsável pela coordenação e controle da operação das instalações de geração e transmissão de energia elétrica no Sistema Interligado Nacional (SIN), sob a fiscalização e regulação da Agência Nacional de Energia Elétrica (Aneel).

BLOG MIRIAMLEITÃO.COM

A postagem "Lições do apagão: sistema é vulnerável a efeito dominó",[8] do blog da jornalista Miriam Leitão, despertou 82 reações de seu público através de comentários inseridos no blog. Já que sete desses comentários se tratavam de repetições (provavelmente por causa de erros de inserção por parte do leitor ou apresentados pelo blog), eles foram excluídos desta análise, assim como um comentário que apresentava texto ininteligível. Dessa forma, a análise se concentrou em 75 comentários no total, provenientes de 64 diferentes participantes, com uma média de 1,15 comentário/participante (figura 5).

Figura 5: Números relacionados aos participantes da interação no blog MiriamLeitão.com

A discussão do tema proposto pela blogueira teve uma duração total de 10 horas e 22 minutos,[9] com intervalo médio de 18 minutos entre cada comentário (figura 6).

Figura 6: Representação da duração total e Intervalo entre as Interações no blog MiriamLeitão.com

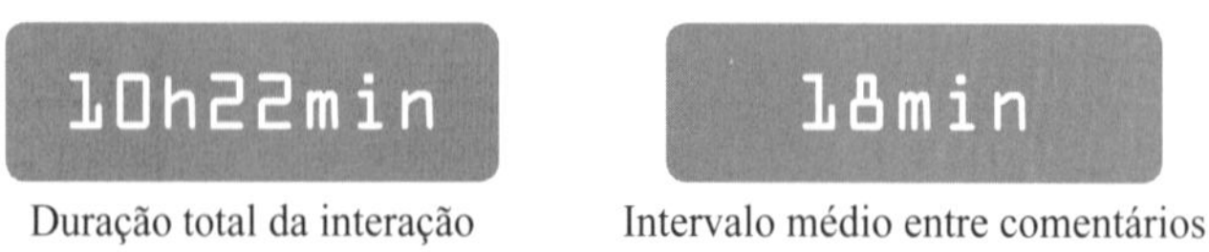

Quanto à Finalidade da Participação na interação, como mostra a figura 7, a maior parte dos comentários (70%) se encontra na categoria "reação ao tópico". Além disso, 24% das mensagens são dirigidas diretamente à blogueira. Apenas 5% se destinam à "complementação de comentário" e 1% à "reação a um comentário".

Figura 7: Divisão percentual da Finalidade dos Comentários no blog MiriamLeitão.com

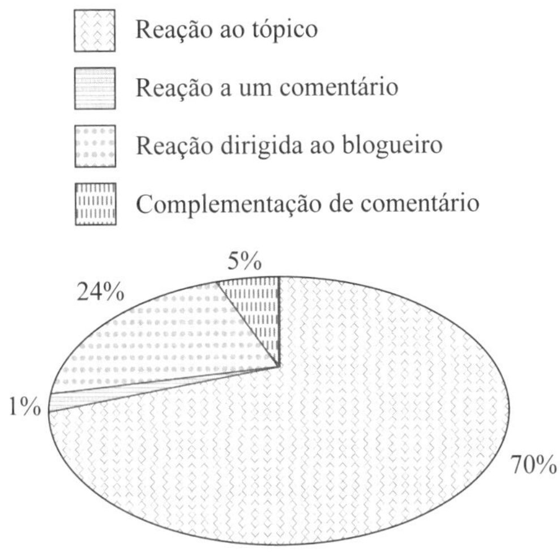

No caso da Identificação dos Coenunciadores predominam "todos os participantes da interação" (59%), seguidos pela blogueira (32%). Os demais coenunciadores ("terceiros não citados na postagem", "terceiros citados na postagem", "leitor-comentarista" e "empresa jornalística") aparecem com percentuais muito reduzidos (figura 8).

Figura 8: Percentuais[10] de coenunciadores blog MiriamLeitão.com

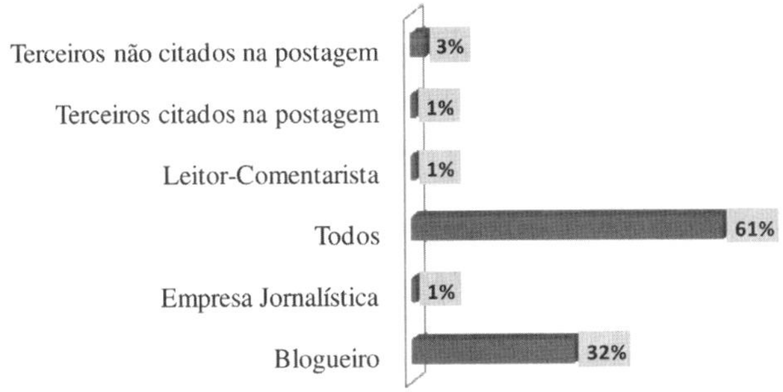

Vale destacar que, no comentário destinado à "empresa jornalística" que hospeda o blog de Miriam Leitão (*O Globo Online*), verifica-se que o enunciador cita a instituição jornalística para criticar sua credibilidade, crítica essa que aparece em negrito no corpo do exemplo 6.

Exemplo 6:

efb – 11/11/2009 – 11:42

Lamentável os comentários da Sra. Miriam Leitão. Não bastassem suas opiniões quase sempre tendenciosas, equivocadas e de cunho político a respeito de economia e finanças, essa senhora se julga agora capaz de opinar sobre sistemas elétricos de potência e transmissão de energia em extra alta tensão, pinçando informações especulativas aqui e ali. Em se tratando de eletricidade, antes de opinar sobre o assunto, talvez fosse interessante a citada senhora aprender primeiro como ligar corretamente um aparelho eletro-eletrônico à tomada. **Infelizmente, essa é uma característica cada vez mais presente nos profissionais de jornalismo de "o globo", qual seja, criar "fama" e, independente de quaisquer outros atributos e competências, deitar na cama, levando para a população, através de colunas no jornal e editoriais na TV, opiniões insipientes. Saibam pois os diretores de jornalismo, que fatos como esse impactam negativamente na credibilidade e qualidade do jornal.**

Os comentários destinados a "terceiros não citados na postagem" são voltados aos grupos de oposição ao governo e aos defensores do governo, como se vê a seguir na epígrafe do exemplo 7.

Exemplo 7:

CBM – 11/11/2009 – 10:19

Para os defensores fanáticos do governo que não suportam ler uma crítica que seja. 1) O ministro de Minas de Energia não falou coisa com coisa, parecia sem saber literalmente do que estava falando. 2) O apagão de 2001 foi utilizado e muito politicamente pelo governo que ai está. 3) Parece que depois de 8 anos e "muitos investimentos" o efeito dominó no sistema continua ocorrer e provoca transtornos. 4) Se o governo atual pode fazer alguns investimentos, apesar de anuciar que tem dinheiro para muito e executar por incompetência muito pouco, se deve ao trabalho do governo anterior e dos anteriores desde que o país saiu da moratória de 86, aliás o governo atual teve 7 anos de estabilidade econômica mundial para poder gastar e investir e infra-estrutura e preferiu aparelhar o estado, colocar companheiros em posições técnicas, inflar a máquina e o PAC não anda não sai do lugar.

Já o único comentário dirigido a "terceiros citados na postagem" se destina ao governo de maneira geral, a quem a blogueira faz referências ao longo de todo o seu texto.

Exemplo 8:

CS – 11/11/2009 – 13:31

Tá solucionado o problema: foi chuvisco com nevoeiro forte acompanhado de relâmpago sem trovoada. Pronto. **Agora, tratem de consertar essa droga e parem de tantas desculpas esdrúxulas!**

BLOG REINALDO AZEVEDO

A postagem "Ah, não foi raio? Não foi curto-circuito? Bem que a gente desconfiava...", publicada no blog do jornalista Reinaldo Azevedo,[11] provocou a reação de leitores através de 57[12] comentários, dos quais apenas 55 foram aproveitados para esta análise, já que 2 apresentavam falta de coerência textual. Assim, a interação envolveu 54 participantes diferentes, com uma média de 1 comentário por participante (figura 9).

Figura 9: Números relacionados aos participantes da interação no blog Reinaldo Azevedo

A publicação de comentários referentes à postagem durou 37 horas e 15 minutos (entre os dias 17 e 19 de novembro de 2009), com intervalo médio de 41 minutos entre elas (figura 10).

Figura 10: Representação da duração total e Intervalo entre as Interações no blog Reinaldo Azevedo

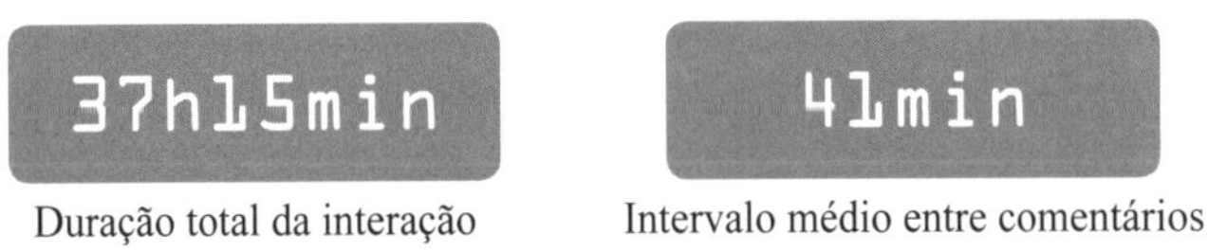

A Finalidade dos Comentários, conforme a figura 11, se concentra na categoria "reação ao tópico" (75%). Apenas 2% se destinam à "complementação de comentário", outros 2% à "reação a um comentário" e 21% a uma "reação dirigida ao blogueiro".

Figura 11: Divisão percentual da Finalidade dos Comentários no blog Reinaldo Azevedo

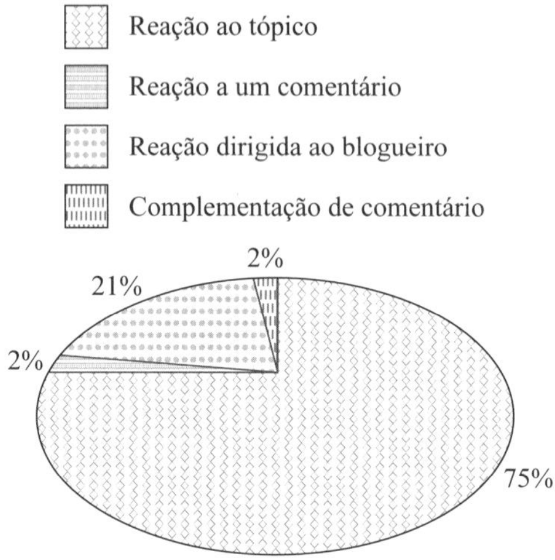

A única ocorrência de "complementação de comentário" ocorre nos comentários de um leitor que visa enfatizar a mensagem de seu primeiro comentário. É curioso notar que a publicação da segunda mensagem desse leitor ocorre um dia após a primeira, algo que se percebe pelo registro de data somente, nos exemplos 9 e 10. Tal fato não ocorre nos demais blogs estudados.

Exemplo 9:

JB – 18/11/2009 – 10:01
Olá Reinaldo! É verdade que o nome completo do Édison lobão é "Tomas Edison" Lobão ???

Exemplo 10:

JB – 19/11/2009 – 10:44
Reinaldo! Eu acharia bem interessante que o ministro Lobão, em virtude da "posição energética" que ocupa hoje, fosse sempre citado pelo seu nome completo Thomas Edison Lobão, !!

Os coenunciadores, por sua vez, podem ser identificados em quatro grupos: "blogueiro" (a quem se destinam 23% dos comentários), "terceiros citados na postagem" (2%), "todos" (73%) e "leitor-comentarista" (2%), como indica a figura 12.

Figura 12: Percentuais de coenunciadores blog Reinaldo Azevedo

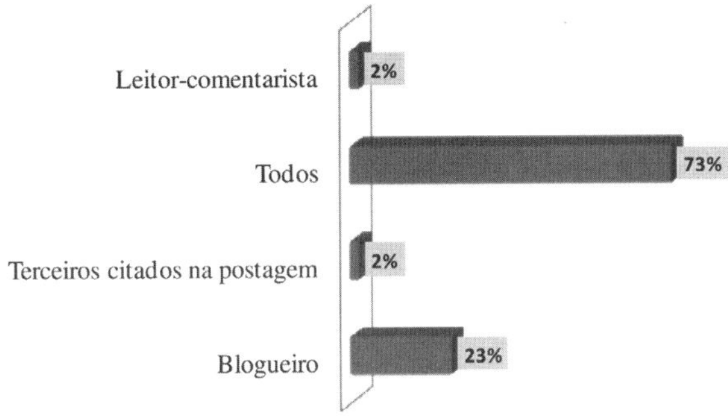

Neste j-blog, apenas uma mensagem se destinou a um "terceiro citado na postagem" (a Lula, então Presidente da República), a quem se havia feito referência no texto do blogueiro. Essa menção está em negrito no corpo do exemplo 11.

Exemplo 11:

BRA – 17/11/2009 – 10:44
É seu Lula, tens razão, a mentira é uma desgraça, você conta uma, logo em seguida tem que inventar outra para justificar aquela e por aí vai, de mentira em mentira o sujeito vai ficando cada vez mais encalacrado.

BLOG JOSIAS DE SOUZA

A postagem "Apagão? Não, absolutamente. Foi um microincidente",[13] publicada no blog do jornalista Josias de Souza, suscitou 82 comentários por parte de seus leitores, havendo 65 diferentes enunciadores na interação. Para esta análise, foi descartado apenas 1 comentário, com conteúdo ininteligível, permanecendo os demais 81, obtendo-se uma média de 1,24 comentário/participante (figura 13).

Figura 13: Números relacionados aos participantes da interação no blog Josias de Souza

As interações entre os participantes duraram 88 horas e 7 minutos (entre os dias 11 e 15 de novembro de 2009). O intervalo médio entre os comentários foi de 1 hora e 4 minutos (figura 14).

Figura 14: Representação da duração total e Intervalo entre as Interações no blog Josias de Souza

No que diz respeito à Finalidade da Participação, percebe-se que a maior parte (92%) dos comentários se concentra na categoria de "reação ao tópico", enquanto 5% representam uma "reação a comentário" e 3% uma "reação dirigida ao blogueiro". Nesse blog, não foi detectada nenhuma ocorrência de "complementação de comentário" (figura 15).

Figura 15: Divisão percentual da Finalidade dos Comentários no blog Josias de Souza

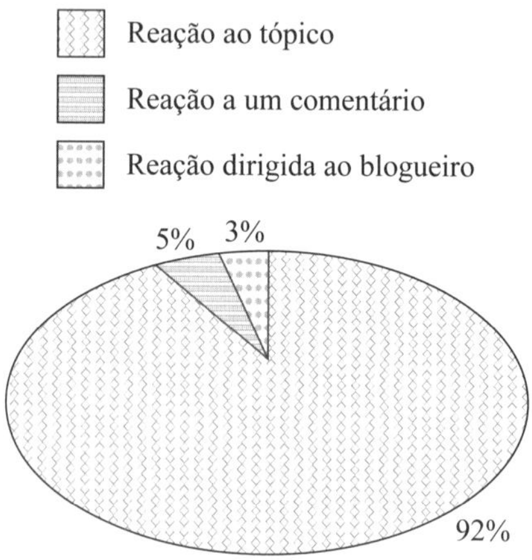

Entre os coenunciadores, conforme a figura 16, percebe-se o predomínio de "todos os leitores" (80%), seguidos pelos "comentaristas" (7%), pelo "blogueiro" (5%), por "terceiros citados na postagem" (4%) e, por último, por "terceiros não citados na postagem" (3%).

Figura 16: Percentuais de coenunciadores no blog Josias de Souza

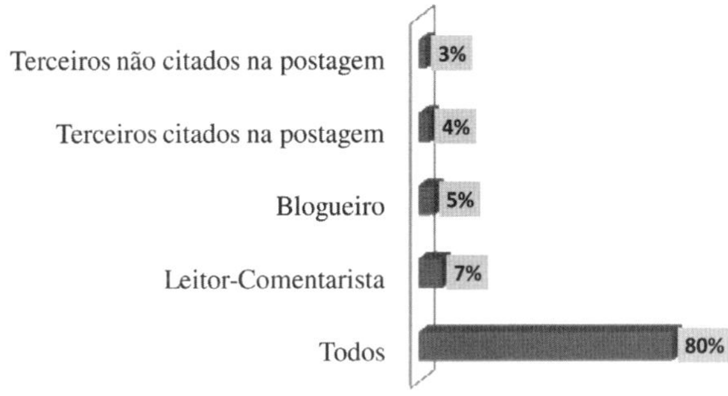

No caso de "terceiros citados na postagem", a maior parte das referências diz respeito ao então ministro Tarso Genro, a quem o blogueiro se refere nominalmente em seu texto. A seguir, dois exemplos de comentários em cujo corpo aparece uma referência ao ministro em negrito.

> Exemplo 12:
>
> **Po – 11/11/2009 – 22:02**
> **Tem razão Tarso.**O apagão de fhc deu enorme prejuízo ao Brasil em 2002, onde foi criada uma taxa para o consumidor ajudar pagar os prejuízos. O apagão de ontem foi um mosquito contra uma elefante do apagão FHC.

> Exemplo 13:
> **B2 – 12/11/2009 – 05:10**
> **Lelésice tem limite,porque não te calas ao envez de dizer asneira? O Ministro precisa tomar simancol.**Estão tão inflados de "eu me adoro" "nós somos lindos, fofos, sábios e maravilhosos" que se convenceram que todo mundo é lelé e podem dizer a besteira que vem na cuca. Stop. Já encheram todos os sacos com essa maluquice,puxa. Baixem a bola, apaguem os foguetes, sentem o pé no chão,deixem de voar, puexa. Se o Ministro não foi informado: Noventa milhões de pessoas ficaram NO ESCURO, sem água,os alimentos apodreceram,os hospitais penaram menos os de São Paulo que ligou as emergencias, se ligue: teve APAGÃO por algum erro no sistema, ou falta de manutenção, ou por alguma incompetência. PONTO. APAGÃO ministro.APAGÃO! Mais bonito que do FHC, porque tudo de voces do PT é mais bonito, mas ainda assim APAGÃO!Ponto,fim. APAGÃO. Que microbobagem de microincidente. Problemão de APAGÃO.Fim.Sejam honestos, sem fantasia.Deu pane!Parem com megalomania e não venham com a obssessão de foi FHC, tá?

Nos comentários voltados a "terceiros não citados na postagem", identificam-se dois coenunciadores: o então governador de São Paulo (José Serra), em negrito no exemplo 14, o qual é questionado e criticado a respeito da falta de água que seguiu o apagão de novembro de 2009; e as “cacatuas teleguiadas”,[14] no exemplo 15, a quem são propostas sugestões em tom de crítica.

Exemplo 14:

PdT – 11/11/2009 -22:52

Apagão no fornecimento de água em São Paulo Soa estranho o apagão de fornecimento de agua em Sao Paulo pela SABESP. Pela falta de energia não puderam bombear agua dos reservatorios para a distribuição. Até as 20hrs de hoje ainda haviam dois milhões de paulistanos sem agua. Não vi ninguem reclamar disso, nem mesmo o Jornal da Globo, Record, Bandeirantes, CBN, Jovem Pan, Será que a SABESP não possui geradores de energia eletrica de emergência para fornecimento de agua, que é um serviço de utilidade publica? Hospitais, centrais de telecomunicações, aeroportos etc possuem e a SABESP não possui? **Olha governador já esta na hora do senhor providenciar isso não acha?** Tremenda falta de responsabilidade e comp´romisso com a prestação de serviços públicos essenciais. Falata investimento, gerência, interesse publico? O que falta?

Exemplo 15:

PLS: 13/11/2009 – 00:55

Sugestão às cacatuas teleguiadas: a culpa foi do ET de Itaberá ! kkkkkkkkkkk...

Revisitando os quatro j-blogs

Levando em consideração as categorias analíticas empíricas propostas neste trabalho, a tabela 1 mostra um breve resumo dessas informações para que, posteriormente, sejam abordadas as considerações finais do trabalho.

Tabela 1: Resumo quantitativo das interações nos quatro blogs

Intervalo médio entre as interações/comentários		33 minutos
Média de comentários por enunciador		1,15
Enunciadores		
Finalidade da Participação	A participação na interface de comentários é motivada, em quase 70% das ocorrências, por uma “reação ao tópico”.	
Coenunciadores		
Identificação	69% dos enunciadores se dirigem a todos os leitores do blog. 19% dirigem seus comentários ao blogueiro. 12% dirigem seus comentários a outros leitores comentaristas 3,75% são mensagens dirigidas a terceiros.	

Conclusão

Após uma análise detalhada do *corpus* reunido para trabalho, confirmou-se que as interações na interface de comentários dos blogs estudados não poderiam ser trabalhadas com base no arcabouço teórico da Análise da Conversação (AC). Assim, sugeriu-se a adoção de categorias específicas desenvolvidas por meio da observação das interações estudadas para possibilitar suas análises, que gerou dados interessantes, conforme apresentado a seguir.

Através da análise dos comentários, verificou-se que o intervalo médio entre as interações nos blogs analisados varia de cinco minutos a uma hora e quatro minutos. Tais dados evidenciam que elas não se desenvolvem em uma identidade temporal e que, consequentemente, seus participantes não estão envolvidos em uma interação centrada, como ocorre na conversação oral. Esses intervalos também contribuem para que os pares adjacentes se localizem temporal e espacialmente distantes uns dos outros, rompendo a contiguidade esperada das falas, característica da organização da conversação face a face. Além disso, vale destacar que as interações estudadas se estendem por até 88 horas e 7 minutos, o que seria um intervalo inviável para o desenvolvimento de uma interação face a face. Uma última consideração relacionada à sincronia (que ocorre na conversação tradicional) é o fato de alguns blogs apresentarem comentários de leitores publicados exatamente no mesmo horário, embora tratem de tópicos diversos e se destinem a coenunciadores diferentes, o que, na conversação face a face, causaria um caos na interação através de sobreposições de "falas" diversas, chegando, até mesmo, a impossibilitá-la.

Na análise do *corpus*, percebeu-se também que não é comum uma permuta de posições entre o enunciador e seu coenunciador através dos comentários. Isso significa que não há uma frequente alternância de turnos, que é uma marca típica de uma conversação oral.

Também é interessante ressaltar que, no caso dos blogs, um mesmo enunciador tem a possibilidade de estender uma única colocação a vários comentários diferentes (como nos exemplos de "complementação de comentário" mostrados anteriormente). Isso acontece, principalmente, no caso de a interface de comentários não oferecer espaço suficiente para que o enunciador publique sua opinião por completo de uma só vez. Assim, ao dividir o conteúdo de um comentário em várias mensagens, pode-se dizer que o enunciador utiliza uma estratégia para "driblar" as limitações espaciais da interface de publicação, fazendo seu turno ficar dividido em vários segmentos e rompendo com a linearidade que normalmente se espera na emissão de uma mensagem na conversação face a face.

Outra constatação curiosa percebida através da Identificação dos Coenunciadores é que nem todos eles estão presentes na interação. Alguns enunciadores dirigem seus comentários diretamente ao que se convencionou chamar de "terceiros" neste trabalho, sejam eles citados ou não nas postagens ou em outros comentários. Isso se assemelha à publicação de um fluxo de consciência, ou seja, de um "pensar alto" através da escrita em um ambiente público. Na conversação tradicional todos os participantes, em princípio, devem estar envolvidos na interação, sendo capazes de exercer influências sobre os demais, o que não ocorre sempre nas interfaces de comentários dos j-blogs.

Enfim, pode-se dizer que, diante de tais evidências, não há, definitivamente, uma legítima conversação ocorrendo nas janelas de comentários dos blogs estudados. Assim, propõe-se aqui uma nova definição para as interações que ocorrem na interface de comentários dos blogs, considerando que elas sejam um "meio-termo" entre o que os autores de Comunicação Social e a AC entendem por conversação. Dessa forma, chegou-se ao termo "quase conversação", que poderá futuramente ser adotado ou questionado em outros estudos voltados para a análise de interações em j-blogs.

ÚLTIMAS CONSIDERAÇÕES

A análise dos comentários dos quatro j-blogs estudados revela achados que permitem entender melhor a dinâmica dessa maneira de interagir que resulta na "quase conversação" citada anteriormente e que buscam responder às perguntas de pesquisa formuladas para orientar o desenvolvimento deste capítulo.

Apesar de as trocas interacionais nos blogs apresentarem padrões semelhantes ao da conversação casual segundo Eggins e Slade (1997), uma constatação preliminar parece contrariar, em parte, a vocação conversacional exacerbada atribuída aos blogs e, mais especificamente, aos j-blogs, conforme sugerem alguns autores da área de Comunicação Social.

Mesmo sendo necessário admitir que os quatro blogs estudados permitem, potencialmente, a coexistência de uma multiplicidade de vozes através das possibilidades de interação oferecidas por suas interfaces de comentários, percebe-se que a maior parte dos leitores que publicam comentários participam uma única vez das trocas interacionais, manifestando algum tipo de "reação ao tópico" tratado na postagem e utilizando estratégias discursivas que não deixam muito espaço para negociação e continuidade do debate. Esse comportamento típico sugere que esses leitores consideram a janela de comentários um espaço de publicação de opiniões, sem necessariamente terem a pretensão de posteriormente debatê-las com outros leitores ou até mesmo de questionar os argumentos e posicionamentos adotados por outros participantes. Dessa maneira, e, ao contrário do que os teóricos da Comunicação afirmam, o j-blog, aparentemente, não é visto por essas pessoas como um espaço voltado para a discussão de ideias, em que uns incentivam os outros a apresentarem diversos pontos de vista e a desenvolverem conversações informais que se assemelham às que ocorrem face a face.

Vale também ressaltar que os próprios blogueiros demonstram comportamentos semelhantes aos da maior parte de leitores-comentaristas, já que participam da "quase conversação" uma única vez – somente através da publicação das postagens que suscitam os comentários analisados. Em nenhum dos quatro blogs estudados foram encontrados *feedbacks* dos blogueiros à opinião de seus leitores na interface de comentários, nem mesmo respostas às mensagens que se dirigiam diretamente a esses jornalistas.

Assim, pode-se dizer que, apesar de os blogs abrirem um canal que possibilita a comunicação entre os leitores e jornalistas através da interface de comentários, a interação entre ambos ainda é restrita por motivos que não puderam ser identificados neste trabalho.

Diante disso, pode-se supor que o aspecto colaborativo que caracteriza os j-blogs ocorre em um cenário em que persistem relações assimétricas. O blogueiro, nesse contexto, se encontra em uma posição hierarquicamente privilegiada, atuando como editor e moderador do blog, cabendo a ele ditar as regras de participação dos leitores, escolher os tópicos abordados e dar o "pontapé" inicial para o início das "quase conversações" com seus leitores através da publicação de postagens. Além disso, até mesmo pelo fato de não responder às questões ou propostas dos leitores que lhe são destinadas, o blogueiro parece estar em um "patamar discursivo superior", em que é normalmente muito requisitado, mas pouco acessível de fato.

Os leitores, por sua vez, ao mesmo tempo que têm a sensação de uma participação mais ativa na produção da informação, dão, na realidade, uma colaboração que pode ser considerada complementar à postagem, estando, portanto, em uma posição secundária, até mesmo por seus comentários se encontrarem visualmente fora do cenário principal do blog (normalmente é preciso clicar em um link específico para ter acesso aos comentários).

Dessa forma, apesar de parecer um meio social colaborativo, os j-blogs institucionais ainda representam um distanciamento significativo entre o polo emissor e o polo receptor de informações, pelo menos quando se considera somente a interface de comentários.

Diante das observações relacionadas à participação dos leitores nos j-blogs estudados, pode-se dizer que o objetivo da publicação de comentários parece ser o de apenas deixar uma marca pessoal, um desabafo, no que se convencionou chamar de "quase conversação".

Por último, cabe apenas uma consideração que retoma a relação da "quase conversação" nos blogs com as conversações face a face, tais como estudadas pela AC. Percebe-se que, apesar de os comentários serem publicados de maneira escrita e via internet, eles apresentam, em alguns momentos, marcas típicas de conversações genuínas, como marcadores conversacionais que organizam a fala e facilitam a "costura das interações", funcionando como "colas" ou links entre mensagens que se encontram dispersas no espaço de comentários. Há ainda a tentativa de reproduzir, através da escrita, elementos paralinguísticos que sugerem risos, hesitações, entonações, altura da voz, reações, o que mostra, talvez, uma tentativa de humanizar as relações no meio virtual e também de complementar a mensagem verbal, aproximando a interação online da conversação tradicional.

Pode-se dizer, tendo já respondido à pergunta de pesquisa e exposto as principais considerações provenientes da análise, que a tarefa de analisar os comentários dos blogs escolhidos foi complexa, tendo em vista que não há uma organização estruturada destes através da qual se perceba de maneira clara as relações que existem entre os interactantes.

Dessa forma, considera-se que tal pesquisa pode representar uma contribuição preliminar tanto para a área da Linguística, quanto para o avanço dos estudos voltados para a investigação do relacionamento do jornalista com sua audiência na área de Comunicação Social. No caso da Linguística, assiste-se a um alargamento das perspectivas interacionais no meio virtual que vem influenciando bastante as relações humanas, uma vez que cada vez mais pessoas leem e participam de j-blogs. Já para a Comunicação Social, vê-se, através da análise das interações em j-blogs institucionais, que a postura paternalista dos jornalistas e das empresas de comunicação vem naturalmente sendo modificada, como consequência de mudanças tecnológicas e da adoção de novos posicionamentos da audiência, que vem contribuindo através de seus comentários para um aprofundamento e para a ampliação do debate acerca dos fatos abordados pelo jornalismo.

Notas

1 Os blogs podem ser criados mesmo pelos que não dominam técnicas ou linguagens de programação, pois existem interfaces amigáveis e até mesmo gratuitas, com os sistemas de gerenciamento de conteúdo (tradução para Content Management System), tais como Blogger, Wordpress e Joomla.

2 O termo pode ser traduzido para o português como "grandes conglomerados de comunicação".

3 Tradução da autora de: "Weblogs are funny things".

4 Disponível em: <http://www.mundotecno.info/ranking>. Acesso em: 12 dez. 2009.

5 Até meados dos anos 1970, a Análise da Conversação se ocupou da descrição das estruturas da conversação e de seus mecanismos organizadores, seguindo as linhas da Etnometodologia e da Antropologia Cognitiva. Ver Marcuschi (2006).

6 Disponível em: <http://oglobo.globo.com/pais/noblat/posts/2009/11/16/apagou-geral-241522.asp>. Acesso em: 23 mar. 2012.

7 Data de corte: 5 de dezembro de 2009.

8 Disponível em: <http://oglobo.globo.com/economia/miriam/posts/2009/11/11/sistema-interligado-vulneravel-efeito-domino-240045.asp>. Acesso em: 29 jan. 2013.

9 Data de corte: 5 de dezembro de 2009.

10 A soma dos percentuais nas figuras 8 e 16, bem como na tabela 1 pode não chegar a 100% devido a arredondamentos.

11 Disponível em: <http://veja.abril.com.br/blog/reinaldo/geral/ah-nao-foi-raio-nao-foi-curto-circuito-bem-que-a-gente-desconfiava>. Acesso em: 23 mar. 2012.

12 Data de corte: 5 de dezembro de 2009.

13 Disponível em: <http://josiasdesouza.folha.blog.uol.com.br/arch2009-11-01_2009-11-30.html#2009_11-11_20_20_13-10045644-0>. Acesso em: 2 jan. 2010.

14 Expressão utilizada na política para qualificar pessoas que repetem os argumentos de outrem sem questioná-los nem refletir sobre o que está falando.

Referências

BRAIT, Beth. *Bakhtin:* conceitos-chave. São Paulo: Contexto, 2005, p. 224.

CRYSTAL, David. *A revolução da linguagem.* Rio de Janeiro: Jorge Zahar, 2005, p. 151.

EGGINS, Susan; SLADE, Diana. *Analysing Casual Conversation.* London: Cassell, 1997, p. 333.

ESCOBAR, Juliana. Blogs como nova categoria do webjornalismo. In: AMARAL, Adriana; RECUERO, Raquel; MONTARDO, Sandra (orgs.). *Blogs.com:* estudos sobre blogs e comunicação. São Paulo: Momento Editorial, 2009, pp. 217-36.

GILLMOR, Dan. *Nós, os media.* Lisboa: Presença, 2005, p. 269.

HEINE, Palmira Bahia. Considerações sobre a cena enunciativa: a construção do ethos nos blogs. In: *Linguagem em (Dis)curso.* Tubarão, n. 1, 2008, pp. 149-74.

HERRING, Susan. Interactional Coherence in CMC. *Journal of Computer Mediated Communication*, [S.l.], v. 4, n. 4, jun. 2004. Disponível em: <http://jcmc.indiana.edu/vol4/issue4/herring.html>. Acesso em: 28 out. 2009.

LEMOS, André. A arte da vida: diários pessoais e webcam. In: XXV Congresso Anual em Ciência da Comunicação. Salvador. *Anais...* Salvador: Sociedade Brasileira de Assuntos Interdisciplinares de Comunicação, 2002. Disponível em: <http://www.intercom.org.br/papers/nacionais/2002/Congresso2002_Anais/2002_NP8lemos.pdf>. Acesso em: 20 fev. 2009.

MACDOUGALL, Robert. *Identity, Electronic Ethos and Blogs:* a Technologic Analysis of Symbolic Exchange on the New News Medium. [S.l.]: American Behavioral Scientist, 2005.

MARCUSCHI, Luiz Antônio. Gêneros virtuais emergentes no contexto da tecnologia digital. In: MARCUSCHI, Luiz Antônio; XAVIER, Antonio Carlos (Orgs.). *Hipertexto e gêneros digitais:* novas formas de construção do sentido. Rio de Janeiro: Lucerna, 2004.

______. *Análise da conversação.* São Paulo: Ática, 2006.

______; XAVIER, Antonio Carlos. *Hipertexto e gêneros digitais.* 2. ed. Rio de Janeiro: Lucerna, 2005, pp. 13-67.

MARLOW, Cameron. *Audience, Structure and Authority in the Weblog Community*, 2004. 9 p. Disponível em: <http://citeseerx.ist.psu.edu/viewdoc/download? doi=10.1.1.129.6561&rep=rep1&type=pdf>. Acesso em: 16 maio 2009.

ORIHUELA, José Luis. Blogs e blogosfera: o meio e a comunidade. In: ORDUÑA, Octavio I. Rojas et al. (orgs.). *Blog*: revolucionando os meios de comunicação. São Paulo: Thomson Learning, 2007, pp. 1-20.

ROBINSON, Susan. The Mission of the j-blog: Recapturing Journalistic Authority Online. *Journalism*, Filadelfia: Sage, v. 7, n. 1, 2006, pp. 65-83.

SATUF, Ivan. O dispositivo blog e as transformações no jornalismo. In: *Encontro dos Programas de Pós-Graduação em Comunicação de Minas Gerais*, 1. Belo Horizonte. *Anais...* Belo Horizonte: [s.n.], 2008, pp. 1-14.

VARELA, Juan. Jornalismo participativo: o jornalismo 3.0. In: ORDUÑA, Octavio I. Rojas et al. (orgs.). *Blog*: revolucionando os meios de comunicação. São Paulo: Thomson Learning, 2007, pp. 41-98.

Anúncios pessoais eletrônicos

Daniel de Augustinis Silva

Muitas das relações amorosas de tempos passados começavam ou não dependendo das primeiras impressões de um encontro presencial (Toma e Hancock, 2011). Parcerias românticas ou sexuais eram formadas a partir de uma percepção da aparência física, do modo de vestir ou mesmo do modo de falar do futuro parceiro.

Estatísticas recém-publicadas sobre o assim chamado *online dating* (namoro on-line) (Rosenfeld e Thomas, 2012) restritas à população americana dizem que, das parcerias formadas entre 1990 e 2010, 20% teriam sido feitas através da internet. No universo das relações homossexuais, a proporção é três vezes maior: 60% dos casais formados durante esse período usaram os serviços da internet. Com relação à faixa etária, os americanos entre 30 e 40 anos de idade são os que mais recorreram a essa forma de conexão romântica. Uma das consequências da intensa utilização de um meio digital para a formação de parcerias é que a internet está suplantando família, escola, vizinhança, amigos e local de trabalho como o lugar onde se encontram parceiros. Isso é particularmente verdadeiro para os homossexuais e para jovens adultos heterossexuais.

Além disso, e apesar de as estatísticas cobrirem a população americana somente, outra consequência é a proliferação de classificados pessoais em sites para namoro on-line destinados a facilitar a busca por potenciais parceiros românticos/sexuais na maioria das línguas. Em outras palavras, as pistas de outrora para o engajamento romântico foram substituídas por outras, em sua maioria, linguísticas. Hoje em dia recorre-se ao que se conhece pelo nome de anúncio pessoal eletrônico ou APE.

Os APEs são formas de interação mediadas por computador (CMC), calcadas na construção de uma impressão a partir de perfil autodescrito ou autoconstruído através da escrita, com o objetivo de formar parcerias românticas e sexuais. Para a parceria acontecer, o primeiro passo é apresentar uma *persona* no cyberespaço através de um texto (Whitty, 2003; Whitty e Carr, 2003).

O processo pelo qual indivíduos criam uma autoapresentação de seu perfil e avaliam perfis de outras pessoas on-line difere das formas tradicionais de avaliação dos relacionamentos face a face, apesar de suas motivações serem semelhantes: ligar-se romântica ou sexualmente com o outro. A autodescrição, subsidiada ou não por material visual (fotos ou vídeos), pode incluir informação concreta, como idade, peso, ocupação e renda, e/ou abstrata, como traços de personalidade e preferências políticas, religiosas e, em alguns, casos sexuais (Toma e Hancock, 2011: 41).

A autoapresentação por escrito (e subsidiada por fotos ou vídeos) é um aspecto importante do namoro em um contexto on-line. A maioria das pessoas é especial por um aspecto, descrito em palavras e/ou apresentado através de imagens selecionadas (reais ou não) que determinarão o sucesso na busca de parceiros. Tanto na descrição quanto na busca são salientados detalhes da autoapresentação de acordo com os valores desejados (ou desejáveis) no contexto especial do site em que a descrição é veiculada.

O site também interfere na formação de pares mediada pelo computador. Tanto o tipo quanto a quantidade de informação podem ser diferentes, entre outras razões, por fatores técnicos – cada site de namoro on-line apresenta formulários para preenchimento, que restringem o que se diz e como os indivíduos se autodescrevem. Entretanto, o formulário digital, característico desses sites, não é o único fator determinante para as autodescrições, visto que os APEs contêm também uma parte aberta, a ser preenchida por escrito com pistas linguísticas através das quais alguém tenta influenciar a opinião de outro e/ou tenta influenciar como o outro o percebe para o fim a que se destina: a parceria romântica/sexual. Em suma, o que eu preciso dizer que sou para me tornar o objeto do desejo de outra pessoa, e como descrevo (se descrevo) meu objeto de desejo.

A motivação deste capítulo é, portanto, examinar as pistas linguísticas oriundas dos anúncios pessoais eletrônicos (APEs). O objetivo é investigar de que maneira os sujeitos se apresentam como objetos do desejo do leitor digital nos APEs. Para tal, analisamos os APEs olhando para a autodescrição de anunciantes gays e heterossexuais do sexo masculino e respondemos às seguintes perguntas:

1. Que tipo de linguagem avaliativa é usada para a autodescrição e a descrição do parceiro ideal nos APEs estudados?
2. Há diferenças quanto à linguagem entre os APEs cujos anunciantes são gays e heterossexuais?
3. Como explicar as características ressaltadas pelos dois grupos em relação ao meio eletrônico usado?

Para responder às perguntas de pesquisa no que diz respeito aos APEs, não trataremos esses anúncios como gêneros, mas somente como suportes digitais (ou *inputs* segundo Crystal, em entrevista neste volume), evitando estéreis discussões sobre se uma manifestação da web é ou não gênero. E por que seriam essas discussões estéreis?

Primeiramente, porque o conceito (Hyon, 1996: 694) de gênero é "controverso e em rápida mutação".[1] Além disso (Cope e Kalantzis, 1993 apud Hyon, 1996: 694), também porque pode "significar muitas coisas para muitas pessoas".[2] Segundo, porque muitos dos textos com os quais lidamos na internet têm seu formato delimitado pelos programas que lhes deram origem.

Portanto, apesar de discutirmos o conceito de gênero e sua aplicabilidade aos APEs, usaremos alguma nomenclatura da Análise de Gênero de Swales (1990) para identificar os componentes dos APEs relevantes para este trabalho. No que diz respeito à análise da linguagem avaliativa empregada nos anúncios, usamos a Teoria de Avaliatividade de Martin e White (2005).

Sabemos que existem pressões para que os anunciantes destaquem seus atributos positivos dentro da necessidade de se autodescreverem como atraentes. Entendemos também que dentro das informações pessoais fornecidas, nem todos esses atributos positivos são reais (Cornwell e Lundgren, 2001): já há inúmeros trabalhos atestando que enganar o outro on-line é prática comum (Bowker e Tuffin, 2003; Donath, 1999; Donn e Sherman, 2002). Entretanto, dentro do universo possível de atributos que podem ser veiculados através dos anúncios pessoais digitais, estarão na tela aqueles que permitem aos indivíduos gerenciar sua autoapresentação de forma estratégica e persuasiva. Avaliar a sinceridade da autodescrição não é o foco deste trabalho, mas sim a linguagem da descrição no meio digital.

Os anúncios pessoais

Os anúncios pessoais impressos e os digitais têm muito em comum, visto que textualizam características daquilo que é considerado atraente por determinado indivíduo ou grupo (Levine, 2000: 566). Em outras palavras, em ambas as formas a atração não envolve a nossa percepção da pessoa por quem estamos atraídos, mas sim depende do que alguém decide revelar sobre si próprio, que ele ou seu grupo julgam ser importantes para despertar desejo.

A literatura sobre os classificados pessoais impressos é vasta e bem representada nas áreas de Psicologia e Sociologia. Na área da Linguística há os trabalhos de Coupland (1996), Shalom (1997) e Marley (2002). Coupland (1996: 193-195) sugeriu que a organização genérica de anúncios pessoais impressos continha os atributos do anunciante, seguidos dos atributos do "alvo" desejado e, por fim, os objetivos de uma possível relação e um detalhe para contato.

Shalom descreve os anúncios pessoais impressos em jornais contemporâneos na Grã-Bretanha, especificamente os atributos utilizados pelos anunciantes (homens e mulheres, homossexuais e heterossexuais) para a autodescrição e para descreverem seus objetos de desejo. O foco maior do autor é analisar o léxico utilizado por cada grupo desses anunciantes. Para tal, parte de um *corpus* e extrai padrões recorrentes que emergem do próprio *corpus*. Shalom (1997: 194-5) reconhece algumas diferenças significativas entre os grupos estudados e conclui que o grupo que tende a colocar em seus anúncios com frequência uma descrição do objeto de seu desejo é aquele formado por heterossexuais homens.

Quanto a anúncios pessoais digitais, há interessantes trabalhos na área de Sociologia, como o de Strassberg e Holty (2003), que fizeram um experimento com relação a que características atrairiam mais respostas, colocando quatro anúncios digitais do tipo "mulher procura" na internet. Cada anúncio salientava características que iam desde "sou financeiramente independente, ambiciosa" até "sou linda, atraente e magra". Os autores queriam saber que características despertariam mais oportunidades para respostas.

Um trabalho sobre APEs que inclui a língua portuguesa é o de Gama e Silva (2008). Os autores controlam suas variáveis, estabelecendo uma única faixa etária, um gênero biológico específico e um tipo de orientação sexual, mas inclui duas culturas: homens heterossexuais que residem nas áreas cosmopolitas do Rio de Janeiro e de Nova York. O interesse em Gama e Silva é observar as diferenças interculturais entre versões americanas e brasileiras de sites.

Nos anúncios impressos, é comum encontrar abreviações, pois os anunciantes pagam por quantidade de caracteres publicados, o que não acontece no APEs, nos quais, quando há cobrança, ela não depende do número de caracteres.

Temos, portanto, um objeto de estudo que não apresenta restrições quanto ao número de palavras usadas nem quanto ao que pode ou não ser dito – os sites estudados não são moderados. Precisamos unicamente de um instrumento que dê conta daquilo que é dito e avaliado. O instrumento mais flexível parece ser a Teoria da Avaliatividade ou Valoração.

Modos de avaliar

A Teoria de Avaliatividade, desenvolvida por Martin e White (2005), descreve os sistemas de escolhas atitudinais em textos. Neste trabalho ela é usada para observar de que forma são feitas as autoavaliações e as avaliações dos objetos de desejo em APEs escritos em português.

Já foi dito (Eggins e Slade, 1997: 124-5) que "uma das áreas menos compreendidas e menos estudadas na Linguística é o domínio relacionado à avaliação interpessoal".[3] Dentro da Gramática Sistêmico-Funcional, Martin (2003) diz que foi através de inúmeras e progressivas incursões de diferentes analistas é que se conseguiu dar conta do que seria uma teoria de linguagem avaliativa para a língua inglesa, a Teoria de Avaliatividade.

Para Martin e White (2005), "Avaliatividade" (ou *Appraisal*) é o sistema de escolhas que "descreve a forma como a linguagem é utilizada para avaliar, assumir posicionamentos, construir *personas* textuais e lidar com relações e posicionamentos interpessoais".[4] Esse grande sistema é dividido em três grandes componentes: Atitude (qual é a posição de quem fala/escreve), Gradação (com que lente é feita a avaliação, aumentada ou diminuída) e Fonte (quem faz a avaliação ou através de que voz ela é feita).

Quadro 1: Resumo do subsistema de Atitude[5]

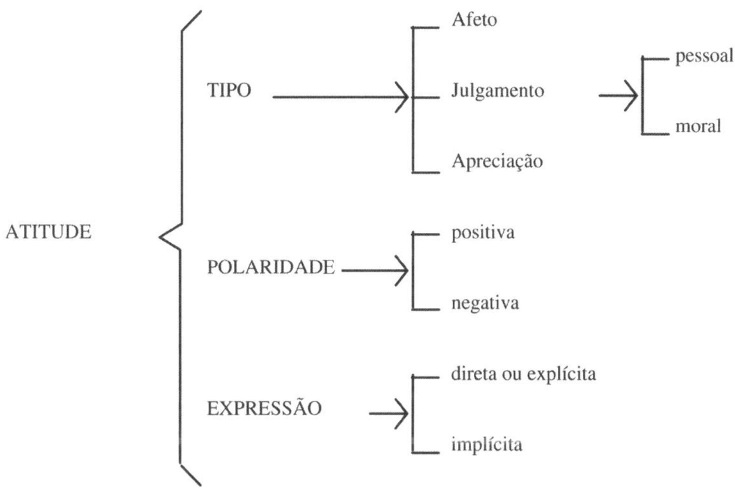

As marcas de Atitude em um texto não são sempre explícitas. Algumas vezes elas são implícitas e, portanto, mais difíceis de analisar. Essas marcas acontecem:

a) quando se usam símiles ou metáforas;
   Ex.: Dizem que sou gato.
b) quando se descrevem comportamentos através dos sinais que os evocam.
   Ex.: Ela fica vermelha quando ouve um elogio.

O sistema como um todo tem ainda os subsistemas de Graduação e Engajamento. Na Graduação vemos os graus de Atitude (de muito até pouco) e no Engajamento vemos a polifonia do texto – quem fala (qual a fonte?) e como fala (discurso direto, indireto, quais os verbos usados etc.). Para o escopo deste trabalho, usaremos somente o subsistema de Atitude.

Com relação ao primeiro subsistema da Avaliatividade, ou seja, Atitude, podem ser identificadas três dimensões: Afeto, Apreciação e Julgamento. Essas dimensões formam um subsistema porque são mutuamente excludentes. Elas correspondem, respectivamente, à emoção, à estética e à ética, e constituem *escolhas* feitas pelos enunciadores para verbalizarem suas avaliações. Portanto, avaliar através da linguagem do Afeto implica não avaliar com linguagem de Apreciação ou Julgamento e vice-versa.

Afeto é uma das categorias de Atitude que tem a ver com as emoções positivas e negativas que sentimos em relação a algo ou alguma pessoa. Em outras palavras, quando nos sentimos felizes ou tristes, confiantes ou ansiosos, animados ou entediados (Martin e White, 2005: 42), podemos verbalizar esses sentimentos através das marcas linguísticas de Afeto. Afeto, portanto, pode ser negativo ou positivo e pode ser expresso diretamente através de processos mentais como "eu gosto", "eu amo", "eu odeio", ou indiretamente através de verbos que exprimem processos comportamentais, que indicam o estado do sujeito. Por exemplo, "eu tremia dos pés à cabeça" é uma alternativa para "estava nervoso", e desta forma pode indicar Afeto negativo.

A segunda categoria de Atitude é Apreciação, que lida com avaliações de coisas (suas formas, composição, texturas, valor social), de fenômenos naturais e semióticos, conforme a maneira como esses fenômenos são valorizados ou não em um determinado contexto (Martin e White, 2005: 43). Um exemplo de Apreciação pode ser visto em (1), em que um anunciante (H8) escreve sua autoavaliação:

(1) gato, pauzudo e gostoso isso disseram de mim, so estou repetindo...

São instâncias do subsistema de Apreciação "(sou) gato", "(sou) pauzudo" e "(sou) gostoso", todas positivas, dentro do contexto do comodificação do corpo do anunciante, ou transformação do seu corpo em mercadoria. Martin e White (2005) utilizam apenas exemplos de objetos e coisas (em vez de pessoas) em seu livro para exemplificar instâncias de Apreciação, como "A novela estava ótima", "O artigo estava bem escrito" etc. Em muitas autodescrições dos anunciantes, entretanto, dá-se ênfase à descrição de corpos pelo que possuem de características estéticas (bonito, belo, bem torneado) ou de elementos constituintes (pernas, braços, traseiros), isto é, dá-se preferência por descrições pautadas em Apreciação.

Em (1), há também evidências dos outros componentes do sistema: gradação em "pauzudo", que se infere estar aumentando os atributos do anunciante, e fonte em "disseram de mim", uma fonte vaga, não nomeada, talvez para justificar o embaraço de um autoelogio.

A categoria de Julgamento cobre a avaliação de comportamento, o qual podemos admirar, criticar, reforçar ou condenar. Alguns exemplos seriam: "Sou discreto", "Tenho nível superior" e "Sou paciente com iniciantes" (de *ménages à trois*). Essas seriam qualidades comportamentais louváveis dentro do contexto dos anúncios.

Além de poder contar com categorias linguísticas identificáveis nos textos, a Teoria de Avaliatividade oferece uma vantagem extra para o analista: ao avaliar, o avaliador se alinha ou não com as práticas de determinado grupo. Por exemplo, no grupo dos gays, há duas instâncias de justaposição de atributos que evidenciam preconceitos, oriundos de dois anunciantes distintos:

(2) Não busco **afeminados** e sim **homem discreto**, tranquilo, afim de uma sacanagem ou relacionamento
(3) Sou **discreto,** não **afeminado,** procuro algo de boa (sic) que seja prazeroso

Ser gay afeminado é justaposto a ser discreto, tranquilo. Igualmente evidenciado na avaliação de comportamento, ser afeminado pode ser impedimento a uma sacanagem, relacionamento ou algo prazeroso.

Contexto de pesquisa

O *corpus* de APEs utilizado nesta pesquisa provém de sites de relacionamento, acessados por comunidades como heterossexuais, homossexuais, bissexuais (os três grupos de homens e mulheres), além de travestis, *cross-dressers*,[6] curiosos(as), e outros grupos que porventura encontrem nesses sites um espaço para buscar parceiros. Foram reunidos anúncios de dois desses grupos para verificar até que ponto pode-se falar de diferenças entre a linguagem usada por pessoas que se identificam com uma dada orientação sexual.

Para compor o *corpus* deste capítulo, foram retirados quarenta anúncios ao todo de forma aleatória: vinte deles do site "www.disponivel.com", doravante site A, e vinte do site "www.match.com", doravante site B. O site A é uma iniciativa brasileira, ao passo que o site B é uma iniciativa estrangeira que tem versões em várias línguas. Desses quarenta anúncios, vinte são de homens que se identificaram como heterossexuais (doravante Hs) e vinte são de homens que se identificaram como homossexuais (doravante Gs). Foram descartados anúncios de homens que se diziam heterossexuais, mas que descreviam suas ações como homossexuais. Os anúncios de bissexuais, curiosos e transexuais não foram considerados para o presente trabalho por não estarem dentro do escopo das perguntas de pesquisa. Pelas mesmas razões de escopo, foram deixados de fora da coleta também anúncios de homens que procuram travestis e/ou *cross-dressers*. Todos os anunciantes declararam estar na faixa de idade entre 20 e 30 anos. Essa faixa de idade foi escolhida por conter um número suficiente de anúncios tanto de Hs quanto de Gs.[7]

Cada anúncio em cada um dos sites contém campos que são preenchidos de forma controlada e outros que são preenchidos de forma livre. Em outras palavras, nos campos de preenchimento controlado, o usuário precisa escolher, a partir de uma lista de opções dadas pelos sites, as que melhor se encaixam na sua autodescrição. Esses campos não foram levados em consideração para a pesquisa por não representarem exemplo de colaboração espontânea por parte dos usuários. Só foram considerados os campos de preenchimento livre.

Análise

O presente trabalho lida com APEs que podem, para fins analíticos, ser divididos em seus componentes. Portanto, com propósitos analíticos, seccionamos os nossos APEs em partes semelhantes: a que denominamos movimentos retóricos (MRs) e a partir de elementos opcionais, a que denominamos chamados de passos/estratégias – ambos os termos fazem parte da nomenclatura analítica de Swales (1990). Em nossa análise usamos a nomenclatura de Swales somente como ferramenta de análise, visto que os próprios sites já fazem uma tentativa de predefinir o que deve ser feito em cada movimento. Por exemplo, nos dois sites analisados há campos denominados "Sobre mim", "Procuro por", "Geral", "Apresentação pessoal", "Fale mais sobre você" e "Descrição de quem (anunciante) busca". No entanto, é comum encontrar anunciantes que fazem uma breve descrição de seu objeto de desejo em campos que estariam reservados para a autodescrição. Isto pode ser lido como: faz parte de quem eu sou estar procurando por essa pessoa.

A análise foi dividida em duas partes: uma que contemplou as características formais dos APEs, algo semelhante ao processo de caracterizar os elementos formais de um gênero, e uma segunda parte que visa dar conta da análise em termos daquilo que é avaliado.

Em primeiro lugar, analisamos a estrutura dos APEs como aparecem na web para definir que partes seriam mais interessantes para uma análise de Avaliatividade. Após esse primeiro tratamento dos dados, passamos a uma análise mais minuciosa, observando, em dois MRs específicos, a forma como nossos sujeitos, gays e heterossexuais, descrevem a si mesmos e a seus objetos de desejo.

COMPONENTES DE UM APE

O primeiro passo para formarmos nossa análise foi dividir os APEs em MRs (movimentos retóricos). Além disso, no site B, a coexistência dos campos "Geral" e "Fale mais sobre você" já mostra que existe um campo sobressalente, se não redundante. Por essa razão, seria impossível proceder com a análise a partir das categorias predefinidas pelos sites. Em vez disso, separamos o que se encaixava como MR "autodescrição" do que se encaixava como MR "descrição da pessoa procurada", independentemente de onde esses MRs apareciam nos sites.

Os MRs são, como já foi dito, elementos que compõem os gêneros, ou seja, os gêneros podem ser caracterizados a partir de seus MRs obrigatórios. Nesta primeira parte da seção de análise, exploraremos os MRs característicos do suporte eletrônico do anúncio pessoal. Os MRs identificados foram: iniciar, autodescrever-se, descrever a pessoa procurada, definir o tipo de relação e pressionar/finalizar, que serão listados a seguir:

Movimento 1: Iniciar
Passo 1: Cumprimentar com "oi", "olá" etc. e/ou
Passo 2: Fazer uso de humor e/ou
Passo 3: Fazer citações filosóficas, engraçadas, antipáticas ou sexuais

Movimento 2: Autodescrever-se
Passo 1: Escrever sobre seu físico e/ou
Passo 2: Escrever sobre seu comportamento e/ou
Passo 3: Escrever sobre suas emoções
Passo 4: Anexar fotos e/ou
Passo 5: Anexar vídeos

Movimento 3: Descrever a pessoa procurada
Passo 1: Escrever sobre seu físico e/ou
Passo 2: Escrever sobre seu comportamento e/ou
Passo 3: Escrever sobre suas emoções
Passo 4: Fazer referência a perfis de outros usuários do site
Passo 5: Fazer ressalvas

Movimento 4: Definir o tipo de relação
Passo 1: Dizer que tipo de relação o anunciante espera estabelecer

Movimento 5: Pressionar/finalizar
Passo 1: Fazer solicitação de contato e/ou
Passo 2: Oferecer uma forma de contato e/ou
Passo 3: Estimular os leitores a entrarem em contato e/ou
Passo 4: Atestar garantia de satisfação e/ou
Passo 5: Mandar beijos, abraços etc. para o leitor e/ou
Passo 6: Fazer uso de humor e/ou
Passo 7: Fazer citações filosóficas, engraçadas, antipáticas ou sexuais

Por exemplo, no anúncio do G6, temos os textos (4) e (5):

(4) <u>Afim de algo sigiloso e sem comprometimentos</u> (MR4) entre <u>caras machos</u> (MR2 e MR3), por enquanto. Deixando as coisas acontecerem. <u>Sou discreto, não afeminado</u> (MR2), <u>procuro algo de boa, que seja prazeroso e seguro para todos</u> (MR4). Podemos conversar, trocar umas ideias, e ver o que acontece. As vezes viajando por ai, quem sabe nos encontramos. Viajando por ai, nesse mês.

(5) Alguém sigiloso e discreto. Que queria algo no sigilo entre caras machos. Espero seu contato (MR5), se você se enquadra nestas características...

No anúncio do G8, temos os textos (6) e (7):

(6) Sou IDEAL para um cara afim de se relacionar com uma pessoa, alegre, simpatica, sem grilos a respeito da sexualidade. Sou um cara versatil e tranquila (MR2). Msn : nomehotmail.com (MR5)

(7) Não busco afeminados e sim homem discreto, tranquilo (MR3), afim de uma sacanagem quanto um relacionamento (MR4).

A qualquer momento, os anunciantes podem utilizar caixa alta para chamar atenção para informações específicas, como se pode ver nos últimos exemplos, no anunciante G8. O anunciante G10, mostrado em (8), utiliza mais recursos para chamar atenção: asteriscos, muita caixa alta e repetição de pontuação (como exclamação dupla "!!"); além de smileys (como o símbolo ";)", que representa uma piscada de olho), escrita característica do internetês (como escrever "naum" em vez de "não"), abreviações (como "tds" em lugar de "todos" ou "msg." em vez de "mensagem"), palavras que se aproximam do registro oral (como "ow", "qué?" e "aê") e também risos (como "hehehehe" e "rs").

(8) ** ow..eu naum sou fake!!** SE VC Ñ TEM FOTO, NEM MANDE Msg. (MR1)! SE NAUM TE RESPONDI (NEM COM SMILE) É PQ NAUM ME INTERESSEI... (MR1) DEU PRA ENTENDER NÉ (MR1)? No mais.... sou um cara legal..sem neuras.. procurando foda gostosa!! qué ? hehehehe ;) PS: grato a tds pela visita (MR5)!! Favorita aê (MR5) rs!

Vimos brevemente, então, os MRs utilizados para descrever a forma dos APEs em questão. Conforme dito anteriormente, o foco deste trabalho será nos MRs 2 e 3, "Autodescrever-se" e "Descrever a pessoa procurada", pois são caracteristicamente avaliativos e são espaços abertos para preenchimentos e não alternativas para marcação. Na próxima seção, esses MRs são nosso foco de análise.

O LÉXICO DOS APEs

Uma análise de posicionamento atitudinal tem por bem começar com perguntas que, se respondidas, geram determinados conjuntos de léxico. Essas perguntas são colocadas em quadros, com léxico correspondente, ambos auxiliando o analista a verificar com que polos de Atitude (negativo ou positivo) e com que categorias está lidando. Para este trabalho não foi diferente.

Foram consideradas marcas lexicais de Afeto todo o vocabulário que registra sentimentos positivos ou negativos: sentimos-nos tristes ou felizes, confiantes ou ansiosos, entediados ou interessados (Martin e White, 2005: 42)? Por exemplo, "é *triste* ter que escrever aqui, mas vamos lá", ou "*infelizmente*, ela foi embora".

Como Julgamento se relaciona com comportamento, todas as marcas que revelam determinada Atitude em relação ao próprio comportamento ou ao comportamento de outros foram consideradas marcas de Julgamento. Por exemplo, "Sou *safado*" ou "Sou *sigiloso*".

Apreciação envolve avaliações de coisas, processos ou de pessoas vistas como coisas. Por exemplo, "Ir ao cinema é *legal*", ou "Quero uma mulher com *peitão e bundão*".

Além de dividir o posicionamento atitudinal nessas três categorias, podemos também indicar se os itens lexicais são positivos ou negativos. No entanto, a distinção entre positivo e negativo não é estanque, mas controlada pelo público leitor e pelo fluir do texto. A próxima seção discute de que forma o assunto foi abordado nesta pesquisa.

POSITIVO OU NEGATIVO?

Em relação ao *corpus* que estamos utilizando, nem sempre é fácil dizer se determinados comportamentos ou avaliações de coisas são positivos ou negativos. Na verdade, a classificação como positivo ou negativo vai variar de acordo com o leitor. Conforme Painter (2003) argumenta, alguns critérios individuais de Julgamento e Apreciação são moldados a partir dos primeiros momentos de vida do ser humano.

Os APEs podem servir a finalidades diversas, como instrumentos para apresentar-se como objeto de desejo do outro, procurar sexo, relacionamento duradouro ou amizade. Realizações linguísticas como "sou safado", "sou tarado", "gosto de tirar um sarro gostoso", "aprendi a fazer uma mulher jorrar", "adoro sacanagem e putaria", "sou sacana" e "sou putão" podem ser consideradas, em tese, como pertencendo ao polo positivo, se o leitor dessas palavras compartilhar os mesmos interesses de seus anunciantes.

Para que se entenda melhor o tipo de análise feita, a seguir apresentamos quadros sinóticos contendo itens lexicais que resumem as três categorias de Atitude (Julgamento, Apreciação e Afeto) em seus polos positivo e negativo assim como se manifestam no *corpus* de APEs.

Afeto

No *corpus* gerado para este capítulo, muito poucos itens fazem referência à emoção, sempre relacionados à felicidade ou à infelicidade dos anunciantes, como por exemplo, "quero alguém que me faça feliz" e "sou uma pessoa alegre". Diferentemente do trabalho de 2007, não incluímos nesta categoria verbos que exprimem processos mentais, como "adoro", "curto" e "descarto". Esses itens, nesta análise, foram considerados como introdutores para o MR4 (em que se define a relação pretendida) ou como forma de introduzir os MRs 2 e 3, em que são feitas a descrição do próprio anunciante e a descrição da pessoa procurada, respectivamente. Uma terceira possibilidade para esses itens lexicais foi de considerá-los como sinais de comportamento. Ou seja, se um determinado anunciante afirma que "gosta de putaria", isso será encaixado como uma característica de seu comportamento de Capacidade (sexual) ou de reprovação moral, e não como uma característica de suas emoções.

Comportamento

Em relação ao léxico relativo ao comportamento dos anunciantes e seus objetos de desejo, utilizamos os mesmos critérios da pesquisa de 2007. Para o subitem Normalidade, definimos o escopo da categoria através da pergunta: "Quão especial eu sou?" Um fato interessante observado foi a preponderância de termos "guarda-chuva", por exemplo, "legal", "interessante" e "tranquilo". Não propusemos uma lista exaustiva de todas as possibilidades. Nosso intuito com esta análise alternativa foi simplesmente tentar organizar de forma mais clara o que deve entrar em cada categoria quando se fala de relacionamentos pessoais.

Em relação ao item Capacidade, expandimos a pergunta "Quão capaz?" para "Quão capaz de ter um relacionamento eu sou?", e então reformulamos a pergunta da seguinte forma: "O que tenho a oferecer individualmente para uma relação?" No que diz respeito ao item Tenacidade, expandimos a pergunta para "Quão decidido a fazer um determinado relacionamento dar certo eu estou?". É importante notar que os usuários dos sites de relacionamento pessoal têm propósitos diversos, entre eles namoro e sexo casual. Dessa forma, poderia haver tanto pessoas dispostas a manter relacionamentos duradouros como pessoas dispostas a não ter qualquer espécie de relacionamento duradouro. O foco em questão seria a Atitude dos usuários dos sites em fazer um relacionamento específico dar certo (o que não significa dizer que o relacionamento deveria durar).

Os itens relacionados a Sanção Social, Veracidade e Propriedade são amplamente similares à definição de Martin e White (2005). Devido à natureza do *corpus*, eles acabaram ficando reduzidos a alguns poucos itens.

Quadro 2: Organização do léxico relacionado a Julgamento (Estima Social)

ESTIMA SOCIAL	Positiva (admirar)	Negativa (criticar)
Normalidade: **"quão especial?"**	Normal, ordinário, Legal, com bom papo, bacana Tranquilo, sem neuras Simples, sem frescuras Discreto, másculo Extrovertido Interessante Caseiro Fora do meio	Diferente, excêntrico Chato, entediante, mal-humorado Neurótico Exigente, fresco, extravagante Efeminado Tímido, paradão, pacato Chato Baladeiro Dentro do meio
Capacidade: **"quão capaz de ter um relacionamento?"**	Maduro Novinho Inteligente Safado, putão, tarado Liberal Carinhoso, romântico, atencioso Calmo, paciente Bom nível	Imaturo Velho Burro Pudico Conservador Indiferente, insensível Nervoso, estourado Vulgar
Tenacidade: **"quão decidido a fazer um relacionamento dar certo?"**	Confiável, fiel Resolvido Constante	Não confiável, infiel Cheio de dúvidas Inconstante, temperamental

Quadro 3: Organização do léxico relacionado a Julgamento (Sanção Social)

SANÇÃO SOCIAL	Positiva (apreciar)	Negativa (condenar)
Veracidade: **"quão honesto?"**	Verdadeiro	Falso
Propriedade: **"quão exemplar?"**	De bem Educado, grosseiro Amigo	Mau Mal-educado, rude Traidor

Como vimos, então, nos quadros 2 e 3, o léxico de Julgamento está intimamente ligado ao comportamento das pessoas. Na próxima seção, discutimos a categoria de Apreciação.

Físico

Em relação à Apreciação, outro tipo de léxico foi encontrado. São exemplos típicos de Apreciação em APEs os adjetivos relacionados à descrição física das pessoas. A diferença fundamental entre Apreciação e Julgamento está na diferença entre as qualidades físicas e comportamentais/mentais, respectivamente, das pessoas sendo descritas. Desta forma, "Sou honesto" é uma descrição baseada em um Julgamento de Veracidade, e "Sou sarado" é uma descrição baseada na Apreciação da composição do corpo. A categoria de Apreciação, assim como o Julgamento, divide-se em subcategorias. De acordo com Martin e White (2005), são elas Reação, Composição e Avaliação. Para o *corpus* em questão, no entanto, só encontramos exemplos relacionados à composição e estética dos corpos.

Tabela 1: Organização do léxico relacionado à Apreciação

	Positiva	**Negativa**
Composição	Bom, bonito, esplêndido	Ruim, feio, grotesco
	Harmonioso, benfeito Bonito, sarado, magro, definido Garotão de praia, marcão de sunga Com foto Jovem	Contraditório, mal feito Feio, gordo, magricelo ? Sem foto Velho

Estas três categorias (Afeto, Apreciação e Julgamento), no entanto, nem sempre têm fronteiras discretas. Por isso, é possível que haja variação entre analistas diferentes. Dessa forma, é importante ressaltar que não pode existir uma única lista capaz de dar conta de todo o léxico de posicionamento atitudinal para toda e qualquer situação e que as dúvidas têm de ser esclarecidas através do contexto situacional.

Panorama

Para um panorama geral fizemos o levantamento da utilização de itens relacionados a cada categoria de Atitude, por site e por variável de comportamento sexual. Temos de entender essa distribuição de categorias à luz do que foi anexado em termos de informação não verbal às descrições dos anunciantes.

No site A, todos os H anexaram foto ao perfil. Um (H10) ofereceu fotos adicionais (através de e-mail ou serviço de mensagem instantânea) e outros dois (H1, H7) ofereceram outras fotos e contato por webcam. No mesmo site dos dez Gs, nove anexaram foto (sendo a única exceção o G7). Com relação ao ato de pedir fotos de seus futuros correspondentes, três Gs (G4, G5, G10) *exigem* que seus objetos de desejo lhes enviem foto. A tendência do site A é a divulgação de fotos de corpos nus.

A estratégia da oferta de uma imagem poderia justificar ausência de descrição de aparência física – a descrição poderia parecer redundante. Entretanto, não é isso que a análise mostra, como veremos a seguir.

Em relação aos Hs, como se pode ver nos gráficos 1 e 2, o que se constata é que na autodescrição houve uma preferência pelo léxico relacionado a comportamento

(Julgamento), ou seja, como "eu sou como pessoa", como em "maior parte do tempo estou rindo de algo", "espontanio (sic) brincalhao e amigo e cinsero (sic)". Entretanto, a oferta de fotos não esvazia a descrição do corpo como objeto, como por exemplo, "sou negro,tenho 20 anos, me acho simpatico e também atraente", ou "Moreno olhos e cabelos castanhos". Há também uso de linguagem de Apreciação (aparência) para descrição da pessoa procurada, mas as buscas são por parcerias com foco em Julgamento, "eu busco mesmo alguem para estar comigo, nas horas boas e ruins da vida", "Procuro alguém pra conversar". Não foi possível identificar índices de Afeto nem na autodescrição nem na descrição da pessoa procurada.

Gráfico 1: Autodescrição de Hs no site A

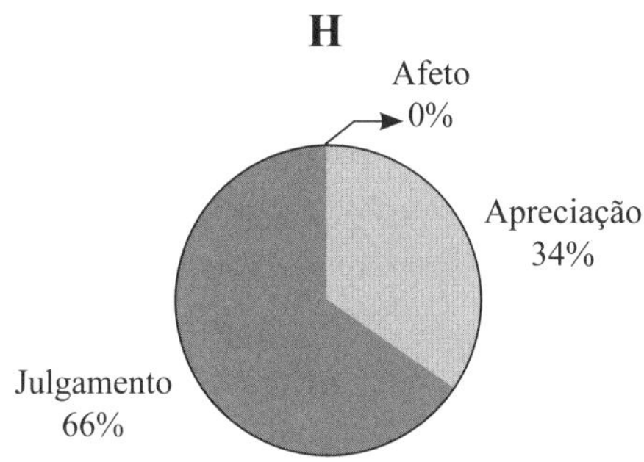

Gráfico 2: Descrição da pessoa procurada por Hs no site A

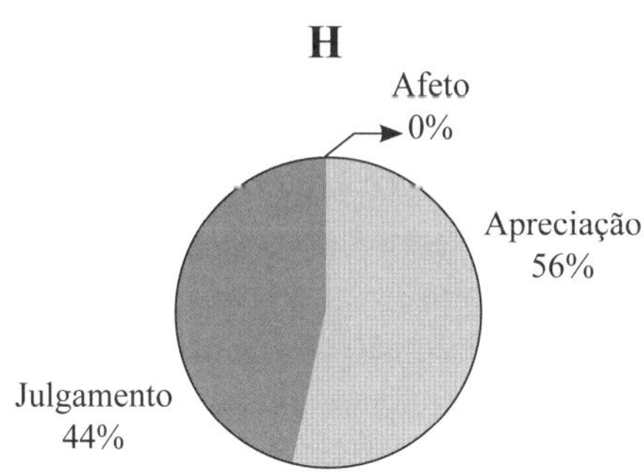

Na autodescrição dos Hs são destacados os seguintes comportamentos: "sou sinisto (sic)", "Sou uma pessoa tranquila", "sou sempre estrovertido !!! (sic)", "Eu sou diferente igual a todo mundo". As pessoas procuradas pelos Hs no site A são descritas como "simpatica e inteligente e amiga", "a procura de uma namorada", "si quer inovar porque não arriscar...", "Procuro alguém pra conversar".

Entre os Gs, parece haver uma preferência pela utilização de características de comportamento, tanto para a autodescrição quanto para a descrição, quando descrevem seus objetos de desejo, como mapeado nos gráficos 3 e 4.

Gráfico 3: Autodescrição de Gs no site A

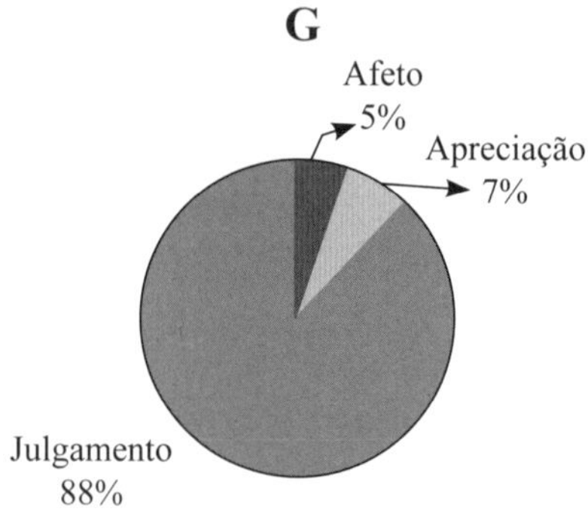

Gráfico 4: Descrição da pessoa procurada por Gs no site A

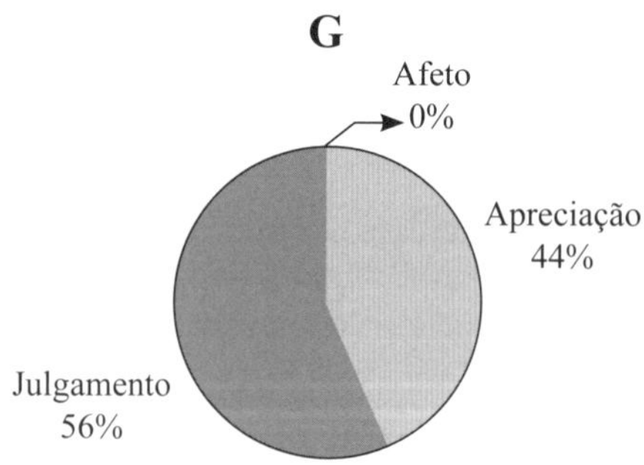

Uma semelhança entre os grupos é que assim como os Hs, os Gs não utilizam léxico indicador de emoção na descrição do objeto de desejo. Uma diferença é que, entre os Gs, as características de comportamento são priorizadas em detrimento de características físicas. Em relação à autodescrição, os dois "grupos" revelam preferências diferentes; ao passo que os Hs equilibram suas descrições entre comportamento e aparência, os Gs dão maior ênfase a comportamento.

Vimos, portanto, semelhanças e diferenças entre Gs e Hs, no site A. Passaremos agora para o site B.

Inicialmente, conforme vemos nos gráficos 5 e 6, os resultados parecem coincidir de site para site, já que a distribuição de léxico indicador de Atitude na autodescrição dos Hs no site B é bastante parecida com a do site A. No entanto, a descrição da pessoa procurada é feita de forma diferente.

Gráfico 5: Autodescrição de Hs no site B

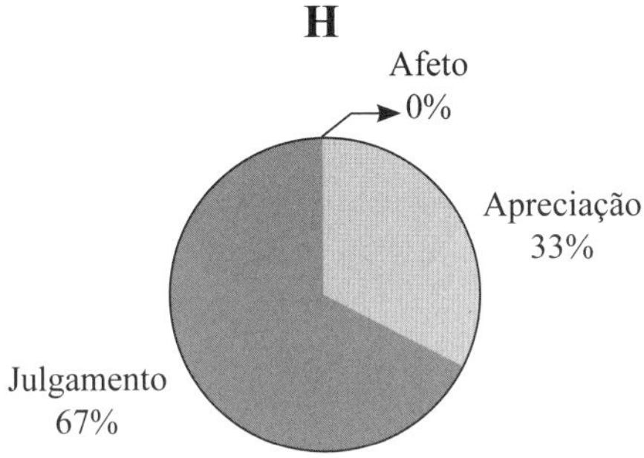

Gráfico 6: Descrição da pessoa procurada por Hs no site B

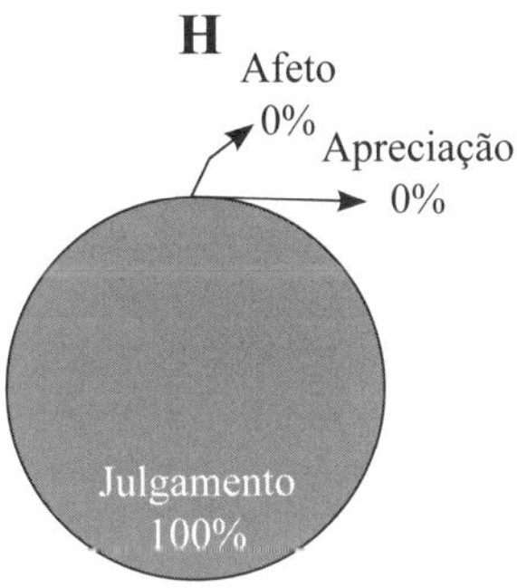

É possível observar que, na descrição do objeto de desejo, os Hs do site B utilizam apenas características relacionadas a comportamento, o que não acontece no site A. Resta verificar, portanto, se há alguma semelhança entre os anúncios de Gs nos dois sites.

A partir dos gráficos 7 e 8, que estabelecem os padrões do site B, começamos a perceber as diferenças nos padrões atitudinais adotados pelos gays em ambos os sites: enquanto os padrões de autodescrição utilizados pelos Gs dos dois sites são relativamente parecidos, os Gs do site B descrevem seus objetos de desejo predominantemente em termos de suas características comportamentais. Além disso, ao contrário de como ocorre no site A, os anunciantes do site B descrevem tanto a si quanto à pessoa desejada usando sinais de Afeto.

Gráfico 7: Autodescrição de Gs no site B

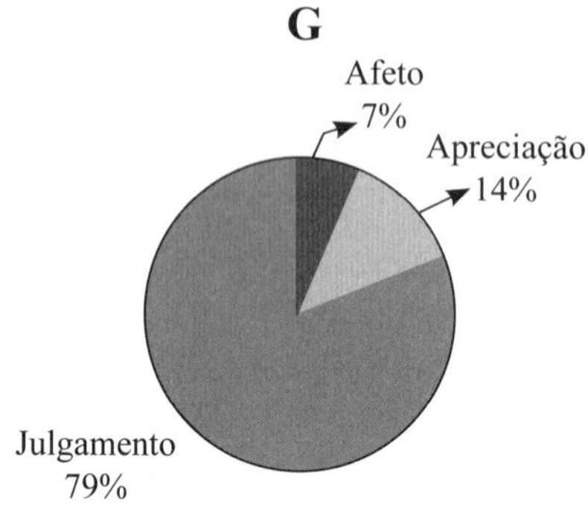

Gráfico 8: Descrição da pessoa procurada por Gs no site B

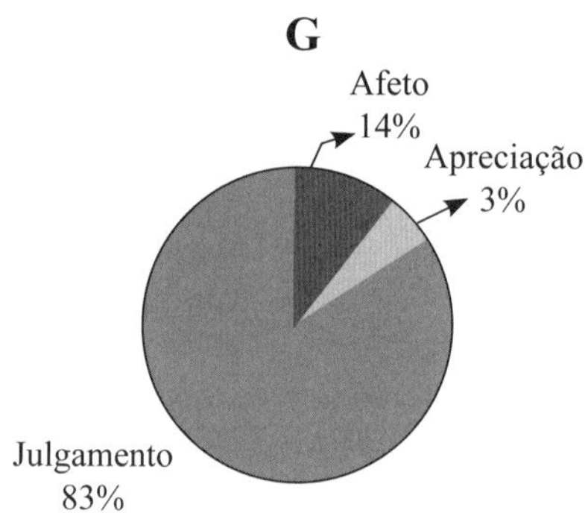

Alguns exemplos são de linguagem de Afeto nesse site: "Sinceramente nao estou mais *interessado* em sexo casual, pessoas vazias ou putaria gratuita", "*Enjoado* disso aqui.Procurando somente algo serio", ".. *naum curto* coroas, ursos, barbies e caras q se achaum a 'ultima bolacha do pacote' nem "femininas", "*curto muito* caras peludos, *encaro* picas de todos os tamanhos..". Quanto a Julgamento na autodescrição, há a opção pela palavra "cara" em "Sou um *cara tranquilo*", "*Cara gente boa*, papo maneiro, tesudo na cama....safado e bem humorado", "Sou um *cara normal*", "Sou um *cara versatil e tranquilo*".

Na descrição do ser procurado, às vezes há oscilação entre Afeto, Apreciação e Julgamento, como em (9):

(9) Procuro um **cara que tenha os mesmos objetivos que eu** [Julgamento], que seja masculino [Apreciação], bem-humorado [Julgamento], trabalhador [Julgamento], bonito [Apreciação], que goste de cuidar do corpo e da mente [Afeto] e seja responsável [Julgamento]. Importante: nada contra, mas não curto [Afeto]

> afeminados [Apreciação]. Procuro um cara que seja homem [Apreciação], em sua essência mesmo, porque isso me atrai bastante [Afeto]. Outra coisa, assim que entrar em contato deixe claro o que procura, ninguém precisa ser falso com ninguém [Julgamento].

Vimos, portanto, as diferenças e semelhanças entre Gs e Hs dos dois sites, e a preponderância da categoria Julgamento como escolha para a autodescrição e a descrição do parceiro pretendido. Resta agora responder às perguntas iniciais motivadoras da pesquisa.

As diferenças da utilização de posicionamento atitudinal podem ser idiossincráticas, ou seja, variam de pessoa para pessoa, mas não de grupo para grupo. Por outro lado, percebe-se que existe uma diferença entre os anunciantes em relação ao tamanho de seus textos, independentemente do site que tenham escolhido: tanto no site A, quanto no site B, os gays tendem a escrever mais os que os heterossexuais, como mostra a tabela 2.

Tabela 2: Panorama lexical dos APEs

	Gays		**Heterossexuais**	
	Total de palavras	**Total de palavras diferentes**	**Total de palavras**	**Total de palavras diferentes**
Match.com	478	251	214	118
Disponível.com	601	307	485	260
Total	1.079	558	699	378

Há também preferência nos textos dos gays por duas palavras do mesmo campo semântico: “discreto” e “sigiloso”. Os exemplos (10) a (16) ilustram essa preocupação.

(10) “oitenta e oito oitenta e cinco kg anos, *discreto*, acima de qualquer suspeita.”
(11) Marcos Sexo *sigiloso* e *discreto*. Descrição acima de tudo.
(12) Alguém *sigiloso* e *discreto*. Que queria algo no sigilo entre caras
(13) Não busco afeminados e sim homem *discreto*, tranquilo, afim de uma sacanagem
(14) Sou *discreto*, não afeminado, procuro algo de boa que seja prazeroso
(15) Sou um tipo de pessoa bem *discreto* procuro conhecer pessoasq sejam decidida do que realmente querem
(16) Sou *Discreto* Fora do meio ninguem sabe de mim

Nos textos dos gays aparecem os itens amor e sexo. Amor aparece somente no site B:

(17) que me de atenção que queira viver uma *historia de amor* sem frescuras e que de valor a mim
(18) Olá,sou um pessoa muito carinhosa,com *muito amor pra dar...* Gostaria de conheser um pessoa especial
(19) uma pessoa tranquila, um pouco carente, *que tem muito amor* pra dar e precisa também ser muito amado!!!!!!!
(20) Olá gostaria de *conhecer um amor*, real na minha vida.
(21) legal e simpático extrovertido Procuro *um amor verdadeiro*!

Mesmo no site A, no qual a palavra sexo aparece sete vezes, uma delas é para sinalizar o que o anunciante não quer, sexo casual, e nas demais o que o anunciante pretende: sexo seguro, com pessoas bem resolvidas.

(22) Sinceramente *nao estou mais interessado em sexo casual*, pessoas vazias ou putaria gratuita, simpl
(23) Curto real e to procurando por isso.....*sexo sexo e somente sexo*. Tem que ser macho, ter Atitude
(24) muito caras peludos, encaro todos os tamanhos.*SEXO seguro*. Sem Compromisso!!
(25) Aqui a procura de diversão sadia e *muito sexo com pessoas bem resolvidas*
(26) jeito de homem, entre vinte e cinquenta anos *pra sexo apenas* ou amizade, não procuro relacionamento
(27) um cara normal, procurando um maduro fofinho, *pra sexo*, compromisso e o que rolar

Em contrapartida, nos textos dos heterossexuais não aparece o item amor. Sexo é associado à vida saudável, ao prazer e pode ser combinado com amizade.

(28) Safado111 adoro sexo! quero muita foda gostosa.
(29) Adoro correr, malhar, ter uma vida bem saudavel!! Só faço sexo SEGURO!! **** m
(30) Não estou aqui p/ julgar ninguém. Não necessariamente só pra sexo, mas claro que será bem vindo se rolar! rs: p
(31) que queira fazer uma boa amizade...e tb um sexo bem gostoso e sacana!!

Considerações finais

Duas de nossas perguntas de pesquisa foram respondidas ao longo da seção anterior. Entre escolher falar/verbalizar o que são e o que querem em termos de sentimentos, os anunciantes dos sites estudados preferem verbalizar características de corpos ou de comportamentos (vigor e preferência sexuais). Ainda que os dados sejam restritos, a amostra de 20 anúncios aponta para tal tendência tanto em gays como em heterossexuais do sexo masculino. Resta ainda uma pergunta: Como explicar as características ressaltadas pelos dois grupos em termos do meio eletrônico usado?

Começamos este capítulo afirmando que os APEs seriam um meio de ajudar na formação de parcerias românticas ou sexuais, através de impressões baseadas na palavra escrita e em alguma informação obtida através de possíveis fotos. A palavra escrita e a foto seriam o meio de autorrevelação do anunciante. Vimos anteriormente que essa autorrevelação varia naquilo que enfatiza como importante, e que obviamente um anúncio, seja ele digital ou impresso, veicula alguma estratégia para fazer o anunciante parecer atraente, especialmente se o leitor é um candidato a parceiro em potencial.

Os anunciantes estudados colocam maior ênfase naquilo que veem como avaliação de comportamento, e o volume de autorrevelação vai desde "tenho muito amor para dar" a "preciso ser amado", de um lado, a "tenho aquilo que é necessário para a realização de sexo", do outro. Nesse aspecto, os APEs adiantam informação para os candidatos a parceiro – adiantam uma jogada no tabuleiro no qual são colocadas visíveis mais pedras do jogo.

Os APEs estão em constante mutação. Há APEs que estão dentro de sistemas digitais e que escolhem para os participantes seus parceiros baseando-se em algoritmos; há outros, como os estudados neste capítulo, que dependem da vontade expressa dos anunciantes para o contato se materializar. E dessa forma fica a constatação: além de se descreverem como mostrado anteriormente, os anunciantes também postam toda espécie de foto, que varia dependendo da mediação do site (match.com é o menos gráfico dos dois), uma espécie de exposição multimídia de seus corpos.

Há muito ainda a se estudar nos APEs. Se usam estratégias persuasivas, ou ainda, que estratégias são mais bem-sucedidas? Há criação de uma *persona* que usa linguagem gráfica e chula? A *persona* se descreve como desprotegida? Para averiguar o sucesso, há que se continuar investigando os APEs em termos de experimentos controlados. Outro estudo incluiria as fotos: até que ponto a exposição do corpo é a tática preferida e por quem? A exposição do corpo nu sempre vem de mãos dadas com a linguagem gráfica? Quem expõe mais seu corpo como estratégia de convencimento? A exposição multimídia requer também uma análise dos múltiplos meios que os anunciantes em APEs lançam mão. Muitas são as perguntas ainda por perguntar e por responder com relação aos APEs.

Notas

1 Tradução livre de "*fast-growing, controversial nature*".

2 Tradução livre de "*to mean many things to many people*".

3 Tradução livre de "*One of the least understood and most under-researched areas in linguistics is the domain concerned with interpersonal assessment*".

4 "Appraisal framework, a particular approach to exploring, describing and explaining the way language is used to evaluate, to adopt stances, to construct textual personas and to manage interpersonal positionings and relationships" (grifo meu). Disponível em: <http://www.grammatics.com/appraisal/AppraisalGuide/Framed/Frame.htm>. Acesso em: 31 jan. 2012.

5 Traduzido de Martin e White (2005).

[6] *Cross-dressers* são pessoas que vestem roupas tipicamente usadas por indivíduos do sexo oposto. Tradução livre de: "to dress in clothing typically worn by members of the opposite sex". Disponível em: <http://dictionary.reference.com/browse/cross-dresser>. Acesso em: 29 jan. 2013.

[7] Vale a pena frisar aqui que a escolha de outra faixa etária talvez fornecesse resultados diferentes quanto a nossas perguntas de pesquisa relativas às práticas sociais de produção de linguagem.

Referências

Augustinis-Silva, D. *O Gênero anúncio pessoal eletrônico e as escolhas de seus anunciantes:* uma análise do posicionamento atitudinal de gays e heterossexuais na internet. Rio de Janeiro, 2007. Dissertação (Mestrado em Letras) – UERJ. Disponível em: <http://www.bdtd.UERJ.br/tde_arquivos/2/TDE-2008-03-12T082038Z-202/Publico/DanieldeAugustinisSilva_tese.pdf >. Acesso em: 21 jan. 2012.

Bowker, N.; Tuffin, K. Dicing with Deception: People with Disabilities' Strategies for Managing Safety and Identity Online. *Journal of Computer-Mediated Communication*, 8 (2), 2003. Disponível em: <http://jcmc.indiana.edu/vol8/issue2/bowker.html>. Acesso em: 21 jan. 2012.

Cornwell, B.; Lundgren, B. Love on the Internet: Involvement and Misrepresentation in Romantic Relationships in Cyberspace Versus Realspace. *Computers in Human Behavior,* v. 17, 2001, pp. 197-211.

Coupland, J. Dating Advertisements: Discourses of the Commodified Self. *Discourse and Society*, v. 7 (2), 1996, pp. 187-207.

Donath, J. Identity and Deception in the Virtual Community. In: Smith, S.; Kollock, P. (eds.). *Communities in Cyberspace.* London: Routledge, 1999.

Donn, J.; Sherman, R. Attitudes and Practices Regarding the Formation of Romantic Relationships on the Internet. *CyberPsychology & Behavior*, v. 5 , n.2, 2002, pp. 107-123.

Eggins, S.; Slade, D. *Analysing Casual Conversation*. London: Cassell, 1997.

Gama e Silva, B. O. *Online Dating:* Promoting the Self and Idealizing the Other. Niterói, 2008. Tese (Doutorado em Estudos Linguísticos) – UFF. Disponível em: <http://repositorio.uff.br/jspui/bitstream/1/423/1/Beatriz%20Silva-Tese-Letras.pdf>. Acesso em: 6 fev. 2012.

Hyon, S. Genre in Three Traditions: Implications for ESL. *Tesol Quarterly*, v. 30, n. 4, 1996, pp. 693-22.

Levine, D. Virtual Attraction: what Rocks your Boat. *CyberPsychology and Behavior*, v. 3, n. 4, 2000, pp. 565-73.

Marley, C. Popping the Question: Questions and Modality in Dating Ads. *Discourse Studies*, 2002, v. 4(1), pp. 75-98.

Martin, J. R. Beyond Exchange: Appraisal Systems in English. In: Hunston, S.; Thompson, G. (eds.). *Evaluation in Text:* Authorial Stance and the Construction of Discourse. Oxford: Oxford University Press, 2003.

______; White, P. R. R. *The Language of Evaluation*. London: Palgrave, 2005.

Painter, C. Developing Attitude: an Ontogenic Perspective on Appraisal. *Text*, v. 23, n. 2, 2003, pp.183-210.

Rosenfeld, M. J.; Thomas, R. J. Searching for a Mate: the Rise of the Internet as a Social Intermediary. *American Sociological Review*, 13 June 2012. Disponível em: <http://asr.sagepub.com/content/early/2012/06/13/0003122412448050.full.pdf+html>. Acesso em: 25 jul. 2012.

Shalom, C. That Great Supermarket of Desire: Attributes of the Desired Other in Personal Advertisements. In: Harvey, K.; Shalom, C. *Language and Desire:* Encoding Sex, Romance and Intimacy. London and New York: Routledge, 1997.

Strassberg, D. S.; Holty, S. An Experimental Study on Women's Internet Personal Ads. *Archives of Sexual Behavior*, v. 32, n. 3, 2003, pp. 253-60. Disponível em: <http://www.springerlink.com/content/hvu351577146x1g6>. Acesso em: 25 jul. 2012.

Swales, J. *Genre Analysis:* English in Academic and Research Settings. Cambridge: Cambridge University Press, 1990.

Toma, C. L.; Hancock, J. T. Looks and Lies: the Role of Physical Attractiveness in Online Dating Self-Presentation and Deception. *Communication Research*, v. 37, n. 3, 2010, pp. 335–51. Disponível em: <http://crx.sagepub.com/content/37/3/335.full.pdf+html>. Acesso em: 25 jul. 2012.

______;______. A New Twist on Love´s Labor; Self-presentation in Online Dating. In: Wright, K. B.; Webb, L. M. (eds.). *Computer-Mediated Communication on Personal Relationships*. New York: Peter Lang, 2011.

______;______. What Lies Beneath: the Linguistic Traces of Deception in Online Dating Profiles. *Journal of Communication*, v. 62, n.1, 2012, pp. 78-97. Disponível em: <http://onlinelibrary.wiley.com/doi/10.1111/j.1460-2466.2011.01619.x/full>. Acesso em: 25 jul. 2012.

Whitty, M. T. Cyber-flirting: Playing at Love on the Internet. *Theory and Psychology*, 13 (3), 2003, pp. 339-57.

______; Carr, A. N. Cyberspace as Potential Space: Considering the Web as a Playground to Cyber-flirt. *Human Relations*, 56 (7), 2003, pp. 861-91.

E-EDUCAÇÃO

Design de atividades acadêmicas on-line

Vera Menezes
Antônio Carlos S. Martins
Junia Braga

Neste capítulo, apresentamos alguns conceitos teóricos que norteiam o design de atividades acadêmicas em ambiente virtual na área de Letras. Discutimos o conceito de língua como agência, a teoria sociocultural, as comunidades de prática e, em seguida, oferecemos alguns exemplos de design utilizados para o ensino de língua inglesa e para a formação do professor de inglês.

Com o advento da internet, os papéis de aluno e professor (ver Tavares neste volume) vão se modificado e se mesclando, demandando novos modos de ensinar e novos designs para as atividades acadêmicas.

Conceito de língua e aprendizagem como agência

O conceito de língua foi, por muito tempo, entendido como um conjunto de estruturas ou hábitos automáticos. Após *How to Do Things with Words* (Austin, 1962), a língua deixa de ser vista pela ótica da metáfora condutora que entende as palavras como *containers* que carregam significados e passa a ser considerada um instrumento de ação. De acordo com essa mesma obra, as palavras fazem mais do que produzir significados declarativos (força locucional), elas veiculam intenções (força ilocucional) e produzem efeitos (força perlocucionária).

As inovações tecnológicas, desde a criação da escrita, sempre tiveram forte influência no ensino de línguas estrangeiras e na formação do professor. Os livros e os recursos sonoros e visuais foram elementos de alta influência no planejamento de cursos ao longo da história da educação. Os gravadores deram aos professores uma poderosa ferramenta para o ensino da língua oral. O vídeo permitiu que o ensino ficasse cada vez mais situado e mais contextualizado. No entanto, essas tecnologias deram aos alunos pouca possibilidade de ação, ficando estes mais restritos à imitação por meio de repetições e simulações.

Com as atividades mediadas pelo computador, passamos a ver a linguagem como agência. Ela medeia o pensamento e as práticas sociais, induz à reflexão, constrói redes cognitivas, cria e resolve conflitos. A língua serve para persuadir, dar instruções, informar e para aprender, além de inúmeras outras funções. Ela também serve para oprimir, para censurar e para exercitar poder e violência (Bourdieu, 1989).

O conceito de agência é definido por Ahearn (2001: 118) como "capacidade de ação mediada socialmente"[1] e por Duranti (2004: 453) como "a propriedade das entidades (i) que têm algum grau de controle sobre seu próprio comportamento, (ii) cujas ações no mundo afetam outras entidades (e às vezes sua própria), e (iii) cujas ações são objeto de avaliação (ex. em termos de responsabilidade por um dado resultado)".

Segundo Swain e Deters (2007: 829), com base na perspectiva dialógica de Bakhtin, "quando aprendemos uma língua, nos apropriamos dos sentidos sócio-historicamente construídos, mas somos também capazes de acrescentar nossa própria voz". Entendemos essa capacidade de usar nossa própria voz como um tipo de agência e apostamos no engajamento ativo dos aprendizes na construção de sua aprendizagem. Assim, quando participam de discussões teóricas, apropriam-se de conceitos e jargões, mas também usam sua capacidade de ação mediada socialmente para afetar o restante do grupo (e a si mesmos) e assumem a responsabilidade por suas falas, submetendo-se à avaliação dos colegas e dos professores.

Pavlenko e Lantolf (2000) argumentam que a aquisição de uma segunda língua é uma luta pela participação e pertencimento em uma nova comunidade linguística e/ou sociocultural. Essa perspectiva é amplamente influenciada pelos trabalhos de Vygotsky e de seus seguidores.

Uma questão-chave na teoria vygostkiana é a da mediação social. Vygotsky (1987: 17) afirma que a função primordial da fala é a comunicação e o contato social e que, segundo sua concepção, "o verdadeiro curso do desenvolvimento do pensamento não vai do individual para o socializado, mas do social para o individual" (Vygotsky, 1987: 8). Assim, a mediação social tem papel fundamental para a aprendizagem e nos leva a outro conceito – o de zona de desenvolvimento proximal (ZDP) – que Vygostsky (1984: 97) define como:

> a distância entre o nível de desenvolvimento real, que se costuma determinar através da solução independente de problemas, e o nível potencial, determinado através da solução de problemas sob a orientação de um adulto ou em colaboração com companheiros mais capazes.

Na aprendizagem de adultos, entendemos que o foco está na colaboração, e não necessariamente no auxílio de pares mais capazes, pois na colaboração com o colega, muitas vezes, o participante de um ambiente de aprendizagem também se beneficia pela busca de novas informações ou pela reelaboração de suas próprias reflexões. Encontramos ainda em Vygotsky o fundamento para nosso raciocínio. Ele não separa a fala do pensamento; o próprio ato de falar já implica o pensamento. Ao tentar explicar, demonstrar ou exemplificar algo para um parceiro, desenvolvemos concomitantemente o pensamento sobre determinado tema. Essa ideia é corroborada por Lantolf (2000: 17), que considera "parecer claro que pessoas trabalhando juntas são capazes de co-construir contextos nos quais a *expertise* emerge como uma característica do grupo", e propõe uma nova concepção de ZPD, entendida como "construção colaborativa de oportunidades" (Lantolf, 2000: 12).

Com base na teoria sociocultural, proponentes da aprendizagem colaborativa, tais como Curtis e Lawson (2001), Figueiredo (2006), Souza (2003), Braga (2004, 2007), Martins (2008) e Silva (2008), defendem que a interação[2] em grupos, especialmente em grupos menores, estimula o interesse entre aprendizes, podendo promover oportunidades de discussão e reflexão crítica. Os autores concordam que a essência da aprendizagem colaborativa está diretamente associada à rede de interações, gerada e sustentada pela participação ativa dos aprendizes, e às possíveis ideias que possam emergir da troca de experiências.

A concepção de que o compartilhamento do conhecimento promove a criação de novas ideias, um dos pilares da aprendizagem colaborativa, assemelha-se ao conceito de inteligência coletiva, proposto por Lévy (1998: 28) e definido como "uma inteligência distribuída por toda parte, incessantemente valorizada, coordenada em tempo real, que resulta em uma mobilização efetiva de competências".

A ideia de que o conhecimento é inicialmente construído em nível social e posteriormente em nível individual serve também como fundamento básico da aprendizagem situada de Lave e Wenger (1991), uma teoria que vem ganhando destaque principalmente por conceber a aprendizagem como processo emergente da participação em práticas sociais. A participação, nos termos de Lave e Wenger (1991) e Wenger (1998), não se refere simplesmente a eventos locais de engajamento em certas atividades com certas pessoas, mas a um processo mais abrangente de participação ativa nas práticas de comunidades sociais e construção de identidades em relação a essas comunidades. Lave e Wenger (1991) argumentam que a aprendizagem é uma função da atividade, contexto e cultura em que ela ocorre, ou seja, ela é situada. Os aprendizes se envolvem em uma "comunidade de prática", que conta com as seguintes dimensões de participação:

Engajamento mútuo – um dos elementos de coesão da comunidade, pois promove o *pertencimento de seus integrantes*. A prática existe porque as pessoas estão engajadas em ações cujos significados são negociados entre elas. Os participantes de uma comunidade comungam de pontos, mas também contribuem com diferentes aspirações, problemas e soluções, em constante dinâmica de inter-relação.
Empreendimento conjunto – é outra fonte de coesão de uma comunidade, um *processo coletivo de negociação em prol de objetivos comuns* da comunidade. Esse processo é definido por seus próprios participantes, reflete a criação de relações de responsabilidade mútua, parte integrante da prática, e se refere às negociações relativas às necessidades e aos interesses do coletivo.
Repertório compartilhado – a terceira característica da prática como uma fonte de coesão de uma comunidade é o desenvolvimento de um repertório compartilhado, que se dá ao longo da história da evolução da comunidade quando desse empreendimento conjunto emergem *recursos para negociação de significado*, tais como rotinas, palavras, conceitos, instrumentos, palavras, gêneros, ações etc.

Lave e Wenger (1991) defendem que, em comunidades de prática, os participantes aspiram ao *status* de participantes veteranos. Dessa forma, os novatos integram-se à comunidade inicialmente como participantes periféricos e, gradativamente, vão se tornando capazes de fazer o que os veteranos fazem. Para capturar o relacionamento mediado entre os novos e antigos membros de uma comunidade de prática, Lave e Wenger (1991: 98) utilizam o conceito de "participação periférica legítima", definida como "um grupo de relações entre pessoas, atividade e mundos, por certo tempo, e em relação com outras comunidades de práticas tangenciais e sobrepostas". Discutindo esse conceito, Flowerdew (2000) afirma que se trata de: *participação* porque os aprendizes estão desenvolvendo o conhecimento através do envolvimento com ele; *periférica* porque os aprendizes não estão no centro, mas às margens da atividade em questão; e *legítima* porque qualquer um é potencialmente um membro de uma comunidade de prática ou comunidade discursiva.

Ao permitir que outros participem legitimamente a partir da periferia e rumo a uma participação total, as comunidades de prática asseguram sua reprodução. A própria organização social da comunidade, porém, pode facilitar ou limitar esse percurso em direção a uma participação mais ampliada. Como afirmam Lave e Wenger (1991: 100),

> A chave para a participação periférica legítima é o acesso dos novos membros à comunidade de prática e a tudo que o pertencimento implica. Mas embora isso seja essencial para a reprodução da comunidade, é, ao mesmo tempo, sempre problemático. Tornar-se membro total de uma comunidade de prática requer acesso a uma extensão ampla de atividade em andamento, a membros antigos e aos demais membros da comunidade e a informação, recursos e oportunidade para participação.

Lave e Wenger (1991) tratam de uma forma geral de aprendizagem no seio de uma comunidade profissional, e não especificamente de educação escolar, mas não descartam a possibilidade de se compreendê-la por meio da noção de aprendizagem situada (e de participação periférica legítima). O não aprofundamento da discussão sobre educação escolar, de acordo com os autores, deve-se ao interesse em desenvolver uma visão de aprendizagem que se sustente por si só. Isso não significa que desconsiderem a educação escolar. Afirmam ter optado por não definir e construir sua teoria em contraste com qualquer compreensão de educação, incluindo a escolar. Nessa perspectiva, a "aprendizagem através da participação periférica legítima ocorre, não importando que forma educacional fornece o contexto para aprendizagem, ou se há qualquer forma de educação intencional" (Lave e Wenger, 1991: 40). Embora não tenham aprofundado a discussão sobre educação escolar, os autores destacam que "repensar a educação escolar a partir da perspectiva oferecida pela participação periférica legítima será um exercício frutífero" (Lave e Wenger, 1991: 40). Essa concepção de aprendizagem como algo que surge da e na participação implica outra maneira de conceber a educação escolar. Não se trata simplesmente de selecionar um conjunto de práticas desejáveis e um conjunto de conteúdos a serem adquiridos, pois a aprendizagem envolve também o processo de tornar-se membro de uma comunidade.

A concepção de comunidade de prática pode ser aplicada a uma comunidade de aprendizagem on-line, conforme diz Rogers (2000), conferindo a essa modalidade de comunidade traços e usos similares aos reconhecidos na literatura como peculiares de comunidades que prezam a construção do conhecimento compartilhado.

Quanto ao aspecto pedagógico de uma comunidade de aprendizagem on-line, professores e planejadores de cursos podem se valer de recursos da CMC para criar ou utilizar ambientes, como listas de discussão e fóruns, capazes de acolher designs que promovam discussões e negociações, proporcionando aos aprendizes oportunidades de reflexão e autodirecionamento. Sobre esse aspecto, Palloff e Pratt (1999) ressaltam que, para que um programa instrucional on-line seja bem-sucedido, ele dependerá não só dos tipos de recursos e ambientes digitais utilizados, mas também da maneira pela qual esses recursos serão usados em prol da negociação de significado.

Algumas das propostas de design que apresentaremos neste capítulo ancoram-se na teoria sociocultural, nos princípios da aprendizagem colaborativa e na teoria da aprendizagem situada. No entanto, apesar de privilegiarmos a aprendizagem colaborativa, entendemos que existem conteúdos, como o ensino de estratégias de leitura, que podem ser desenvolvidos em um design mais centrado na relação do aprendiz com o material e na mediação pela tecnologia. Esse tipo de curso, de orientação mais behaviorista, enfatiza o aprender fazendo, oferece uma ampla variedade de exercícios sobre o mesmo assunto, fornece instruções claras e garante o *feedback* automático. Com esse tipo de design, é possível ofertar cursos para muitos alunos ao mesmo tempo, pois as habilidades a serem aprendidas podem ser testadas por meio de provas objetivas.

O design de cursos on-line

O design de cursos on-line envolve, além de uma teoria de aprendizagem, uma teoria de lingua(gem), o planejamento de atividades, recursos da web e/ou bibliográficos e uma seleção de ferramentas adequadas ao desenvolvimento dos objetivos propostos. As ferramentas sozinhas, por mais sofisticadas que sejam, não são suficientes para o design de um curso que queira efetivamente engajar os alunos na construção de sua aprendizagem.

A história do ensino de línguas estrangeiras não é linear e, nos cursos presenciais e on-line, ainda convivem diferentes noções de lingua(gem) e de aprendizagem. O conceito de língua como conjunto de estruturas gramaticais e o de aprendizagem como criação de hábitos automáticos ainda são noções com forte influência em algumas atividades mediadas por computador. É comum encontrarmos em aulas de inglês on-line, por exemplo, listas de frases descontextualizadas, como mostra o fragmento a seguir, retirado do site English-to-go, cujo foco é exclusivo na forma.

> **Exercise 1:**
> Fill the gaps in the sentences with the verbs in brackets. Put them in the present perfect simple.
> a. I __________ a lot of articles about this problem. (*read*)
> b. He __________ to Canada. (*go*)
> c. __________ you ever __________ on a farm? (*work*)
>
> Disponível em: <http://www.english-to-go.com/english/samples/AGWpresperfect.cfm>. Acesso em: 20 nov. 2008.

Nas atividades acadêmicas ministradas na UFMG, tem sido privilegiado o conceito de lingua(gem) como instrumento de pensamento e ação. Busca-se a aquisição da língua através de seu uso, no desenvolvimento de tarefas contextualizadas, com foco no sentido, e não na forma. Assim, nas atividades de formação de professor, usa-se a língua para ler e refletir sobre o conteúdo dos textos, para postar comentários, para argumentar, concordar, discordar e para aplicar os conceitos a atividades pedagógicas, ao mesmo tempo que se aprende a língua ao usá-la. Nos cursos de língua inglesa, usa-se a língua para agir em comunidades de prática: interagindo com pares brasileiros e estrangeiros, buscando e compartilhando informações, dando opinião, compartilhando planos para o futuro etc.

Quanto ao planejamento e gerenciamento de disciplinas mediadas por computador, baseando-nos em Ritchie e Hoffman (1997), Levy e Stockwell (2006), Palloff e Pratt (2005) e em nossa própria experiência, temos perseguido alguns procedimentos importantes para o sucesso desse tipo de metodologia; por exemplo:

Estabelecer objetivos realistas.
Saber quem serão os alunos, como grupo e como indivíduos.
Estar atento à infraestrutura tecnológica existente, incluindo o ambiente de aprendizagem escolhido pela instituição e o suporte técnico disponível.
Centrar o curso nos alunos, e não no professor.
Ter um plano B se uma ferramenta ou o ambiente digital sair do ar.
Ter normas claras para o funcionamento do curso.
Ter critérios claros de avaliação.
Escolher um design adequado ao tamanho do grupo.
Ter flexibilidade na formação e alteração dos grupos, visando ao bom funcionamento destes.
Elaborar tarefas que tenham mais de uma resposta ou maneira de resolver e que permitam participações diferentes dos alunos, individualmente e em grupo.
Garantir a diversidade de ferramentas e de atividades.
Inserir a aprendizagem em alguma experiência real.
Estimular a interação entre os participantes, criando uma comunidade de prática.
Conhecer os pontos fortes e as limitações dos materiais existentes.
Conhecer os pontos fortes e as limitações das ferramentas para o desenvolvimento do curso.
Criar um ambiente em que os alunos se sintam confortáveis para contribuir com o grupo ou para pedir ajuda aos outros participantes.
Dar opções aos alunos, privilegiando diferentes estilos de aprendizagem.
Associar o conhecimento novo aos conhecimentos anteriores dos aprendizes.
Dar *feedback* constante e/ou estimular *feedback* entre os participantes, concedendo-lhes orientações sobre como dar um bom *feedback*.
Dividir responsabilidades (ex.: propiciar alternância de lideranças).
Prever espaço no cronograma para revisão e novas versões das tarefas.
Testar, retestar, avaliar e revisar o design.

Brown (2003) destaca ainda algumas estratégias que podem promover maiores oportunidades de comunicação e construção de significado na sala de aula on-line, especialmente em grandes grupos. Para o autor, podem otimizar a colaboração e a construção de significado em salas de aulas on-line as estratégias de: (i) *delegar* (auxiliar uns aos outros identificando e compartilhando URLs que dão suporte ao material; refinar os trabalhos uns dos outros); (ii) *comunicar* (estabelecer critérios para participação periódica no curso; elaborar tarefas que possam ser cumpridas em grupos no molde assíncrono); (iii) *colaborar* (negociar com os alunos o desenvolvimento de materiais interativos); e (iv) *customizar* (pedir aos alunos que preencham uma ficha on-line com foto, perfil e interesses; providenciar uma URL com maneiras alternativas de explorar o material, dando exemplos de seu uso, dependendo do interesse do aluno).

Além desses procedimentos e estratégias, é muito importante que o professor garanta sua "presença" no ambiente virtual: propondo problemas, apresentando desafios, estimulando a interação e a ajuda recíproca, dando *feedback*, gerenciando conflitos e provendo suporte virtual e face a face quando necessário.

Existe uma variedade de atividades acadêmicas on-line, com desenhos pedagógicos diversos, que podem contemplar tais linhas de ação, como demonstramos a seguir.

Blended learning

Um formato de desenho pedagógico híbrido ou *blended*, com atividades face a face e atividades on-line. O conceito de *blended learning*, conforme explica Graham (2006), refere-se a designs que combinam modalidades instrucionais, métodos instrucionais e/ou instrução on-line e face a face. De acordo com o autor, a razão mais comum para a escolha dessa abordagem é combinar o melhor de cada modalidade separadamente.

Martins (2008) analisou uma disciplina ofertada no formato de *blended learning* na Faculdade de Letras da UFMG. Essa disciplina envolvia a escrita acadêmica em língua inglesa com foco na revisão colaborativa entre os pares, com parte da carga horária em sala de aula face a face e parte desenvolvida on-line de forma assíncrona em um fórum e em uma lista de discussão via e-mail. A interação nesse contexto foi analisada segundo os princípios da participação periférica legítima defendida por Lave e Wenger (1991). Nos exemplos a seguir, as alunas, nomeadas por pseudônimos, comentam a participação nos ambientes de aula:

> **Clara**: Era uma boa interação éh só que eu percebi que era um pouco heterogênea, assim éh cada uma tinha, não cada uma, tinham pequenos grupos eu nem sei classificar e dividir, mas éh até porque tinha alunas de isolada, né então é gente que vem com experiência diferente da gente que tá aqui dentro, né então eu percebi um pouquinho que a turma era heterogênea e às vezes ficava difícil essa integração mas de uma maneira geral foi boa porque tinha saía opiniões boas, éh comentários que acrescentavam mas o pouco de dificuldade que teve que acho que era devido de a turma ser heterogênea. (Martins, 2008: 75).

Clara, que era aluna do curso de Letras, participou desde o início com certa facilidade, pois já compartilhava o repertório da comunidade e conhecia a dinâmica de suas práticas. As "alunas de isolada", mencionadas por Clara, são pessoas da comunidade que requerem matrícula em uma disciplina isolada. Uma dessas alunas era Angélica, que relata, no seguinte fragmento, suas primeiras experiências no curso:

> **Angélica**: A princípio achei muito difícil, mas assim fui me acostumando. [...] depois aos poucos, do modo que a gente foi conduzindo, a gente foi tendo mais liberdade, companheirismo. (Martins, 2008: 89).

Angélica afirma que enfrentou dificuldades iniciais, o que foi sendo superado aos poucos, à medida que ela se engajava em um processo de participação centrípeta nas práticas da comunidade.

No entanto, a relação entre participação e aprendizagem não é um processo linear, pois podem ocorrer variações significativas, de acordo com as diferentes trajetórias de participação em uma ou mais comunidades, como no seguinte exemplo:

> **Tatiana:** [...] pelo inglês que eu cheguei a ter né, não tinha problema em conversar nem nada não, mas eu acho que na hora que você vê a teoria né, a questão da produção de texto mesmo, eu acho que eu já tava meio perdida entendeu? Até a professora Ana me falou que eu teria que fazer umas outras matérias pra poder tá naquele nível ali, entendeu? Por isso que eu deixei de fazer a disciplina. (Martins, 2008: 95).

As aulas eram essencialmente em inglês, mas, segundo a aluna, isso não se apresentava como problema. Porém, quando se tratava da escrita acadêmica em inglês, suas dificuldades eram maiores. Diferentemente de outras alunas que enfrentaram o mesmo tipo de dificuldade, Tatiana desistiu do curso, pois sua história não justificava um investimento maior na língua inglesa. Ela já havia estudado inglês por bastante tempo e estava interessada em continuar, mas a escrita da monografia do curso de especialização e a preparação para a seleção do mestrado surgiram como prioridades.

No próximo exemplo, a professora Ana explica o foco que buscou colocar em cada um dos contextos.

> **Ana:** [...] eu acho que on-line eles ficam mais livres porque eu não queria muito éh me meter nessa relação deles de *peer-editing* eu acho que é uma relação dos alunos, uma interação entre eles, agora em sala eu tentei não sei se eu consegui porque a gente não tem consciência dessas coisas né, mas eu tentei fazer que eles trocassem opiniões, então eu falava o quê que tem de errado aqui? Então eu sempre tentava perguntar pra eles o que tinha de errado antes de falar o que tava errado porque eu acho que meu papel é fazer eles pensarem né chegarem às próprias conclusões. (Martins, 2008: 80).

Nas aulas face a face, a interação era mediada pela professora. Em alguns dos momentos em que ela tentava deixar o turno de fala predominantemente com as alunas, esse turno era novamente devolvido a ela. Notadamente, havia uma grande expectativa por parte das alunas em relação ao *feedback* da professora, referendando ou não o que haviam escrito. Já no fórum on-line, a professora posta as orientações no início de cada tarefa e, a partir daí, deixa que o processo de edição dos textos ocorra sem sua interferência direta. No entanto, a presença da professora fica linguisticamente marcada nas instruções e virtualmente no desenho instrucional do curso. No contexto da aula virtual, a língua inglesa é o objeto de aprendizagem e o recurso para interação, como observamos no seguinte exemplo:

> **Ana:** While you write yours, I'm going to read Angélica's [olhando para o quadro, lê baixinho] some wrong there are some mistakes
> **Angélica:** Yes [levanta-se e vai ao quadro fazer algumas correções]
> **Ana:** Yeah, we'll help you to correct. Chris, Bárbara [olha para as alunas, solicitando sua contribuição]
> **Angélica:** Eu queria falar they should [com dificuldades de pronúncia]
> **Ana:** Should? [corrigindo a pronúncia]
> **Angélica:** Teacher showing they're important
> **Ana:** Showing they are important and [estimulando Angélica a completar] (Martins, 2008: 100).

Como já discutido, há uma intrincada relação de fatores envolvidos nessa questão. A própria presença da professora, compreendida pelo grupo como mais competente, contribuía para que as alunas tendessem a direcionar para ela o processo de correção dos textos. Além disso, a professora se incluía no processo de edição, ao utilizar as expressões "*I'm going to read*" (eu vou ler) e "*we'll help you to correct*" (nós iremos te ajudar a corrigir). No primeiro caso, ela centra em si o processo e, no segundo, abrange o coletivo, mas também se inclui. Isso por si só não seria um problema. Ocorre, porém, que as alunas tendiam a ver na professora não mais um par na interação, mas o par mais capaz; nos termos de Vygotsky (1987), isso poderia trazer contribuições mais significativas para o texto.

Segundo Martins (2008), a abordagem híbrida é uma alternativa para o ensino de línguas que permite superar o dualismo e potencializar os benefícios de ambas as modalidades indo além das capacidades individuais de cada uma. Oferece a conveniência e a flexibilidade da aprendizagem on-line e o contato pessoal e a dinâmica de interações da aula face a face.

Outro exemplo de *blended learning* é o projeto Ibunka (culturas diferentes em japonês), que envolve a realização de atividades acadêmicas em cooperação internacional. O projeto, coordenado por Masahito Watanabe, da Yokohama National University, no Japão, tem por objetivo trocas interculturais entre estudantes de diferentes *backgrounds* exclusivamente em inglês. Assim, aprende-se a língua usando a língua, interagindo com outros aprendizes com a mediação do computador e dos professores. Segundo Watanabe et al. (2009), o projeto é desenvolvido anualmente no período de outubro a dezembro. Em 2007, reuniu 459 alunos de oito países diferentes, incluindo um grupo de alunos da UFMG. Podemos classificar seu design como *blended*, pois cada turma participante tem outras atividades desenvolvidas presencialmente de acordo com o currículo da cada escola. O projeto não visa substituir as atividades presenciais, mas incorporar atividades on-line.

O design inclui um fórum de discussão, sessões de chat, troca de *video letters* e publicação de *newsletters* semanais pelo coordenador do projeto. As *video letters* com apresentações pessoais são enviadas no início do curso. As atividades acontecem por meio de discussão no fórum e chat, nos quais são tratados os seguintes temas: vida na escola, culturas e problemas sociais, como a paz mundial. Esses temas são divididos em subtemas, para que os alunos possam ter liberdade de escolher o tópico preferido. Cada professor-parceiro supervisiona a postagem de seus alunos. Há um banco de dados no site do projeto que auxilia nessa tarefa. Os professores escolhem algumas postagens para inclusão nas *newsletters* semanais.

Mostramos a seguir um exemplo de interação entre uma participante brasileira e uma japonesa. Para manter o anonimato das alunas, substituímos seus nomes por **J** (aluna japonesa) e **B** (aluna brasileira):

> **J:** I love English and I want to be a flight attendant or a ground staff in the future. So I chose English course
>
> **B:** Hello **J**!!
> I'm glad you replied to my introduction. It's true: we do have many things in common, and among them, the dream of being a flight attendant. Everything started when I traveled by plane for the first time: I loved it!! And the flight attendant were all so kind and beautiful...and spoke so many languages...and traveled all over the world: for me, it was the best job ever! I'd still like to become a flight attendant, but I don't know if I'd like to be a flight attendant for my whole life: it must be very stressful, don't you think? Anyway, I'd like to try...who knows, some day I'll travel to Japan as a hostess...;P
>
> **J:** Hi **B**, thank you for your reply. I agree with you that flight attendants are kind, beautiful and so on. I don't want be a flight attendant for my whole life too. As you know, this job is quite tough. So I just want to do it when I'm young.
>
> **B:** Hello **J**!
> Yeah, I completely agree with you about being a flight attendant: it's a tough job and it's hard living like that for your whole life.

As duas participantes usam a língua para compartilhar e comparar planos profissionais futuros, para argumentar e concordar. Elas se engajam "em ações cujos significados são negociados entre elas", como no caso da profissão de aeromoça, em que ambas acabam concordando que esse tipo de trabalho não é um "mar de rosas". As duas se valem dessa interação para praticar a língua com foco na produção de sentido, e não para praticar estruturas linguísticas predeterminadas.

O coordenador do projeto, prof. Watanabe, utilizou essa interação como um bom exemplo de escrita eletrônica. Em uma das *newsletters*, Watanabe posta o seguinte comentário:

Tips for better writing 1
Thanks, **J** and **B.** You have given us a good example of an electrical exchange on the Net. Did you find the tips for interaction that are repeated almost always in their messages?
First, they cite part of the original message in their reply to show where each of them had interest in their message.

B: *I completely agree with you about being a flight attendant: it's a tough job and it's hard living like that for your whole life.*

J: *You said your favorite anime is "Sakura Card Captor". Is the story about: when Sakura find the Black Card, she will get rid of the witchcraft in the Card, and at last, change the color of the Card?*

Second, they always close their messages with several questions, which invite further interaction.

B: *What about you? Do you like any anime or manga? What do you think of Japanese food?*

J: *I love sashimi (sliced raw fish) especially shrimp and squid, and tempura and so on. What about you? What kinds of Japanese food do you like and how about sashimi or sushi?*

You can learn a lot from your partners' postings. Read more! WATA

Watanabe foca suas orientações na capacidade de ação com a linguagem. Não comenta problemas estruturais dos textos.

Tandem learning

A aprendizagem em *tandem* envolve a participação de duas pessoas falantes de línguas diferentes, trabalhando em par, a fim de conhecer o parceiro e sua cultura, ajudar um ao outro a aprimorar suas habilidades linguísticas e trocar informações adicionais. A palavra "*tandem*" é usada em referência à bicicleta de dois assentos. Essa metáfora indica que a modalidade *tandem* implica a cooperação entre dois aprendizes que trabalham conjuntamente para alcançar o objetivo de aprendizagem de uma língua estrangeira, tal como dois ciclistas botando uma única bicicleta em movimento.

Inicialmente, a aprendizagem em *tandem* envolvia encontros presenciais, e a primeira experiência virtual foi realizada em 1994, em uma parceria entre a Universidade de Rhode Island, nos Estados Unidos, e a Universidade de Bochum, na Alemanha. A grande adesão de participantes e grupos de novas línguas e os resultados da pesquisa empírica levaram os precursores dessa nova modalidade de aprendizagem, David Little e Helmut Brammerts, a redefinir os princípios fundamentais da aprendizagem em *tandem* (Little e Brammerts, 1996: 17).

Segundo seus criadores, a aprendizagem em *tandem* conta com três princípios: (i) *reciprocidade*, pois a aprendizagem é baseada na dependência recíproca e no suporte mútuo dos parceiros; (ii) *bilinguismo*, que *se relaciona* diretamente com o princípio da reciprocidade – todos os participantes de *tandem* são especialistas em sua própria língua e cultura e são capazes de oferecer grandes contribuições para seus parceiros; (iii) *autonomia*, pois cada parceiro responsabiliza-se pela própria aprendizagem, decidindo o que, como e quando aprender. Os autores ressaltam que a modalidade de *tandem* é autônoma e não tem o objetivo de substituir cursos de línguas, que poderão promovê-la ou ser complementados por ela.

Segundo Braga (2004), em um estudo desenvolvido na Universidade Federal de Minas Gerais, a aprendizagem em *tandem* via internet pode apresentar tanto benefícios quanto dificuldades. Entre os benefícios, estão o fato de o parceiro nativo da língua-alvo ter um grande conhecimento de sua língua e cultura e a possibilidade de os parceiros fazerem uso de sua língua materna para esclarecer problemas, superar dificuldades e realizar correções, quando solicitadas.

Braga conduziu atividades na modalidade *tandem* entre aprendizes de inglês em um curso de idiomas em Belo Horizonte e aprendizes de português na California State University, em Fullerton. Os exemplos a seguir demonstram que reciprocidade e correções podem influenciar positivamente o desenvolvimento linguístico dos aprendizes. Braga (2004: 159) aponta indícios de aquisição de vocabulário em uma sequência de trechos de e-mails de aprendizes engajados na aprendizagem de *tandem* por meio desse suporte. Primeiramente, Bill orienta a parceira quanto ao uso da palavra "*regards*":

> **Bela:** I hope we could have a time.
> Regards,
> B-8
>
> **Bill:** Seu inglês é ótimo e "Regards" é muito formal.

Após ser orientada pelo parceiro, Bela parece se conscientizar do uso incorreto de "*regards*" e recorre ao parceiro sugerindo o uso de "*All the best*":

> **Bela:** Finally, you Said that "Regards" is very formal to finish a message. What do you think about:
> All the best,

Bill percebe a dificuldade de Bela em solucionar o problema e, com críticas construtivas, finalmente sugere a expressão mais apropriada, no caso, "*sincerely*":

Bill: That's fine. It's not a big deal. I just wanted to give you a better feel for the ending phrase. ...
Another one is:
Sincerely,
Cesar

Bela passa a fazer uso de "*sincerely*" em suas interações:

Bela: I'm waiting to your answer.
Sincerely,
Bela

Bela: I hope you would have very good holidays.
Sincerely,
Bela

Assim como Bill e Bela, Pedro, outro participante do projeto de *tandem*, quando questionado sobre se as correções auxiliaram-no na aprendizagem de inglês, comenta:

Pedro: As correções me ajudaram muitíssimo. Eu gostaria de ter uma pessoas para corresponder tos os dias, contando que ela fizesse correções. Devidas. Tenho excelente memória fotográfica. Portanto, quando vejo meus erros corrigidos e em destaque, como são feitos pelo próprio programa do e-mail, fica quase impossível repeti-los.

Outros exemplos atestando os benefícios da aprendizagem em *tandem* encontram-se em Souza (2003), em pesquisa realizada com alunos brasileiros e australianos. Nos excertos a seguir, Souza (2003: 160-1) apresenta recortes de interação entre Helena e Elizabeth. No primeiro fragmento, há um relato de aprendizagem de vocabulário novo e de uso de preposição:

myjournal: Nesta semana eu pude trocar algumas mensagens com a minha parceira neste projeto. E nesta troca eu aprendi muita coisa sobre ela e o que eu acredito ser o mais importante: eu aprendi algumas novas palavras, expressões e pude corrigir alguns erros que eu estava cometendo, por exemplo, a preposição usada depois to verbo "to intend" é "on" e não "to" como eu costumava escrever. Acredito que muita, mas muita coisa mesmo será aprendida durante este projeto. Eu também propus a Elizabeth me ajudar a corrigir alguns erros de Inglês que eu esteja cometendo, da mesma forma que eu irei auxiliá-la com o Português. Vamos ver qual será a resposta dela.

Souza comenta:

> A resposta de Elizabeth ao pedido de Helena se deu na forma da correção de várias sentenças na mensagem BETH 4. Contudo, Helena não pareceu suficientemente convencida de que aquelas correções eram o tipo de auxílio por ela buscado, tal como pode ser verificado no próximo diário on-line por ela enviado.
> myjournal: Ricardo...
> A Elizabeth aceitou o meu pedido para corrigir os meus erros de Inglês.
> E eu estarei fazendo o mesmo com ela. Contudo, eu acredito q apenas re-escrebendo a frase da forma correta não irá me ajudar muito. Da mesma forma q eu não irei ajudá-la muito. Assim, vc não tem uma outra sugestão de como nós poderíamos estar ajudando uma a outra?

É interessante como Ricardo, o mediador do *tandem*, orienta sem impor e transfere o poder de decisão às duas alunas, incentivando Helena a negociar com sua parceira australiana, Elizabeth, formatos de correções:

> Olá Helena!
> O método de correção que a Elizabeth usou é certamente apenas um dos possíveis de serem utilizados por vocês. Acredito que além deste, vocês poderiam ainda tentar parafrasear o trecho no qual vocês tenham percebido o erro, ou até mesmo somente indicar uma para a outra onde um erro tenha ocorrido.
> Cada um destes trará certamente vantagens e desvantagens que estarão relacionadas às maneiras preferidas de vocês aprenderem. Que tal vocês discutirem e até mesmo experimentarem diferentes métodos e inclusive discutirem explicitamente o que funciona melhor para cada uma de vocês? lembre-se de que vocês não têm necessariamente que adotar uma única técnica para as duas.
> Um abraço,
> Ricardo.

Quanto aos obstáculos, Braga (2004) ressalta que o processo de aprendizagem pode ser dificultado caso um dos parceiros, ao se deparar com suas limitações, atenha-se mais a seus objetivos pessoais de aprendizagem do que aos objetivos colaborativos. "A qualidade da aprendizagem individual será sempre determinada pela qualidade da colaboração em que se sustenta" (Little e Brammerts, 1996: 29). Souza (2003) e Braga (2004) concordam quanto à não reciprocidade. Os exemplos (a) e (b) retirados de Souza (2003: 162; 164) ilustram o problema da não reciprocidade com reclamações tanto de Elizabeth como de Helena:

a) myjournal: Ricardo, sorry about the delay in writing... I just haven't had any time. Just to let you know, I'm not sure if my message that I wrote in class on Friday got sent to Helena because I noticed she hadn't replied and I didn't see it when I scrolled up to see previous messages sent. I have written back to her and explained to her what i have just said so hopefully she'll write back. I haven't got much else to say as neither of us have done our tasks because we haven't been able to contact each other... however, hopefully she'll receive my message and reply back!

b) myjournal: Olá Ricardo...
Como eu tentei explicar na msg. q eu enviei para a Elizabeth, a atividade 2 não foi feita pq eu não achei justo e muito menos correto redigir um trabalho individual em cima de apenas uma msg. (q por sinal muito longa) enviada pela minha parceira na Sexta-feira passada, dia este q já deveríamos ter redigido o nosso trabalho individual. Eu tb não quis enviar uma outra msg. (tb gigantesca) para ela para apenas ajudá-la a desenvolver a sua atividade individual. Assim como vc havia sugerido, eu expus para ela o q aconteceu e como deveria ser o nosso trabalho daqui por diante. Vamos ver qual será a reação dela.
Abraços...
Helena.

Para Souza (2003) e Braga (2004), a falta de regularidade na troca de mensagens pode fazer os participantes se sentirem desmotivados a interagir com seus parceiros, impedindo, assim, que a aprendizagem da língua-alvo e a troca cultural em *tandem* via e-mail ocorram.

Grupos fractalizados

A ideia central dos grupos fractalizados[3] é promover o cumprimento de tarefas compartilhadas em ambiente on-line assíncrono. Essa proposta envolve a divisão de alunos em pequenos grupos e a interação se dá de forma autônoma, sem a intervenção do professor.

Braga (2007) investigou a disciplina Dimensões Comunicativas ministrada nesse design para um grupo de cinquenta alunos, divididos em duas turmas de prática de ensino na Faculdade de Letras da UFMG. Como os alunos estudavam línguas diferentes, foram alocados em grupos de acordo com a língua de interesse – espanhol, inglês e português para estrangeiros – e tiveram a oportunidade de usar essa língua para trocas de experiências durante o curso. Semanalmente, o resultado das discussões das tarefas do grupo era postado em um fórum e compartilhado com a grande comunidade (todos os subgrupos) em que todos recebiam *feedback* de seus pares e da professora.

Braga (2007) observou que o mesmo tipo de comportamento exibido pelo grupo de cinquenta alunos podia ser também encontrado nos grupos menores, o que reforça a característica fractal dos subgrupos.

Os procedimentos desse design de curso colaborativo estão em consonância com as estratégias de Brown (2003), considerando-se que a proposta pedagógica da disciplina envolveu a dispersão do controle (delegar), a interação entre os pares (comunicar), o compartilhamento de tarefas (colaborar) e oportunidades para discutir questões relativas às comunidades discursivas (customizar). Este último procedimento foi crucial para os grupos de alunos de diferentes licenciaturas.

Além disso, o compartilhamento coletivo observado por Braga (2007) nos grupos alinha-se às discussões sobre comunidades de prática e comunidade de aprendizagem em Wenger (1998), Cross (1998) e Palloff e Pratt (2005). Esses autores defendem a mobilização de competências em ambientes colaborativos e reconhecem que os ganhos de uma comunidade são acumulados pela sinergia entre os indivíduos à medida que compartilham seus entendimentos, habilidades, conhecimento e trabalham em prol de objetivos comuns.

O compartilhamento de repertório ocorreu ao longo de todo o semestre, e esse empreendimento conjunto favoreceu o desenvolvimento da coesão da comunidade bem como a emergência de novos recursos, rotinas, mobilização de conceitos e ações. Dentre esses comportamentos, destacam-se as negociações voltadas para o gerenciamento distribuído das comunidades. O compartilhamento de recursos e o empreendimento em conjunto favoreceram também a emergência de manifestações socioafetivas e cognitivas. No caso das socioafetivas, observa-se que a presença do humor nas interações colaborativas on-line parece amenizar possíveis divergências e diferenças nas comunidades.

O design instrucional aliado aos veículos de interação, como é o caso da CMC, pode promover oportunidades para que os aprendizes se engajem em processos compartilhados de solução de problemas e construção de significado. Os excertos a seguir, retirados de Braga (2007: 157), apontam indícios de interações dos aprendizes com artefatos culturais e do engajamento mútuo dos participantes dos grupos autônomos em prol do cumprimento de empreendimentos conjuntos, no caso, as tarefas colaborativas:

a) Now, I send you some definitions for communicative competence. The last, by Canale and Swain, is the one I found most interesting and best related to the diagram on the page 9 of the text we are supposed to read.

b) Acho, também, que se você, Alice (ou alguém mais) achar interessante incluir mais alguma informação do material que você pesquisou -
> http://groups.yahoo.com/group/pratufmg_grupo1_ingles/message/33
> http://groups.yahoo.com/group/pratufmg_grupo1_ingles/message/34
> - , talvez seja possível ainda fazê-lo, como acréscimo

> ao texto, ou até em forma de citação, mesmo em inglês.
> A mesma ideia vale no caso da sugestão do texto
> trazido pela Célia, em espanhol.

Expressões motivacionais foram utilizadas como recursos para promover o engajamento e o sentimento de pertencimento dos participantes das comunidades autônomas. Essas manifestações podem ser observadas nos seguintes fragmentos, ressaltados por Braga (2007: 150):

a) Se Deus quiser, vamos sobreviver, juntas venceremos!!!.
b) I am very glad, for besides your collaborative work during this semester, you have been nice people to count on!
c) Um grande abraço, todos por um, um por todos !!!! Avante girls.
d) Let's keep on working hard and having some fun.

A elaboração de um design instrucional como o do grupo fractalizado envolve a liderança distribuída, o uso de artefatos culturais como ambientes interacionais assíncronos e o cumprimento de tarefas individuais e coletivas. Esse design favorece a interdependência entre os participantes e o surgimento de uma identidade própria da comunidade.

O comportamento dos grupos autônomos fractalizados serviu de inspiração para a criação do projeto IngRede, que oferece leitura instrumental em inglês para grandes grupos, modalidade que apresentamos na próxima seção.

Grandes grupos on-line

Gerenciar grupos com muitos alunos desafia professores e coordenadores. Acreditamos que o projeto IngRede[4] exemplifique bem soluções de design para grupos com esse perfil. Partindo das ações do projeto IngRede, as disciplinas de Leitura em Inglês On-Line I e II contam com um design pedagógico que oferece oportunidades de desenvolvimento de leitura para grandes grupos (1.500 vagas são oferecidas para os dois níveis para alunos de todas as áreas da UFMG, pela Faculdade de Letras). As atividades, exclusivamente on-line, acontecem na plataforma Moodle, um sistema de gerenciamento de aprendizagem com diversas ferramentas voltadas para a criação e o desenvolvimento de tarefas individuais e colaborativas. As experiências individuais envolvem a utilização de unidades voltadas para o desenvolvimento de estratégias de leitura e um conjunto de atividades de leitura de textos de interesse geral e específicos das áreas de maior relevância para os alunos. Em razão do grande número de alunos, as atividades de leitura e vocabulário foram elaboradas de forma interativa, e os estudantes podem contar com *feedback* automático e com um fórum de discussão para postar suas dúvidas, interagindo dessa forma com os professores, monitores e colegas.

No que concerne às atividades colaborativas, as disciplinas contam também com atividades desenvolvidas de forma coletiva, em grupos de alunos das áreas específicas. A ideia de agrupar os alunos por área de interesse foi inspirada na proposta dos grupos fractalizados e permite que os alunos das diversas áreas – humanas, ciências da saúde, engenharias etc. – desenvolvam tarefas colaborativas, como a criação de uma biblioteca virtual, um glossário de termos técnicos e seleção de textos científicos em inglês que gerem discussões polêmicas. Nesta última tarefa, ao ler o texto selecionado para sua grande área, o aluno responde a uma pesquisa de opinião. Em seguida, é instado a postar comentários fundamentados em outros textos científicos, para sustentar seu posicionamento. Os debates são mediados pelos professores/formadores, que incentivam a interação.

Os excertos a seguir, retirados de um blog do curso, demonstram as percepções dos alunos sobre as atividades propostas e seu desenvolvimento linguístico ao longo do curso.

a) Acredito que com o decorrer da disciplina melhorei minhas estratégias de compreensão e leitura de textos em inglês, que era o meu principal objetivo. Já estou me beneficiando do que aprendi ao ler com mais facilidade artigos e entender melhor termos específicos da minha área e com a prática essas habilidades se aperfeiçoarão.

b) Em relação aos aspectos linguísticos abordados, acho que eles foram de grande contribuição para o desenvolvimento da minha leitura em língua inglesa através do ensino de estratégias como o Skimming and Scanning.

c) A discussão a respeito de eutanásia, morte assistida e cuidados paliativos na sessão Girando o Leme desse módulo foi muito produtiva, pois tive a oportunidade de ver diversas opiniões a respeito de temas tão polêmicos quanto esse e também de expressar minha opinião pessoal.

As oportunidades individuais e colaborativas de aprendizagem permitem a customização da disciplina, pois os alunos, além de lerem textos de interesse geral, podem desenvolver atividades de leitura voltadas para suas áreas, propor textos nas bibliotecas virtuais e discuti-los com suas comunidades discursivas.

Redes sociais

Redes sociais, tais como o Facebook, Orkut e Twitter, oferecem novas possibilidades para nos aproximarmos de nossos alunos. Elas têm servido como espaço para facilitar as relações pessoais e o fluxo de informações entre redes de interesses comuns. Amigos de longa data se reencontram nessas redes, que também promovem a oportunidade de formação de novos grupos a partir de gostos similares, conectando pessoas e facilitando a comunicação entre elas através de perfis e fóruns de debate.

Segundo Recuero (2009: 9), esses sistemas "funcionam com o primado fundamental da interação social, ou seja, buscando conectar pessoas e proporcionar sua comunicação e, portanto, podem ser utilizados para forjar laços sociais". Faria (2010) argumenta que, além da possibilidade de os usuários se comunicarem por meio de diversas ferramentas – e-mail, chats, vídeo e imagem, recados, mensagens, fóruns etc. –, a maioria das redes sociais permite que seus usuários criem enquetes, coleções de vídeos, jogos. A pesquisadora enfatiza que, ao lançar mão dos recursos oferecidos pelas redes sociais, professores e alunos têm a oportunidade de construir ambientes educacionais trabalhando juntos.

Por esses mesmos aspectos, as redes sociais podem servir de espaço social para a criação e desenvolvimento de comunidades de aprendizagem on-line. O potencial interacional dessas redes motivou o Departamento de Letras da Universidade Federal de São João del Rei a ofertar uma disciplina como parte do currículo da graduação no Orkut.

Com o intuito de verificar as possibilidades didático-pedagógicas oferecidas pelo Orkut para o ensino de línguas, as professoras Liliane Assis Sade Resende e Helen de Oliveira Faria, professora substituta na ocasião, ministraram uma disciplina on-line baseada em tarefas comunicativas exclusivamente em língua inglesa.

Inseridos na comunidade virtual *Interaction through the Internet*, criada especialmente para a disciplina, os aprendizes cumpriam atividades semanais postadas pelas professoras, que incluíam visitas a outras comunidades, redação, publicação e avaliação de resenhas de filmes, anúncios, convites e vídeos. Faria (2010) descreveu os resultados em sua pesquisa de mestrado, comprovando que o uso do Orkut no ensino e aprendizagem de inglês pode ser um elemento de motivação da aprendizagem, uma vez que os estudantes já têm familiaridade com as funcionalidades do ambiente e, também, por causa da possibilidade de interação com falantes da língua inglesa.

Outras experiências no Orkut, como as analisadas por Boldarine (2007), Forte e Rocha (2007) e Costa (2008), discutem a criação e evolução de comunidades de aprendizagem, bem como a participação dos aprendizes nessas comunidades no contexto educacional. Esses trabalhos apontam possibilidades de customização de desenhos pedagógicos nesse ambiente.

Além do Orkut, temos notícias da apropriação do Facebook (ver Blattner e Fiori, 2009), do Twitter (ver Borau et al., 2009) e do Second Life (ver Wehner, Gump e Downey, 2011) como recursos educacionais.

Conclusão

Neste capítulo, discutimos os princípios norteadores do desenvolvimento do desenho pedagógico e apresentamos exemplos de cursos, disciplinas e atividades acadêmicas, desenvolvidos a distância, em diversos formatos. Detivemo-nos em experiências brasileiras, ou que contaram com participação de brasileiros, focando o ensino de línguas e a formação de professores. No entanto, há muitas outras modalidades de ensino inspiradoras. Uma delas, a Khan Academy,[5] reúne uma coleção de cerca de 2.700 vídeos curtos, no YouTube, com conteúdo de várias disciplinas. Não traz conteúdo específico para o ensino de línguas, mas há alguns vídeos de Biologia e conversas espontâneas sobre Artes e História, dentre outros, que podem auxiliar na criação de atividades para o ensino de língua.

As experiências aqui descritas demonstram o potencial desses designs na formação, criação e evolução de comunidades de aprendizagem e de desenvolvimento de trabalhos colaborativos que podem promover a aprendizagem de línguas.

A diversidade de design é importante em instituições onde o currículo é flexível e o aluno pode fazer escolhas não apenas em função do conteúdo como também da metodologia. Com o avanço da Web2, o aprimoramento das ferramentas digitais e a democratização das tecnologias móveis, perspectivas futuras de design de cursos mediados por tecnologia digital apontam para uma migração do computador desktop para aparelhos móveis, especialmente os telefones celulares.

É crescente o número de pesquisas sobre o ensino mediado por tecnologia móvel (*mobile assisted learning*). O periódico *ReCALL* publicou um número especial sobre o tema em setembro de 2008. Como explicado pelas editoras Shield e Kukulska-Hulme, esse tipo de ensino usa um amplo espectro de recursos tecnológicos portáteis, "desde laptops ultraportáteis e telefones celulares a gravadores digitais, tocadores de mp3 e mp4, câmeras e gravadores de vídeo" (Shield e Kukulska-Hulme, 2008: 249).

É difícil prever o que nos aguarda. A área digital supera-se a cada ano, e a tendência é substituirmos os livros por materiais digitais em tablets. Provavelmente, em futuro muito próximo, seja possível ter em nossa frente professores e alunos em forma de holograma, interagindo em um espaço virtual, como se estivessem em uma mesma sala de aula. É provável, ainda, que algumas ferramentas desapareçam e outras surjam, abrindo novas possibilidades de colaboração e interação. O importante é estarmos abertos a acolher em nossas atividades educacionais, em ambientes presenciais, *blended* ou a distância, práticas sociais de linguagem semelhantes às vivenciadas por nossos alunos em comunidades de prática.

Notas

1 Esta e todas as outras traduções são de responsabilidade dos autores.

2 A interação neste capítulo é entendida, nos termos de Brown (1994: 159): "troca colaborativa de pensamentos, sentimentos ou ideias entre duas ou mais pessoas, resultando em um efeito recíproco".

3 Um exemplo de dimensão fractal pode ser encontrado em árvores, onde o mesmo tipo de ramificação é encontrado em várias escalas, da folha às ramagens e aos galhos.

4 O projeto, coordenado pela primeira autora deste capítulo, foi implementado totalmente on-line na Universidade Federal de Minas Gerais em 2008, sob o gerenciamento da terceira autora.

5 Disponível em: <http://www.khanacademy.org/>. Acesso em: 14 jan. 2012.

Referências

AHEARN, L. M. Language and Agency. *Annual Review of Anthropology*, v. 30, 2001, pp. 109-37.

AUSTIN, J. L. *How to Do Things with Words*. Oxford: Clarendon Press, 1962.

BLATTNER, G.; FIORI, M. Facebook in the Language Classroom: Promises and Possibilities. *Instructional Technology and Distance Learning (ITDL)*, v. 6, n. 1, 2009, pp. 17-28. Disponível em: <http://www.itdl.org/journal/jan_09/article02.htm>. Acesso em: 14 jan. 2012.

BOLDARINE, R. C. O Orkut na escola pública: uma nova proposta para o ensino de língua inglesa. In: XIII CONGRESSO INTERNACIONAL DE EDUCAÇÃO A DISTÂNCIA. *Anais*... Curitiba: ABED, 2007.

BORAU, K. et al. Microblogging for Language Learning: Using Twitter to Train Communicative and Cultural Competence. In: SPANIOL, M. et al. (eds.). *Advances in Web Based Learning* – ICWL 2009: 8th International Conference, Aachen, Germany. Proceedings, LNCS 5686. Berlin: Springer, 2009, pp. 78-87. Disponível em: <http://www.carstenullrich.net/pubs/Borau09Microblogging.pdf>. Acesso em: 14 jan. 2012.

BOURDIEU, P. Violência simbólica. In:______. *O poder simbólico*. Trad. Fernando Tomaz. 2. ed. Rio de Janeiro: Bertrand Brasil, 1989.

BRAGA, J. C. F. *Aprendizagem de línguas em regime de tandem via e-mail*: colaboração, autonomia e estratégias sociais e de compensação. Belo Horizonte, 2004. Dissertação (Mestrado em Linguística Aplicada) – Faculdade de Letras, UFMG.

______. *Comunidades autônomas de aprendizagem on-line na perspectiva da complexidade*. Belo Horizonte, 2007. Tese (Doutorado em Linguística Aplicada) – Faculdade de Letras, UFMG.

BRAMMERTS, H. Tandem Language Learning Via the Internet and the International E-Mail Tandem Network. In: LITTLE, D.; BRAMMERTS, H. (eds.). *A Guide to Language Learning in Tandem via the Internet*. CLCS Occasional Paper, n. 46, 1996, pp. 9-25.

BROWN, D. *Teaching by Principles:* an Interactive Approach to Language Pedagogy. New Jersey: Prentice Hall Regents, 1994.

______. How to Customize Big Classes. *Campus Technology*, v. 2, n. 3, 2003. Disponível em: <http://www.campustechnology.com/article.aspx?aid=39077>. Acesso em: 30 out. 2008.

COSTA, A. M. *Fugindo da banalidade*: o uso do Orkut como extensão da sala de aula. Natal, 2008. 233 p. Dissertação (Mestrado em Educação) – Universidade Federal do Rio Grande do Norte.

CROSS, K. P. *Why learning communities? Why now*? 1998. Disponível em: <http://www.doso.wayne.edu>. Acesso em: 10 jun. 2006.

CURTIS, D. D.; LAWSON, J. M. Exploring Collaborative Learning. *Journal of Synchronous Learning Networks*, v. 5, n. 1, 2001. Disponível em: <https://www.puc.cl/citeduc/datos/archivos/collaborative_online_learning.pdf>. Acesso em: 15 jun. 2005.

DURANTI, A. Agency in Language. In: DURANTI, A. (ed.). *A Companion to Linguistic Anthropology*. Oxford: Blackwell Publishing, 2004, pp. 451-73.

FARIA, H. O. *Socializando e aprendendo*: a incorporação da rede social Orkut ao ensino de língua inglesa. Belo Horizonte, 2010. Dissertação (Mestrado em Linguística Aplicada) – Faculdade de Letras, UFMG.

FIGUEIREDO, F. J. Q. (org.). *A aprendizagem colaborativa de línguas*. Goiânia: Ed. da UFG, 2006.

FLOWERDEW, J. Discourse Community, Legitimate Peripheral Participation, and the Nonnative-English-Speaking Scholar. *Tesol Quarterly*, 34(1), 2000, pp. 127-50.

FORTE, G. M. S; ROCHA, S. S. D. Quem você conhece? Discutindo as possibilidades educativas do Orkut. In: *Revista Educação Temática Digital*, São Paulo, v. 9, n. 1, 2007.

GRAHAM, C. R. Blended Learning Systems: Definition, Current Trends, Future Directions. In: BONK, C. J.; GRAHAM, C. R. (eds.). *Handbook of Blended Learning*: Global perspectives, local designs. San Francisco, CA: Pfeiffer Publishing, 2006, pp. 41-54.

LANTOLF, J. (ed.). *Sociocultural Theory and Second Language Learning*. Oxford: Oxford Press, 2000.

LAVE, J.; WENGER, E. *Situated Learning*. Legitimate peripheral participation. Cambridge: University of Cambridge Press, 1991.

LEVY, M.; STOCKWELL, G. *Call Dimensions*: Options and Issues in Computer-assisted Language Learning. Mahwah, New Jersey: Lawrence Erlbaum, 2006.

LÉVY, P. *A inteligência coletiva*: por uma antropologia do ciberespaço. Trad. Luiz Paulo Rouanet. São Paulo: Loyola, 1998.

LITTLE, D.; BRAMMERTS, H. *A Guide to Language Learning in Tandem via the Internet*. Dublin: Trinity College – Centre for Language and Communication Studies, 1996.

MARTINS, A. C. *A emergência de eventos complexos em aulas on-line e face a face*: uma abordagem ecológica. Belo Horizonte, 2008. Tese (Doutorado em Linguística Aplicada) – Programa de Pós-Graduação em Estudos Linguísticos, Universidade Federal de Minas Gerais.

PALLOFF, R.; PRATT, K. *Building Learning Communities in Cyberspace*: Effetive Strategies for the On-line Classroom. San Francisco: Jossey-Bass, 1999. 206 p. (The Jossey-Bass higher and adult education series). ______. *Collaborating on-line*: learning together in community. San Francisco, CA: Jossey-Bass, 2005.

PAVLENKO, A.; LANTOLF, J. P. Second Language Learning as Participation and the (re)Construction of Selves. In: LANTOLF, J. P. (ed.). *Sociocultural Theory and Second Language Learning*. New York: Oxford University Press, 2000, pp. 155-78.

RECUERO, R. *Redes sociais na Internet*. Porto Alegre: Sulina, 2009.

RITCHIE, D. V.; HOFFMAN, B. Incorporating Instructional Design Principles with the World Wide Web. In: KHAN, B. H. (ed.). *Web-based instruction*. Englewood Cliffs, New Jersey: Educational Technology Publications, 1997, pp. 135-8.

ROGERS, J. Communities of practice: a framework for fostering coherence in virtual learning communities. *Educational Technology & Society*, v. 3, 2000, pp. 384-92.

SHIELD, L.; KUKULSKA-HULME, A. *ReCALL*, v. 20, n. 3, 2008. Editorial, pp. 249-52. Disponível em: <http://www.capes.gov.br/>. Acesso em: 14 jan. 2012.

SILVA, V. *A dinâmica caleidoscópica do processo de aprendizagem colaborativo no contexto virtual*: um estudo na perspectiva da complexidade/caos. Belo Horizonte, 2008. Tese (Doutorado) – FALE, UFMG.

SOUZA, R. A. *Aprendizagem de línguas em tandem*: estudo da telecolaboração através da comunicação mediada por computador. Belo Horizonte, 2003. Tese (Doutorado em Linguística Aplicada) – Faculdade de Letras, UFMG.

SWAIN, M.; DETERS, P. "New" mainstream SLA theory: expanded and enriched. *The Modern Language Journal*. Focus Issue, v. 91, 2007, pp. 820-36.

VYGOTSKY, L. S. *A formação social da mente*. Trad. Grupo de Desenvolvimento e Ritmos Biológicos. São Paulo: Martins Fontes, 1984.

______. *Pensamento e linguagem*. Trad. de Jeferson Luiz Camargo. São Paulo: Martins Fontes, 1987.

WATANABE, M. et al. Project Ibunka: an International Collaborative On-line Project Proceedings of the WorldCALL 2008 Conference. In: KOYAMA, T. (ed.). *Proceedings of the WorldCALL 2008 Conference*: CALL Bridges the World. Fukuoka, Japan: The Japan Association for Language Education and Technology (LET), 2009. Disponível em: <http://www.j-let.org/~wcf/proceedings/e-004.pdf>. Acesso em: 13 jan. 2012.

WEHNER, A. K.; GUMP, A. W.; DOWNEY, S. The Effects of Second Life on the Motivation of Undergraduate Students Learning a Foreign Language. *Computer Assisted Language Learning*, v. 24, n. 1, 2011, pp. 277-89.

WENGER, E. *Communities of Practice*: Learning, Meaning, and Identity. New York: Cambridge University Press, 1998.

Exemplos da prática pedagógica em EAD

Maristela Rivera Tavares

Apesar de já ter bem mais de um século de existência, o crescimento da educação a distância (EAD) explodiu graças à internet. Com a expansão da comunicação digital, temos cada vez mais informações disponíveis e maiores possibilidades de interagir com os outros. No caso da EAD, ampliamos a margem de interação entre alunos, entre alunos e professores e entre alunos, professores e conteúdo por meio da comunicação assíncrona – com o uso de fóruns de discussão – e da comunicação síncrona – com o uso das redes sociais e chats em tempo real, on-line. Consequentemente, os programas destinados a fazer EAD caminham para propostas que utilizem mais recursos tecnológicos e ambientes multimídia em prol da *aprendizagem colaborativa*, que, segundo Silva (2000), significa planejar, agir, receber informações, selecionar as que convêm e enviar outras, refletir sobre o trabalho com o grupo, desenvolver a interaprendizagem, a habilidade de tomar decisões e resolver problemas em grupo, assim como a autonomia para buscar e fazer isso tudo sozinho.

O tema "educação presencial *versus* educação a distância (EAD)" foi, durante um longo período, foco de discórdia. Acreditava-se que EAD era sinônimo de liberdade e falta de cobrança – uma forma mais fácil de garantir um diploma ou certificado –, ou, ainda, de o aluno sentir-se sozinho. Hoje, tais posicionamentos são, na teoria, questões superadas pelos especialistas no assunto. Na prática, entretanto, ainda sobrevivem em alguns colegas e responsáveis por tomar decisões relativas à implementação de projetos de uma ou de outra natureza – a distância ou presenciais (Gonçalves, 1996).

Além disso, em instituições de tradição presencial, ainda é comum a ingênua comparação entre as modalidades presencial e a distância – dizemos ingênua porque são duas modalidades de aprendizagem diferentes, com características próprias, e que, por esse motivo, não devem ser comparadas. Isso se dá porque as pessoas não têm o hábito de olhar para as mudanças com "olhos de otimismo". Ademais, o investimento em EAD não é trivial. Uma instituição que já esteja estabelecida com o ensino presencial tem de investir pesado para iniciar um projeto de EAD com tecnologia satisfatória e uma equipe de profissionais interdisciplinar. Contudo, a tendência é de que haja, cada vez mais, instituições mistas, que se utilizem das duas estratégias. Essa tendência se justifica pela necessidade de se atingirem diferentes públicos, de diferentes formas, pelas características contextuais de cada estratégia e pelo fato de as instituições e os professores não adquirirem *know-how* em EAD "de uma hora para outra". A aprendizagem on-line por si só não garante oportunidade de aprendizagem nem práticas de linguagem voltadas para a construção do sentido e para a interacionalidade (Saliés, 2005). Para tal, conforme discutido por Saliés, as práticas de linguagem deveriam emergir da construção colaborativa de textos, por meio de gêneros textuais digitais, multimodais e intertextuais, assim como de práticas reflexivas. Promover e incentivar a expressão, assim como a discussão entre os participantes, permitem o desenvolvimento constante do letramento (Martins, 2003) como forma pela qual os sujeitos envolvidos constroem relações de identidade e poder. Ao mesmo tempo, coloca a construção do sentido na interação entre todas as entidades discursivas da cena educacional on-line, e não apenas nos alunos, no conteúdo, no texto, nos suportes ou plataformas utilizadas na EAD.

Partindo desse entendimento, este capítulo contribui para a prática pedagógica no ensino-aprendizagem de produção de textos em língua materna on-line, no nível universitário. Nele, avançamos exemplos de práticas pedagógicas ancoradas no dialogismo (Bakhtin, 1992) e no paradigma vygotskiano da sociointeracionalidade (Vygotsky, 1984), diferenciando-as de práticas meramente interativas.

Para pensá-las, exploramos as necessidades da comunidade de alunos de graduação de um curso de Letras, na disciplina de Produção do Texto I, em língua materna, oferecida no segundo período.[1] Tanto a professora quanto os participantes desse curso foram entrevistados visando ao levantamento de necessidades. Com o mesmo objetivo, observamos aulas presenciais e administramos um questionário etnográfico para traçar o perfil dos participantes. Dentre os achados, destacamos a preferência da turma por trabalhos individuais, o que, em princípio, pode parecer favorecer cursos a distância. No entanto, como entendemos que a construção do sentido situa-se na interação e em práticas colaborativas, desenhamos atividades que potencialmente possam levar esse aluno a perceber o valor da interação na construção do conhecimento. Ao mesmo tempo, o levantamento de necessidades também indicou que o público-alvo conhece aspectos fundamentais da produção de texto ligados à coesão, coerência, clareza e adequação da linguagem ao contexto, percebendo que a produção de textos vai além do conhecimento de regras e convenções. Assim, as práticas pedagógicas propostas buscam a reflexão crítica e a explicitação de opiniões por meio da interatividade e da interação.

Interação e interatividade na EAD

Nascimento (2003) recorre a Belloni (2001) para definir interatividade como um processo que "envolve a atividade humana sobre a máquina", isto é, o homem interage com a máquina e, no processo, prepondera o conhecimento construído na relação estabelecida com o texto, o conteúdo e o suporte. Ramos e Santos (2006) corroboram tal entendimento e vão além, afirmando que a interatividade pode ser vista como uma troca que resulta na transformação do objeto de aprendizagem pelos participantes, pois implica necessariamente interferência, modificação do material didático. O processo de interação, contudo, é definido por Nascimento (2003) como aquele que envolve "dois ou mais atores humanos", ou seja, ocorre entre pessoas. Nele prepondera a relação que os alunos podem estabelecer entre si e com o professor. Em outras palavras, enquanto a interatividade foca o desempenho tecnológico, a interação volta-se para a forma como as pessoas agem entre si (Roblyer e Ekhaml, 2000). Dessa forma, observamos que a interatividade e a interação podem ocorrer entre os alunos e o conteúdo e entre os participantes de um curso, incluindo o professor. Tudo dependerá do modo de se apresentarem as informações por meio de recursos midiáticos diversificados. Os exemplos 1 e 2, ambos excertos de Tavares (2006), ilustram como poderíamos tratar o mesmo conteúdo por intermédio da interatividade ou da interação.

Exemplo 1: Interatividade
Imagine que o professor de um curso de Produção Textual on-line esteja coconstruindo com sua turma o sentido de linguagem verbal e linguagem não verbal. Ele explica:

Dentre os tipos de linguagem, temos a verbal, ou seja, a que utiliza as palavras de uma determinada língua. Utilizamos a linguagem verbal – ou humana – quando falamos ou escrevemos. Além disso, podemos fazer uso também da linguagem não verbal, ou seja, utilizar outros recursos, que não as palavras, com o intuito de nos comunicarmos. Sendo assim, são exemplos de linguagem não verbal:

A pintura...

... a mímica...

... o teatro...

... a dança.

(Adaptado de Tavares, 2006:107; ilustrações: Axel Sande)

Entretanto, por meio do mesmo conteúdo, o professor pode propor uma atividade interacional, como no exemplo 2.

Exemplo 2: Interação

Leia o capítulo "Declaração", do livro "Memórias de um sargento de milícias", disponível em <http://www.dominiopublico.gov.br/download/texto/ua000235.pdf>, de Manoel Antônio de Almeida.[2]

No capítulo lido, Leonardo resolve se declarar a Luisinha. Você percebeu que Luisinha se comunica com Leonardo sem pronunciar nenhuma palavra? Ela se utilizou, portanto, da linguagem não verbal.

A partir da leitura do texto, entre no chat e discuta com seus colegas sobre...

- *como Luisinha se comunicou com Leonardo sem proferir nenhuma palavra;*
- *os recursos que utilizou;*
- *a interpretação de Leonardo.*
  Você acha que ele interpretou corretamente a reação de Luisinha ou há uma outra possível interpretação?

(Exemplo de Tavares, 2006: 97.)

Ao sugerir que os alunos discutam a temática em uma sessão de chat, o professor lhes propicia a oportunidade de coconstruir entendimento acerca da diferença entre linguagem verbal e linguagem não verbal, indo além da interatividade. Abre espaço para que a construção do conhecimento se dê de forma colaborativa ou em uma comunidade virtual de prática (Garrison, Anderson e Archer, 2000; Martins, 2003). No entanto, cabe ressaltar que a interação e a interatividade podem ocorrer de várias formas, dependendo dos papéis interacionais assumidos pelo material didático, pelo professor e pelo aluno, e da forma como eles se relacionam com o suporte e os recursos midiáticos. Para ilustrar os modos como a interação e a interatividade podem ser promovidas na prática pedagógica em EAD, avançamos a seguir exemplos de práticas no contexto de ensino-aprendizagem da produção textual on-line.

Promovendo a interação

O CASO DO PROFESSOR

Se o professor, por meio de um modelo de tutoria proativa, criar oportunidades de motivação para que a turma questione, critique, polemize, sugira e, ao mesmo tempo, crie um estado de conversa, assumindo o papel de interlocutor em trocas menos verticais, gerará um ambiente favorável à interacionalidade. Quanto mais o professor "conhecer" o aluno virtual, seu perfil, sua vida profissional, sua história de vida, sua classe social, seus anseios, seus medos, suas dificuldades, suas preferências, por meio de um levantamento de necessidades (Tomlinson, 2003), mais fácil será assumir o papel de interlocutor. Se o professor atuar de maneira reativa, apenas aguardando e sanando dúvidas, acabará favorecendo a interatividade e se afastando do papel de coconstrutor de conhecimento.

Por outro lado, para que comunidades virtuais de prática (Garrison, Anderson e Archer, 2000) manifestem-se, os alunos também precisam estabelecer um ambiente colaborativo entre si, tirando as dúvidas de conteúdo e técnicas uns dos outros, motivando-se mutuamente e permitindo que surja a identidade do grupo. Apesar de a EAD abrir espaço para que os alunos estudem sozinhos, se não houver motivação para a coconstrução de sentido e desejo genuíno de colaborar para o progresso do outro, a interacionalidade fica prejudicada e, por consequência imediata, igualmente o processo de construção de sentido.

Cabe também colocar em discussão os estilos particulares de aprendizagem, o material pedagógico e os papéis que assumem no processo interacional on-line, como em qualquer outro contexto de ensino-aprendizagem. Cada aluno virtual vem de um contexto cultural específico e lê o mundo de modo próprio. Não há como individualizar o material utilizado. Entretanto, a forma como a mediação entre o material, as atividades propostas, o conteúdo e o aluno virtual acontece pode receber tratamento diversificado para contrabalançar os efeitos de estilos individuais. Mais uma vez, o esforço recai sobre o professor na diversificação do modo como apresenta o conteúdo e explora as interfaces, como ilustra a prática pedagógica no exemplo 3.

Exemplo 3: Diversificando a apresentação do conteúdo

Imagine que um professor de Produção Textual on-line esteja trabalhando como se dá a construção de sentido em um texto. Ele explica:

Além do contexto e das vozes do autor ou locutor e do interlocutor, ainda agem, sobre a construção do sentido do texto, os conhecimentos de mundo de ambos, além dos conhecimentos acerca do contexto em que se dá a comunicação, conhecimento este que deve ser compartilhado entre os participantes da interação. Isso acontece porque nenhum texto é capaz de "dizer" tudo, de informar explicitamente tudo. O interlocutor é obrigado a inferir determinados conteúdos quando está diante de um texto. Essas inferências são o que chamamos de "ler nas entrelinhas".

O conhecimento de mundo, por sua vez, é determinado pela vivência de cada indivíduo e, tal vivência, é influenciada pelo que cada um leu ou escutou durante a vida. Portanto, a construção do sentido de um texto também está permeada por outras vozes, que não a do autor e a do interlocutor.

(Adaptado de Tavares, 2006: 108-11.)

No exemplo 3, o professor explica verbalmente como o sentido emerge. No entanto, suplementa essa ação pedagógica com um esquema (Tavares, 2006: 97) que representa graficamente a produção textual (figura 1). Assim, tenta atingir um número maior de alunos, contemplando estilos diferentes de aprendizagem (alunos mais verbais; alunos mais visuais; alunos mais analíticos) do que atingiria somente com um tipo de recurso.

Figura 1:

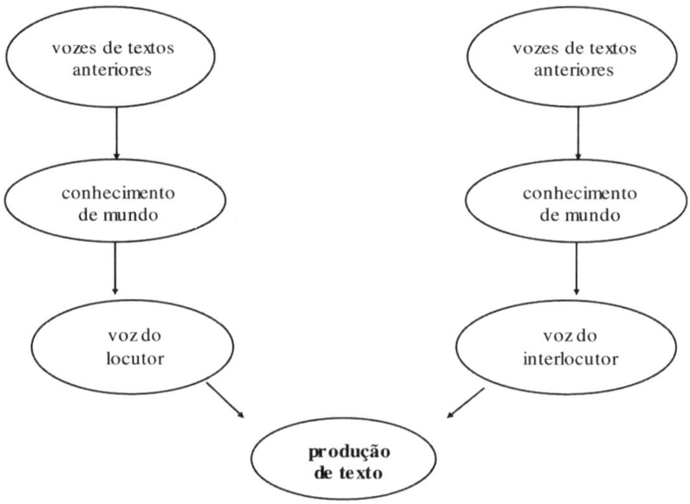

(Tavares, 2006: 97.)

Embora seja fácil, com os sistemas de gerenciamento acadêmico, saber quantas vezes ou horas, por semana, cada aluno esteve conectado ao ambiente virtual, o que importa em EAD via internet não é a quantidade, mas a qualidade dos acessos. O que percebemos em nossa prática cotidiana é que alguns alunos participam apenas enviando mensagens do tipo "concordo com o colega", principalmente em fóruns de discussão.

Nesses casos, cabe ao professor convidá-los a contribuir com questões suscitadas durante o programa, motivando-os a engajarem-se social, emocional e cognitivamente com o processo de construção de conhecimento.

Paradoxalmente, não podemos deixar de observar que alunos virtuais não dispõem da atenção do professor 24 horas por dia. Raramente as dúvidas são sanadas na mesma hora. Autonomia e tolerância à ambiguidade tornam-se duas facetas diretamente relacionadas aos propósitos da EAD. Para tal, sugerimos que o professor construa um ambiente aberto a tentativas e erros como janelas para a aprendizagem, tomando para si o papel de motivador e estimulando o aluno a explorar outros caminhos e interfaces (Stoney e Wild, 1998), de forma provocativa e envolvente.

O CASO DAS FERRAMENTAS DIGITAIS

Uma das formas de se promoverem oportunidades de aprendizagem ancoradas em práticas sociointeracionais é o conjunto de ferramentas disponibilizadas pelas plataformas de EAD. Alunos e professores podem utilizar o fórum de discussões para debater uma linha de assunto durante dias ou vários assuntos concomitantemente, já que essa ferramenta permite uma organização por tópicos (ver Herring neste volume). Da mesma forma, podem utilizar o chat para encontros marcados ou comunicação síncrona sobre uma determinada leitura. Para enviar material aos alunos ou fazer anúncios, o professor pode utilizar o e-mail ou a interface de notícias da plataforma *moodle*. O e-mail permite ainda que os alunos "conversem" sem a presença do professor ou de outros colegas, conforme desejarem. Essa variedade de possibilidades potencializa o papel das ferramentas em contextos pedagógicos on-line.

Muitas vezes, essas ferramentas são referidas como gêneros,[3] outras como *outputs* (ver Crystal neste volume). Vamos tratá-las como ferramentas, pois as entendemos como instrumentos que viabilizam a interação em contextos digitais de aprendizagem.[4] Tal escolha se dá pela multiplicidade de possibilidades que cada uma delas oferece, a saber:

a) O e-mail, por ser assíncrono, assemelha-se à modalidade oral. Por exemplo, muitos processos de orientação de monografias, dissertações, teses, enfim, trabalhos de conclusão de curso, são realizados parcial ou exclusivamente via e-mail. Uma mesma mensagem de e-mail pode ser enviada a uma ou mais pessoas de uma só vez, o que permite, por exemplo, que um professor virtual "fale" para todos os alunos ao mesmo tempo, em uma só mensagem. O uso do e-mail ainda permite o armazenamento das mensagens recebidas, ou seja, vai se formando, ao longo da troca de turnos, um histórico das mensagens relacionadas àquele assunto (Marcuschi, 2004). O e-mail permite também o envio de vários formatos de textos diferentes, desde fotos, imagens, até vídeos e músicas, a um custo muito baixo. Nesse caso, passa a ser um texto multimodal.
b) O fórum, como pressupõe a comunicação de "muitos-para-muitos" (Marcuschi, 2004), tem o potencial de construir uma comunidade virtual de prática, sendo caracterizado por Harasin (1998) como o melhor ambiente interacional para a EAD, por ser assíncrono e permitir que os participantes controlem seu tempo, o ritmo e a natureza das interações e a aprendizagem colaborativa, uma vez que os participantes constroem conhecimento por meio de interações sociais. O estudo de Martins (2003) demonstra esse potencial.
c) O chat projeta no ciberespaço a estrutura do diálogo presencial do dia a dia (Araújo, 2004), configurando-se como um tipo de interação mediada por computador que permite a "conversa" entre duas ou mais pessoas em tempo real. Justamente por ser síncrono, o chat muitas vezes torna-se caótico e cansativo

(Marcuschi, 2004), pois todos podem querer "falar" ao mesmo tempo, e a participação exige que se digite durante todo o tempo da interação. No caso da EAD, essas reuniões devem ser marcadas – dia e hora – com antecedência, para que os alunos possam planejar seu tempo. Dessa forma, para Marcuschi (2004), é no chat que se manifesta, com maior força, o diálogo – a troca de turnos.[5] A estrutura de um chat no contexto de EAD é bem marcada pelas relações interpessoais, ou seja, há um mediador (o professor) e os participantes devem conhecer a dinâmica adotada, saber em que momento "falar", sobre o que "falar", de que forma "falar" e o que não deve ser "dito". Embora se caracterize pelo baixo grau de formalidade, acontecendo de forma natural, informal, espontânea em contextos gerais, no contexto de EAD essa informalidade/espontaneidade pode ser trocada pela preocupação com o que os interlocutores podem pensar sobre o autor do texto, com a identidade que se projeta e fatores relacionados à proteção da face negativa. Assim, nos chats educacionais, o registro varia de acordo com o grau da preocupação e com as relações de poder e interpessoais construídas pelo grupo. Ao mesmo tempo, o chat estimula o improviso, o raciocínio rápido e a concentração (Martins, 2003), pois a troca de turnos é rápida, o fluxo de tópico é descontínuo e o tempo para a manutenção do piso conversacional, limitado. Como essas características podem gerar estresse, principalmente por reduzirem o tempo de participação, o desejável é que os alunos sejam divididos em pequenos grupos para a realização dos chats, seja na forma de grupos de trabalho, seja em salas de encontro.

Para ilustrar como essas ferramentas podem contribuir para o surgimento de práticas sociointeracionais no ambiente educacional digital, propomos o exemplo 4, uma atividade mediada por um fórum de discussão.

Exemplo 4: Interagindo em um fórum de discussão

Imagine que o mesmo professor do curso de Produção Textual on-line esteja trabalhando a produção de textos narrativos. Ele sugere um trabalho em grupo:

O trabalho em grupo desta seção é composto por algumas etapas:

a) *no fórum, organizem o grupo em ordem – o primeiro corresponde ao número 1, o segundo corresponde ao número 2 e assim por diante;*
b) *o número 1 deve iniciar uma narrativa e postá-la no fórum;*
c) *o número 2 deve continuar a narrativa e postá-la no fórum – e assim sucessivamente até o último integrante do grupo;*
d) *a narrativa de todo o grupo não deve ultrapassar 1 página;*
e) *o último integrante a contribuir deve realizar a entrega final do trabalho do grupo no fórum.*

(Adaptado de Tavares, 2006: 115).

A partir dessa proposta, os alunos se utilizam do fórum de discussões para produzir o material-alvo de forma colaborativa, gerando um produto coletivo em coautoria. A prática pedagógica motiva o interesse e a participação.

Promovendo a interatividade

Além de engajar o interesse dos alunos com relação ao conteúdo, um contexto digital também cria oportunidades de aprendizagem quando os sensibiliza por meio da forma ou do design. "O design é visto como um tipo de construção que envolve complexidade e síntese, podendo ser compreendido como a ação de estabelecer objetivos futuros e de encontrar meios e recursos para cumpri-los" (Ramos e Santos, 2006: 6). Em outras palavras, o design tem papel a cumprir por expressar a intenção, o propósito da prática pedagógica.

Segundo Nascimento (2003), os alunos precisam sentir-se confortáveis com a interface disponível. Com isso, o design é capaz de atrair o público-alvo para o propósito comunicativo. Esse conforto provém do uso simplificado da ferramenta e de recursos visuais, se possível, audiovisuais, que permitam a interatividade entre os alunos e o conteúdo oferecido, facilitando o desempenho da turma e não interferindo nele. Quanto mais difícil a acessibilidade ao ambiente on-line, mais os alunos tendem a desmotivarem-se e sentirem-se inseguros, desapontados, descontentes e impacientes com relação à realização das tarefas e ao cumprimento do cronograma (Nascimento, 2003; Silva, 2001). O exemplo 5 mostra uma possível alternativa para promover interatividade entre o aluno e o conteúdo:

Exemplo 5: Interatividade com o conteúdo

Imagine que o mesmo professor do curso de Produção Textual on-line esteja trabalhando tipos e gêneros textuais. O conteúdo poderia ser apresentado da seguinte maneira: *Nesta unidade, vamos tratar dos tipos e dos gêneros textuais mais utilizados no contexto acadêmico:*

resumo	*texto argumentativo*
resenha crítica	*artigo acadêmico*

Arraste cada tipo de texto para seu devido lugar.

1. *Quando tentamos convencer nosso interlocutor de que a verdade está conosco, devemos utilizar um tipo de texto chamado*

   [ ]

2. *Quando sintetizamos um texto, respeitando a organização das ideias do autor, estamos utilizando um gênero chamado*

   [ ]

3. *Quando sintetizamos, de forma crítica, um texto, emitindo nossas opiniões e fazendo comentários, estamos utilizando o gênero chamado*

   [ ]

4. *Quando escrevemos um texto que relata achados de uma pesquisa, a partir de testes e análises, estamos utilizando o gênero chamado*

   [ ]

Para corrigir suas respostas, clique aqui.

O CASO DA HIPERTEXTUALIDADE E HIPERMODALIDADE

Embora a hipertextualidade e a hipermodalidade ajam de forma conjunta, já que ambas alteram a natureza do texto (Braga, 2004) ao promoverem interatividade com o conteúdo e os recursos midiáticos, para fins deste capítulo vamos tratá-las separadamente.

A hipertextualidade é um processo que já aparecia na forma de notas de rodapé ou por simples referências a outros textos, diretas ou indiretas, durante a leitura (Braga, 2004). O hipertexto nada mais é que um texto que traz referências a outras partes do próprio texto, ou a partes de outros textos, compondo uma rede que leva o leitor a manipular o objeto de aprendizagem de formas variadas (Ribeiro, 2005), formando uma rede multissequencial de referências (Lemke, 2003). Segundo Braga (2004), diante da possibilidade de seguir diferentes caminhos na leitura, o leitor faz escolhas e interage de forma não linear com o texto. Essa interação é determinada pelas diferentes ordens de acesso possíveis aos segmentos de texto, o que leva à construção particular do eixo coesivo do texto e à multiplicidade de sentidos. Para cada um desses possíveis caminhos, os alunos têm diferentes possibilidades de construção do conhecimento; para cada escolha, constroem um diferente sentido para o mesmo texto (Cavalcante, 2004). A cada clique, novas escolhas são feitas, de forma autônoma. Nisso reside a interatividade do hipertexto.

Para adequar as características do público-alvo ao número e forma de apresentação de links no planejamento da prática pedagógica em EAD, levando o aluno a maior ou menor linearidade, o professor pode levar em conta a ausência de hierarquia entre os diferentes segmentos do hipertexto e a experiência do público-alvo com as novas tecnologias. A pouca linearidade pode deixar alunos que não tenham muita intimidade com o conteúdo "perdidos" em um emaranhado de pequenos textos. Já alunos com alguma experiência com o conteúdo podem construir o hipertexto de forma mais aberta, livre, pois são capazes de selecionar as informações que lhes interessam e que servem ao fim do objeto de aprendizagem. Finalmente, aqueles com maior intimidade com as tecnologias tendem também a ter maior facilidade de navegar por hipertextos construídos de forma complexa e aberta (Burbules e Callister, 2000). O exemplo 6 introduz uma prática que usa a hipertextualidade como mediadora da interatividade em curso de Produção Textual on-line. Ao clicar em cada uma das expressões sublinhadas do exemplo, o aluno seria levado a outros conteúdos que as definissem ou até as exemplificassem, aumentando sua participação efetiva no processo de construção de conhecimento pela interatividade com o conteúdo, de forma autônoma. Como nos diz Santaella (2004: 52),

> quanto maior a interatividade, mais profunda será a experiência de imersão do leitor, imersão que se expressa na sua concentração, atenção, compreensão da informação e na sua interação instantânea e contínua com a volatilidade de estímulos. O desenho da interface [e dos conteúdos] é feito para incentivar a determinação e a tomada de decisão por parte do usuário.

Exemplo 6: Interatividade via hipertextualidade

Imagine que o professor do curso de Produção Textual on-line esteja trabalhando o conceito de linguagem. Ele explica:

Inicialmente, os homens se comunicavam uns com os outros por meio de imagens. O homem primitivo realizava verdadeiras narrativas nas rochas, desenhando com lanças, pedaços de pau, pedras, chifres de animais... Depois disso, o homem descobriu os desenhos chamados ideogramas. Com apenas um ideograma, o homem podia expressar ideias completas. A seguir, a humanidade passou a usar os alfabetos. Por meio destes, foi possível comunicar tudo, todo tipo de situação, e com uma grande precisão.

Apesar de o texto ser claro, explicativo, ele pode não satisfazer as necessidades de todos os alunos. Alguns podem querer saber mais, conhecer mais sobre o assunto. Por isso, o professor poderia incluir alguns hipertextos que pudessem informar mais sobre a temática. Nesse sentido, o texto poderia ser exposto da seguinte forma, em que os termos sublinhados indicam links para outros materiais ou sites:

> *Inicialmente, os homens se comunicavam uns com os outros por meio de imagens. O homem primitivo realizava verdadeiras narrativas nas rochas, desenhando com lanças, pedaços de pau, pedras, chifres de animais... Depois disso, o homem descobriu os desenhos chamados ideogramas. Com apenas um ideograma, o homem podia expressar ideias completas. A seguir, a humanidade passou a usar os alfabetos. Por meio destes, foi possível comunicar tudo, todo tipo de situação, e com uma grande precisão.*
>
> (Adaptado de Tavares, 2006: 89.)

Do mesmo modo, a hipermodalidade também abre espaço para a construção de múltiplos sentidos ao permitir a coexistência de imagens, sons, animações, vídeos, tabelas, gráficos e textos escritos, todos relacionados com o objeto de aprendizagem. Nesse caso, a construção de conhecimento é multissensorial, o que favorece os possíveis diferentes estilos cognitivos e de aprendizagem do público-alvo (Lemke, 2003). Duas pessoas, ao se depararem com o mesmo texto multimodal, jamais terão interpretações idênticas (Xavier, 2004). A interpretação multimodal apresenta-se, portanto, como uma variante da sensibilidade do leitor. Sendo assim, o total controle sobre o sentido dado ao texto multimodal, assim como no hipertexto, também foge ao autor, incapaz de prever os múltiplos sentidos que serão atribuídos a seu texto (Braga, 2004).

Segundo Xavier (2004), quanto mais claro for o texto multimodal, mais à vontade, interessado e envolvido se sentirá o leitor no momento de construir o sentido do texto. Essa clareza, por sua vez, tornou-se ainda mais acessível aos autores com o uso da multimodalidade em textos. As possibilidades argumentativas e de explicitar determinado conteúdo crescem à medida que o autor faz uso de recursos multimodais. É muito mais fácil e preciso, por exemplo, descrever um lugar por meio de uma foto que por meio de um texto. O exemplo 7 introduz uma prática pedagógica que promove a interatividade com o conteúdo por meio da hipermodalidade. Para ilustrar o conceito de norma, correção gramatical, o professor faz uso de diferentes modalidades de texto: imagens, o próprio texto escrito e ainda uma cena de filme.

Exemplo 7: A interatividade via hipermodalidade

> Imagine que o professor do curso de Produção Textual on-line esteja trabalhando o uso da linguagem. Ele explica:
>
> *No senso comum, falar ou escrever corretamente é fazer uso correto das regras gramaticais da língua. Contudo, há uma certa polêmica que cerca o uso da linguagem. Essa polêmica nos leva a atribuir-lhe vários usos, entendidos como* ***adequados*** *ou* ***inadequados****, em oposição a corretos ou incorretos. Portanto, saber falar ou escrever é conseguir obter o efeito que se pretende no outro, no interlocutor, em uma determinada situação. Para que esse efeito se produza, o uso que se deve fazer da língua é o adequado. Falar ou escrever de forma adequada envolve as características de:*

... nosso interlocutor.

Não podemos nos expressar da mesma forma com todos os tipos de pessoas. Por exemplo, se estamos conversando com uma pessoa idosa, devemos evitar o uso de gírias atuais, sob o risco de não sermos compreendidos. Da mesma forma, devemos ter um outro tipo de cuidado, mas não menos importante, quando estamos nos comunicando com crianças. Nesse caso, o cuidado deve ser com a complexidade das palavras e construções.

Não podemos nos expressar da mesma forma em todos os contextos em que estamos inseridos. Na arquibancada de um estádio de futebol, por exemplo, não precisamos falar com toda a formalidade que usamos em uma entrevista de emprego.

... nosso contexto.

(Ilustrações: Axel Sande)

Leia um fragmento da obra "Memórias póstumas de Brás Cubas".

Memórias póstumas de Brás Cubas

Sim, eu era esse garção bonito, airoso, abastado; e facilmente se imagina que mais de uma dama inclinou diante de mim a fronte pensativa, ou levantou pra mim os olhos cobiçosos. De todas porém a que me cativou logo foi uma... uma... não sei se diga; este livro é casto, ao menos na intenção; na intenção é castíssimo. Mas vá lá; ou se há de dizer tudo ou nada. A que me cativou foi uma dama espanhola, Marcela, a "linda Marcela", como lhe chamavam os rapazes do tempo. E tinham razão os rapazes. Era filha de um hortelão das Astúrias; disse-mo ela mesma; num dia de sinceridade, porque a opinião aceita é que nascera de um letrado de Madrid, vítima da invasão francesa, ferido, encarcerado, espingardeado, quando ela tinha apenas doze anos. *Cosas de España*. Quem quer que fosse, porém, o pai, letrado ou hortelão, a verdade é que Marcela não possuía a inocência rústica e mal chegava a entender a moral do código. Era boa moça, lépida, sem escrúpulos, um pouco tolida pela austeridade do tempo, que lhe não permitia arrastar pelas ruas os seus estouvamentos e berlindas;

luxuosa, impaciente, amiga de dinheiro e de rapazes. Naquele ano, morria de amores por um certo Xavier, sujeito abastado e tísico, – uma pérola.

Fonte: Assis, Machado de. *Memórias póstumas de Brás Cubas*. Disponível em: <http://www.dominiopublico.gov.br/download/texto/bn000167.pdf>. Acesso em: 15 maio 2012.

No fragmento de "Memórias póstumas de Brás Cubas", Brás Cubas, o narrador-personagem, fala de Marcela, uma de suas paixões. Podemos perceber, logo nas primeiras linhas, o tipo de linguagem utilizada por Machado de Assis – uma linguagem rebuscada e com um vocabulário condizente com a época.

Assista a uma cena do filme "Snatch: porcos e diamantes", cena em que um dos promotores de lutas vai comprar um trailler do cigano Mickey O'Neil.

Frankie Quatro-Dedos, um ladrão de diamantes e intermediário de peças roubadas, aposta em uma luta ilegal de boxe. Enquanto isso, dois promotores de lutas e um fazendeiro convencem Mickey O'Neil, um pugilista cigano, a entrar em uma luta de boxe clandestino.

Na cena de "Snatch: porcos e diamantes", o promotor de lutas já sabe que terá problemas de comunicação com os ciganos. O problema se dá devido ao registro utilizado pelo promotor – a gíria "matar uma bebida", desconhecida pelos ciganos. Depois disso, é a pronúncia que causa confusão – os ciganos pronunciam a palavra "cachorro" de forma diferente e o promotor tem dificuldades para entender o que dizem.

A que conclusões você chega? Reflita criticamente.

(Adaptado de Tavares, 2006: 101-2.)

Segundo Silva (2001), a interatividade viabilizada pelos hipertextos e hipermodos abre espaço para uma aprendizagem intuitiva, multissensorial, conexional, acentrada e diferenciada por formas de acesso. Os alunos deparam-se com o inesperado, com o acaso, com sequências textuais não antecipadas; trabalham mais de um sentido (visão, audição, cinesia); justapõem informações por analogias e relações com outras significações; e navegam para vários centros, inclusive os de coautoria.

Considerações finais

Neste capítulo propusemos práticas sociointeracionais para o ensino-aprendizagem de Produção de Texto on-line, no nível universitário. Acreditamos que a valorização das diferentes vozes, do dialogismo e da situação comunicacional favorece a construção do sentido pela interacionalidade; já a valorização da intertextualidade, da hipertextualidade e da hipermodalidade favorece a construção de sentido pela interatividade. Em conjunto, abrem um leque infinito de possibilidades voltadas para a disponibilização de oportunidades de aprendizagem em comunidades virtuais de prática pedagógica.

Notas

1 Os resultados completos do questionário, entrevista e notas de campo foram relatados em Tavares (2006).
2 Acesso em: 15 maio 2012.
3 A situação comunicativa define o gênero do discurso, e o gênero do discurso define as características dos enunciados que o constituem, comuns a outros enunciados de um mesmo gênero e que se organizam de acordo com o propósito comunicativo do contexto, conforme Bakhtin (1992). Por exemplo, jamais o gênero textual definido por uma entrevista de emprego vai determinar as mesmas estruturas de enunciados que o gênero definido por uma conversa durante um almoço casual. O ser humano tem plena noção dessas restrições e sabe utilizar-se muito bem delas. Esses enunciados refletem as condições e os objetivos próprios de esferas da atividade humana e são razoavelmente estáveis, com tamanho e conteúdo diferentes; o que varia, de fato, é o contexto, a situação em que os enunciados se realizam, as esferas da atividade humana. É essa situação que define de que gênero se trata. Assim como as atividades humanas são infinitas, os gêneros do discurso determinados por elas também o são (Bakhtin), variando desde formas interacionais como as conversas, as entrevistas e as conferências, até a interação mediada pelo computador, com seus e-mails, fóruns e chats.
4 Para uma descrição das características linguísticas e interacionais de e-mails, chats e fóruns, nas dimensões propostas por Biber (1988), ver "Variação entre registros da internet" neste volume.
5 Sobre a segmentação dos enunciados no chat, ver "Enunciados segmentados em MIs" neste volume.

Referências

ARAÚJO, Júlio César da Roda de. A conversa na web: o estudo da transmutação em um gênero textual. In: MARCUSCHI, Luiz Antônio; XAVIER, Antônio Carlos (orgs.). *Hipertexto e gêneros digitais*. Rio de Janeiro: Lucerna, 2004.

BAKHTIN, M. *Estética da criação verbal*. São Paulo: Martins Fontes, 1992.

BELLONI, M. L. *Educação a Distância*. Campinas: Autores Associados, 2001.

BIBER, D. *Variation Across Speech and Writing*. Cambridge: Cambridge University Press, 1988.

BRAGA, Denise Bértoli. A comunicação interativa em ambiente hipermídia: as vantagens da hipermodalidade para o aprendizado no meio digital. In: XAVIER, Antônio Carlos; MARCUSCHI, Luiz Antônio (orgs.). *Hipertexto e gêneros digitais*: novas formas de construção de sentido. Rio de Janeiro: Lucerna, 2004.

BURBULES, N. C.; CALLISTER, Thomas. A. Jr. Hypertext: Knowledge at the Crossroads. In: ______. *Watch it*: the Risks and Promises of Information Technologies for Education. Oxford: Westview Press, 2000.

CAVALCANTE, Marianne Bezerra Carvalho. Mapeamento e produção de sentido: os links no hipertexto. In: XAVIER, Antônio Carlos; MARCUSCHI, Luiz Antônio (orgs.). *Hipertexto e gêneros digitais*: novas formas de construção de sentido. Rio de Janeiro: Lucerna, 2004.

GARRISON, R.; ANDERSON, T.; ARCHER, W. Critical Inquiry in a Text-based Environment: Computer Conferencing in Higher Education. *The Internet and Higher Education*, v. 2, 2000, pp. 87-105. Disponível em: <http://www.atl.ualberta.ca/CMC/publications.html>. Acesso em: 30 jun. 2011.

GONÇALVES, Consuelo Tereza Fernandez. Quem tem medo do ensino a distância. *Revista Educação a Distância*, n. 7-8, 1996.

HARASIN, Linda. *On-line Education:* a New Domain. International Centre for Distance Learning. London: The Open University, 1998, pp. 49-62. Disponível em: <http:://icdl.com/icdlpubs.htm>. Acesso em: out. 2002.

LEMKE, Jay L. *Travels in Hypermodality*. [s.l.]: [s.n.], 2003.

MARCUSCHI, L. A. Gêneros textuais emergentes no contexto da tecnologia digital. In: ______; XAVIER, Antônio Carlos (orgs.). *Hipertexto e gêneros digitais*. Rio de Janeiro: Lucerna, 2004.

MARTINS, Estela de Jesus. *Comunicação mediada por computador*: a construção do conhecimento no processo interacional de um fórum de discussão. Rio de Janeiro, 2003. Dissertação (Mestrado) – PUC-RJ.

NASCIMENTO, Tânia de Oliveira Panaro do. *Usabilidade e relevância de tutorial on-line para capacitação de professores*. Rio de Janeiro, 2003. Dissertação (Mestrado) – UFRJ.

RAMOS, Andréia; SANTOS, Pricila. A contribuição do design instrucional e das dimensões da educação para o desenvolvimento de objetos de aprendizagem. In: XXVI Congresso da SBC. *Anais*... 14 a 20 jul. 2006. Campo Grande, MS. Disponível em: <http://www.br-ie.org/pub/index.php/wie/article/view/876>. Acesso em: 11 jul. 2012.

RIBEIRO, Ana Elisa. Ler na tela – letramento e novos suportes de leitura e escrita. In: COSCARELLI, Carla V.; RIBEIRO, Ana Elisa. *Letramento digital*. Aspectos sociais e possibilidades pedagógicas. Belo Horizonte: Autêntica, 2005.

ROBLYER, M. D.; EKHAML, L. *How Interactive Are Your Distance Courses?* A Rubric for Assessing Interaction in Distance Learning, 2000. Disponível em: <www.westga.edu/~distance/roblyer32.html>. Acesso em: 15 jul. 2012.

SALIÉS, Tânia. Práticas de linguagem e a vida na sala de aula virtual: o que está de fato em jogo? Transcrição pessoal do autor. In: Seminário de Estudos em Linguagem, Educação e Tecnologia, 1, 2005. Rio de Janeiro. LingNet/ Faculdade de Letras – UFRJ, 2005.

SANTAELLA, Lucia. *Navegar no ciberespaço*: o perfil cognitivo do leitor imersivo. São Paulo: Paulus, 2004.

SILVA, M. *Sala de aula interativa*. Rio de Janeiro: Quartet, 2000.

SILVA, Maria da Graça Moreira da. Construindo projetos para ambientes virtuais de aprendizagem. In: ALMEIDA, Fernando José de (coord.). *Educação a Distância*: formação de professores em ambientes virtuais e colaborativos de aprendizagem – Projeto NAVE. São Paulo: [s.n.], 2001.

STONEY, S.; WILD, M. Motivation and Interface Design: Maximising Learning Opportunities. *Journal of Computer Assisted Learning*, n. 14, 1998, pp. 40-50.

TAVARES, Maristela R. *Produção textual on-line*: uma proposta de curso à luz de princípios sociointeracionistas. Rio de Janeiro, 2006. Dissertação (Mestrado) – PUC-RJ.

TOMLINSON, Brian. *Developing Materials for Language Teaching*. London: Continuum, 2003.

VYGOTSKY, L. *A formação social da mente*. São Paulo: Martins Fontes, 1984.

XAVIER, Antônio Carlos. Leitura, texto e hipertexto. In: XAVIER, Antônio Carlos; MARCUSCHI, Luiz Antônio (orgs.). *Hipertexto e gêneros digitais*: novas formas de construção de sentido. Rio de Janeiro: Lucerna, 2004.

A web no letramento de crianças em língua materna

Júlio Araújo
Messias Dieb

No contexto da educação brasileira, o ensino da leitura e da escrita dentro do espaço escolar vem se configurando, tradicionalmente, como o contato dos sujeitos aprendizes com um grande número de tarefas e atividades escolares para as quais não conseguem atribuir outro sentido que não seja o de obrigação para com a escola. A distribuição dos letramentos nesse tipo de ensino, no entanto, vem tornando improdutivas as atividades de leitura e escrita na escola do Brasil, pois elas comumente não consideram os usos reais da língua. Esse, portanto, vem sendo um problema crônico na educação linguística brasileira, o que suscita entre os pesquisadores um vigoroso debate sobre o fornecimento dos novos letramentos pela escola.

Em função disso, nos inserimos nesse debate para defender que o uso das novas tecnologias de informação e comunicação (TIC) pode ser produtivo na alfabetização de crianças com dificuldades quanto ao domínio da leitura e da escrita. Essa proposição se fundamenta empiricamente em dados de uma pesquisa-ação[1] feita por Ribeiro (2005), sob a orientação do primeiro autor deste trabalho, com crianças do Nordeste brasileiro que apresentavam sérios problemas de leitura e escrita. Embora os dados procedam da pesquisa de Ribeiro, a perspectiva teórica que desenvolvemos no presente texto segue na direção dos novos estudos de letramento, que serão relacionados com a Teoria da Relação com o Saber.

Assim, nos concentramos nas seguintes questões: (a) de que maneira a escola pode habilitar as crianças para responderem a demandas atuais dos novos letramentos?; (b) como ampliar esses letramentos de modo que as crianças possam construir sentido em relação à leitura e à escrita?; e (c) que recursos poderiam ajudar a escola a atingir esses objetivos?

Para refletir sobre tais questões, baseamo-nos nas orientações teóricas advindas dos novos estudos de letramento, mais notadamente, nas reflexões de Street (1984, 1988), Barton (1994), Barton, Hamilton e Ivanič (2000) e Snyder (2008), para relacioná-las, como já dissemos, aos postulados da Teoria da Relação com o Saber, de Bernard Charlot (1997).

Construindo sentidos para a leitura e a escrita

Na perspectiva de Vygotsky (2000), o exercício de escrita não deveria ser puramente mecânico, ou seja, não deveria se configurar como uma atividade mais motora do que intelectual, e, tal qual a leitura, precisaria implicar algo de que as crianças necessitassem, que expressasse suas atividades e que fizesse desabrochar sua personalidade. Com efeito, a escola precisa proporcionar à criança um entendimento de que a escrita é outra forma de linguagem, porém, ao aprendê-la, a criança precisa, do mesmo modo que a fala, fazê-lo por meio de um processo de uso real, num conjunto de situações sociais concretas, vividas como "um momento natural no seu desenvolvimento" (Vygotsky, 2000: 144). Se a escola assim não proceder, dificilmente o ensino da escrita chegará a ter significado (importância, valor, sentido) na vida das crianças.

Assim, mais do que ensinar o código alfabético, a escola precisa cultivar múltiplos letramentos, em função de uma sociedade multicultural como a que temos hoje (Kellner, 2004). Em outros termos, para que o processo de alfabetização não se traduza numa experiência escolar cuja ênfase esteja unicamente na "codificação" e "decodificação" de letras, palavras e até mesmo frases, sem que as crianças consigam construir sentido para a leitura e a escrita, é preciso que o professor compreenda que essa experiência também deve proporcionar a elas a apropriação das múltiplas funções que a sociedade atribui àquelas atividades. É preciso, pois, que essas crianças desenvolvam múltiplos letramentos (O'Brien, 1998).

Isso se justifica porque, como defendem Barton (1994), Barton, Hamilton e Ivanič (2000) e Street (1984, 1988), diferentes contextos da vida cotidiana apresentam diferentes demandas e percepções de letramento, diferentes níveis e tipos de poder social e de conhecimento. Assim, uma das alternativas de que hoje temos conhecimento é a do ensino da língua escrita por meio dos gêneros do discurso (ver Schneuwly et al., 2004).

Os gêneros do discurso são, segundo Bakhtin (2000), enunciados relativamente estáveis, por meio dos quais a sociedade organiza sua comunicação, tais como: as cartas, os extratos e boletos bancários, os anúncios, os rótulos, as bulas de remédio, as notícias e reportagens dos jornais e da TV etc. O ensino baseado em gêneros se configura, portanto, numa perspectiva em que os professores criem situações didáticas cuja intenção seja proporcionar aos estudantes a vivência de múltiplos letramentos. Portanto, para tornar as crianças habilitadas a darem respostas às demandas atuais de letramento, a escola precisa conectar seu universo de cultura escrita, como diz Lahire (1994), ao universo de relações que constituem esses pequenos sujeitos.

E é por meio da perspectiva do sujeito, como pondera Charlot (1997), que poderemos compreender os sentidos que as crianças constroem e atribuem à aprendizagem da leitura e da escrita no espaço escolar. Atualmente, não é apenas na escola que as crianças têm contato com essas duas atividades. Elas vivenciam experiências e práticas de letramento desde a mais tenra idade e, por essa razão, a escola, uma vez que as percebe como sujeitos dessas práticas, pode e deve contribuir expressivamente para ampliar seus letramentos, conforme veremos a seguir.

O sujeito e a relação com o saber

De acordo com Charlot (1997), os sujeitos constroem significados para os objetos do mundo com os quais se relacionam sempre de maneira singular, entretanto, como isso ocorre ao longo de suas histórias de vida, baseiam-se nos múltiplos contatos sociais e eventos de que são partícipes na sociedade que os acolheu desde o nascimento. Nesse percurso, segundo o autor, para que haja uma atividade de assimilação desses objetos do mundo e de construção de saberes, os sujeitos devem estar mobilizados; e para que se mobilizem, a situação de aprendizagem deve gerar um sentido para eles, ou seja, despertar nos sujeitos o desejo de se mobilizarem. Portanto, o que o citado autor busca explicar é como uma atividade intelectual passa a ser mobilizada por um indivíduo, por meio dos sentidos que ele confere às experiências construídas na teia de relações sociais que o constitui como sujeito.

Para melhor apreensão desta última ideia, faz-se necessário explicitarmos alguns aspectos da Teoria da Relação com o Saber, elaborada por Bernard Charlot (1997), para quem essa expressão representa o conjunto de todas as relações que constituem o sujeito em seu processo de apreensão do mundo. Para o autor, diz respeito basicamente às relações do sujeito com o mundo que o cerca, com os outros que com ele convivem nesse mundo e consigo mesmo, mediadas por motivações e desejos considerados os móbeis que o impulsionam a agir. Desse modo, podemos associar essas ideias às de Street (1984, 1988), Barton (1994) e Barton, Hamilton e Ivanič (2000) para afirmar que, assim como a assimilação dos usos da escrita e da leitura no contexto dos novos letramentos, a aprendizagem sobre qualquer objeto de conhecimento é uma atividade sempre situada, espacial e historicamente.

Ou seja, assim como os letramentos são múltiplos porque são situados, os vários tipos de aprendizagem que o indivíduo encontra no mundo também o são. Charlot (1997) denomina esses vários tipos de aprendizagem *figuras do aprender*, e é por meio delas que o homem se apropria do mundo. Tais figuras tomam a forma de objetos, atividades e/ou dispositivos relacionais que vão constituindo o sujeito e estão sempre associadas aos processos de natureza epistêmica que compõem sua relação com o saber.

Desse modo, o autor categoriza três tipos de processos epistêmicos. O primeiro é o de *objetivação-denominação*, um movimento que ao mesmo tempo constitui um saber-objeto e um sujeito consciente de sua apropriação acerca desse saber. O segundo processo é o de *imbricação do eu na situação*, no qual a aprendizagem representa o domínio de uma atividade "engajada" no mundo e inscrita no corpo, tal como é o ato de saber nadar, em que o saber-produto da aprendizagem e a própria atividade não se separam. Por último, o processo de *distanciação-regulação* diz respeito ao movimento em que o sujeito aprende a dominar uma relação e a regular a distância entre ele e os outros e si mesmo, construindo reflexivamente uma *imagem de si*, a partir de suas emoções ante o mundo e o outro, no momento da entrada no aprender.

Ao relacionarmos a teorização feita por Charlot (1997) acerca dos processos epistêmicos aludidos, com os novos estudos de letramento, podemos considerar, como Barton e Hamilton (2000: 8), que as práticas de letramento envolvem valores, atitudes, sentimentos e relações sociais, bem como são designadas por eles como "os modos culturais universais de utilização da linguagem escrita nos quais as pessoas baseiam suas vidas. No sentido mais simples da expressão, práticas de letramento são o que as pessoas fazem com letramento".[2]

Ainda no que concerne a tais aspectos, Charlot defende também uma dimensão identitária para a relação com o saber e diz que essas duas dimensões, a epistêmica e a identitária, são sempre delineadas pelo aspecto social em que se encontra o sujeito. Assim, o sujeito é sempre capaz de "se virar", de "driblar" as adversidades que se lhe apresentam nas atividades que realiza, atribuindo uma importância às relações com o outro, à imagem que constrói sobre si e à imagem de si que quer passar aos outros durante a realização dessas atividades. Assim, de acordo com o pesquisador francês, tais relações se ligam a processos, lugares e situações de aprendizagem, a exemplo da escola, nos quais podem estar envolvidas pessoas de variadas origens, percepções, culturas e visões de mundo.

Ao trazermos essas reflexões para os universos infantil e escolar, torna-se fácil sugerirmos que a construção dos significados que as crianças atribuem à leitura e à escrita passa pela convivência com os adultos que as cercam e pela maneira como estes lhes apresentam tais atividades. Em adendo, mais do que uma apresentação da escrita às crianças (no sentido de ensiná-las a escrever), os adultos precisam compreender a relação sincrônica dessa aprendizagem com os meios de informação e comunicação contemporâneos ao universo dessas crianças. Segundo Lanskshear, Snyder e Green (2000: 2) "o desafio para os professores é aprender a abordar o uso das novas tecnologias de forma eficiente, ética e responsável, com vista a explorar seu potencial educativo". Dessa maneira, a escola, como uma importante agência de letramento, tem papel primordial na distribuição também dos letramentos digitais.

A web como recurso para o ensino de língua materna a crianças

Embora na escola pública brasileira, particularmente nas regiões Norte e Nordeste, ainda existam limitações no acesso à internet, uma parte da população estudantil já consegue manter contato com boa parte das mídias digitais de comunicação existentes. Assim, desde um simples controle remoto de televisão, passando pelo aparelho de telefone celular, até os computadores conectados à internet, geralmente nas lan houses, as crianças estão vivenciando experiências de interação através dessas novas mídias e dos gêneros que lhes possibilitam interagir. Em qualquer uma dessas mídias, o uso da leitura e da escrita é primordial e exige dos sujeitos (usuários) a condição de letrado, como explica Soares (2002), para melhor interagir com outros sujeitos. Logo, o aprendizado da leitura e da escrita, ao qual podemos chamar de letramento alfabético, como condição para que os sujeitos ampliem suas relações sociais, necessita atualmente de novos tipos de letramento: os digitais. Acerca dos letramentos na web, Snyder (2002: 3) diz que:

> em um mundo eletronicamente mediado, ser letrado tem a ver com a compreensão de como as diferentes modalidades semióticas são combinadas de forma complexa para criar significado. As pessoas precisam aprender a construir sentido em relação aos sistemas de ícones presentes nas telas de computador – com todas as combinações de signos, símbolos, imagens, palavras e sons.[3]

Nesse contexto, a escola pode contabilizar ganhos significativos no que concerne à função de introduzir as crianças no mundo da escrita, a fim de que se tornem cidadãos "funcionalmente letrados", se lhes der as condições para ampliar seus letramentos, proporcionando-lhes a oportunidade de aprender a construir sentidos por meio da combinação multimodal, disponibilizados, especialmente, nos textos de ambientes digitais. A respeito dessa ampliação, podemos encontrar experiências exitosas de uso das novas tecnologias de informação e comunicação (TIC) e seus gêneros na alfabetização de crianças.

Uma dessas experiências pode ser demonstrada através do trabalho de pesquisa-ação realizado por Ribeiro (2005), o qual relata sua experiência de professora no ensino de leitura, escrita e ortografia a crianças dos primeiros anos do ensino fundamental, em uma escola da cidade de Fortaleza, capital do Ceará, estado do Brasil, por meio dos gêneros "endereço eletrônico", "cartão virtual" e "e-mail". Uma das características que a maioria das crianças tinha em comum era o fato de terem sido reprovadas na escola e, por isso, sofrerem o descrédito de suas famílias quanto ao avanço nos estudos. Nesse aspecto, a pesquisa mostrou que a interferência do professor pode ser importante para o cultivo de múltiplos letramentos, já que a sociedade em que se inserem tais crianças faz usos da escrita e da leitura para estruturar-se. Foi nesse contexto em que se deu a pesquisa-ação acerca da aprendizagem dessas atividades pelas crianças com a utilização de recursos da web.

Um desses recursos, essencialmente trabalhado para essas atividades pela professora Márcia Ribeiro, foi o site do cartunista Mauricio de Souza, criador da Turma da Mônica.[4] Para ter acesso a esse site, as crianças foram incentivadas a aprender a escrita do endereço eletrônico, sem o qual não poderiam fruir de todas as atrações do site. Por ser destinado ao público infantojuvenil, ele é bastante atrativo, pois contém jogos e quadrinhos para leitura, bem como espaço que permite a escrita e o compartilhamento de cartões digitais pelas crianças.

Após a assimilação dos usos do endereço eletrônico, as crianças também eram inscritas no provedor do Hotmail para poderem praticar a escrita, a leitura e o envio de e-mails. Esta, sem dúvidas, foi uma das etapas mais abstrusas para cada uma delas, pois não somente precisariam dominar o endereço eletrônico dos sites e portais, como também precisariam lembrar seus e-mails e a senha de acesso. Contudo, as dificuldades encontradas foram diminuídas em função da mobilização que essas atividades provocavam nas crianças, como se pode verificar a seguir.

O endereço eletrônico

De acordo com nossa argumentação acerca dos dados da referida pesquisa, as crianças deveriam, necessariamente, conhecer todas as letras que compõem o endereço do site da Turma da Mônica (www.turmadamonica.com.br), bem como seu formato, uma vez que a composição desse gênero não pode de modo algum ser alterada. Esse aspecto é importante porque seu formato é rigorosamente padronizado, de maneira que a presença ou a ausência de algum caractere da escrita pode ser um motivo para o não acesso ao site esperado, como ilustra a figura 1.

Figura 1: Tentativa de acesso ao site da Turma da Mônica

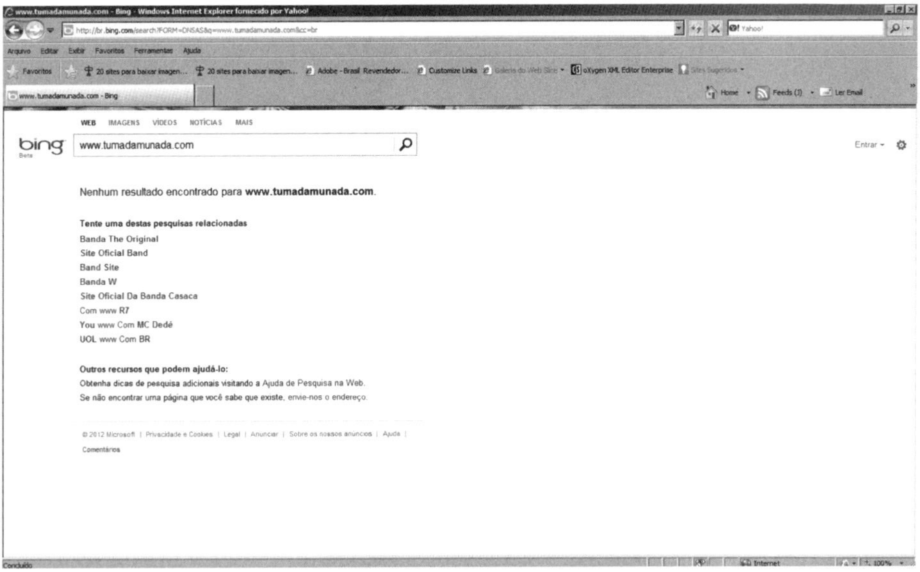

(Adaptado de: Ribeiro, 2005.)

Como podemos observar, ao esquecerem alguma letra ou qualquer diacrítico de que se compõe o endereço, como demonstrado na figura, o site não entrava, e isso "obrigava" as crianças a um exercício de revisão de sua escrita, a fim de corrigir o "erro" que impedia o acesso ao site da Turma de Mônica. As falas das crianças (<CR>)[5] gravadas pela professora durante essas atividades demonstram isso claramente.

- Tia, **eu já li tudo** o que escrevi, mas **não encontro o erro.** Por que não entra o site da Mônica? [grifos nossos] <CR5>
- Pronto, Tia, **eu já escrevi o site...** agora, é só apertar o enter? [grifos nossos] <CR7>
- Ah, **escrevi tudo de novo**! Agora entrou! [grifos nossos] <CR5>

O mais interessante é que, nesse percurso, as crianças puderam desenvolver uma percepção crítica quanto aos usos da escrita, assimilando a relevância das características de um endereço eletrônico como primeiro passo para o acesso a um website. Dessa maneira e paulatinamente, as crianças foram construindo saberes relativos à ação de acessar sites na internet, o que nos permite dizer que essa aprendizagem só foi possível porque elas perceberam que estavam diante de um saber situado cujas condições de produção apontavam para o que caracteriza a escrita de um endereço eletrônico.

Dominar esse letramento foi importante porque as crianças passaram a sanar a imagem de fracassadas que seus pais tinham delas, pois as tentativas de acesso ao site, ainda que malsucedidas e denominadas pelas próprias crianças como "erro", não foram vistas como momentos de fracasso, pois elas começaram a encarar esse "erro" como algo inerente ao processo de sua aprendizagem da escrita. Ademais, a relação identitária com o saber ler e escrever começou a se tornar cada vez mais forte, pois, ao dizer "já li tudo" ou "escrevi tudo de novo", as crianças demonstram a confiança de quem já se apropriou de um saber e a ele atribuiu um sentido. Por conseguinte, é possível ainda perceber os processos epistêmicos que estão envolvidos nessa atividade.

As falas em destaque demonstram que as crianças <CR5> e <CR7> têm conhecimento da leitura e da escrita e, por isso, *objetivam-denominam* esse conhecimento por meio das expressões "eu já li tudo" ou "escrevi tudo de novo", descobrindo-se igualmente conscientes de sua apropriação acerca desses saberes. Ao mesmo tempo, estão *imbricadas na situação*, porque são elas que escrevem, leem e ainda revisam à procura do "erro". Por fim, quando a criança <CR7> pergunta se já pode apertar o *enter*, ela *distancia-regula* os papéis desempenhados por ela e pela professora, construindo reflexivamente uma *imagem de si* como a do sujeito que ainda está aprendendo.

O cartão virtual

Outro gênero usado para o ensino de língua materna às crianças foi o cartão virtual. Com o uso desse gênero pelas crianças, percebemos claramente a ampliação e o desenvolvimento de seus letramentos, haja vista a escrita assumir, nessa atividade, uma legítima função social. Essa função foi compreendida pelas crianças na medida em que atendia a uma necessidade comunicativa concreta de interagir com as pessoas mais próximas.

- Tia, **eu vou escrever um cartão para o meu pai!** [grifos nossos] <CR7>

Como se pode pressentir, a criança demonstra que já percebe a função da escrita nesse gênero e que, por meio dela, é possível se comunicar com seu pai. Além disso, como ilustra a figura 2, a criança *objetiva-denomina* o gênero no qual quer estabelecer essa comunicação: o cartão virtual.

Figura 2: Cartão virtual enviado por <CR7>

Axel Sande

Elaborar um cartão digital para seu pai foi, para essa criança, uma atividade que se tornou, além de muito importante, posto que carregada de valor afetivo, uma aprendizagem significativa no que concerne ao fato de que a escrita implica sempre a satisfação de uma necessidade comunicativa. Além disso, como sugere Snyder (2002: 3), o letramento, especialmente na era do computador conectado à internet, exige do sujeito saber combinar diferentes sinais, símbolos, figuras e outros elementos disponíveis na tela a fim construir significado na interação. Desse modo, é fácil inferir que a criança escolher uma figura infantil[6] de mãos dadas com o pai é seu modo de dizer que o ama muito, ainda que ele talvez esteja insatisfeito com seu desempenho escolar.

Outros exemplos de uso desse gênero encontram-se nas figuras 3 e 4.

Figura 3: Cartão virtual enviado por <CR1>

Figura 4: Cartão virtual enviado por <CR6> em resposta à professora

Ao observarmos esses cartões, podemos constatar outras situações nas quais o ensino da leitura e da escrita se processa sem que tais atividades sejam apenas uma ação motora da criança, mas também uma experiência concreta de comunicação e de relações sociais, seja com o pai (figura 2), com um colega de turma (figura 3) ou com a professora (figura 4).

Na figura 3, por exemplo, dois aspectos podem ser destacados. O primeiro deles diz respeito aos laços de amizade que se constroem entre as crianças e que elas mesmas fazem questão de demonstrar por meio da escrita. O segundo aspecto aponta para o fato de que a professora ensinava as crianças a revisarem seus textos sempre antes de enviar ao destinatário, como se pode constatar com a palavra "visualização" presente em cartões virtuais. Antes de enviar o cartão, <CR1> teve a oportunidade de observar detalhes formais da escrita, como as letras minúsculas que deveriam ser substituídas por maiúsculas, tanto no início das frases como nos substantivos próprios, como é o caso da escrita do nome "Daniel", o qual exige letra inicial maiúscula. Isso demonstra que dominar o código escrito e certas regras gramaticais também faz parte da ampliação dos letramentos que devem ser ensinados pela escola. No entanto, vale lembrar, como bem adverte Snyder (2008: 159), que:

> Quando a linguagem é vista como fixa e guiada por regras prescritivas, então a gramática formal é ensinada através de treinos e exercícios. Contudo, quando a linguagem é vista como dinâmica, mais facilmente aprendida por meio do uso, a gramática é ensinada como parte do processo de escrita, no momento da necessidade.[7]

Em consonância com essas ideias, Ribeiro (2005) buscou ampliar a aprendizagem das crianças acerca da leitura e da escrita interagindo com elas por meio dos mesmos gêneros, conforme podemos ver na figura 4, a qual ilustra a resposta da aluna Raquel a um cartão que lhe foi enviado pela professora. Portanto, a combinação entre os aspectos formais, discursivos e multimodais da escrita no gênero cartão virtual permeou a aprendizagem das crianças acerca dessa atividade.

Isso nos remete, então, ao que Lankshear, Snyder e Green (2000: 28), baseados no conceito de letramento de Street (1984), sugerem quando afirmam que "do ponto de vista social, letramento é mais bem entendido como uma taquigrafia das práticas sociais de leitura e escrita".[8]

Em adendo, é preciso salientar que não basta apenas pensarmos no letramento alfabético que essas situações didáticas promoveram, mas também nos outros letramentos que circundaram a prática de envio dos cartões. Estamos falando dos letramentos *computacional* e *digital* (O'Brien, 1998; Kellner, 1998, 2004). Isso se explica ao atentarmos para o fato de que, para chegar aos cartões no formato em que eles se encontram nas figuras 2, 3 e 4, as crianças tinham de vencer alguns passos durante os quais elas deveriam tomar decisões, seguir as normas do sistema digital de comunicação, preencher formulários e ainda decidir sobre questões estéticas, éticas e sociais, tudo por meio da atividade da escrita multimodal.

Na figura 5, encontram-se alguns dos passos que foram seguidos pelas crianças, sempre com a orientação da professora.

Figura 5: Passos para produção do cartão virtual

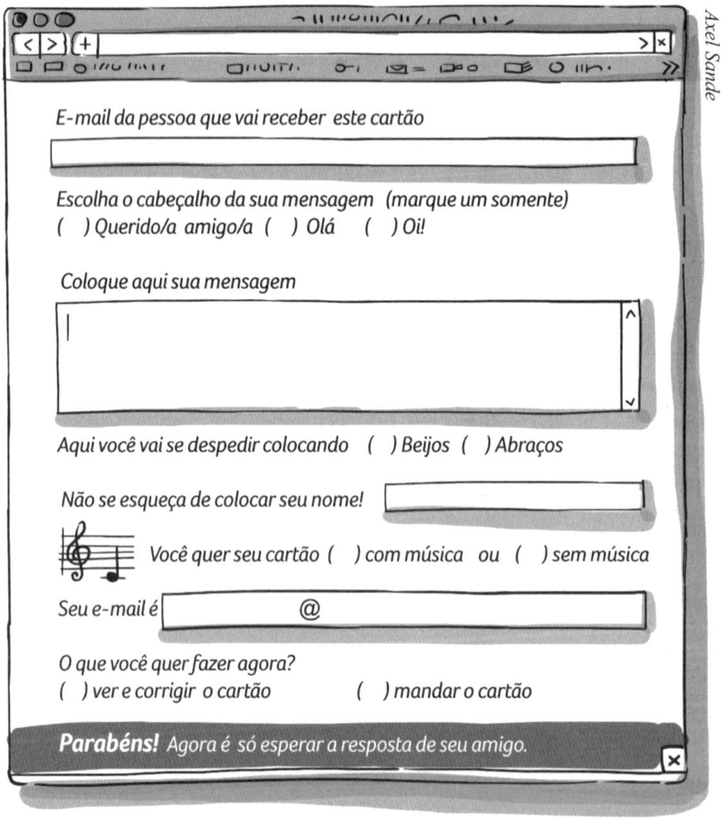

(Adaptado de Araújo: 2007.)

Com base nessa figura, podemos nos perguntar: o que mobilizaria as crianças a atravessarem todos esses passos sem se entediarem acerca das atividades de leitura e escrita? A resposta a essa questão certamente não é difícil, se nos reportarmos ao que dizem Vygotsky (2000) e Charlot (1997) acerca do sentido e da necessidade, do desejo e da mobilização que há em torno dessas ações. Dizer ao pai e/ou a um colega de turma o quanto eles são amados e queridos, por exemplo, bem como agradecer à professora o envio de um cartão, confere muito sentido ao ato de escrever e, para isso, as crianças se mobilizam sem muito esforço.

O e-mail

O gênero e-mail foi apresentado e trabalhado com as crianças, na mesma perspectiva dos outros gêneros digitais discutidos. Desse modo, podemos dizer que as mesmas observações, quanto ao sentido atribuído pelas crianças à escrita de suas mensagens, à mobilização acerca dessa atividade e aos processos epistêmicos que ela suscita, podem ser aqui discutidas. No entanto, para não nos repetirmos, faremos uma pequena reflexão focada mais diretamente nos letramentos que foram ampliados durante a troca de e-mails.

Para abrir as contas de e-mail e acessar suas mensagens, as crianças foram orientadas a usar o site do Hotmail, um provedor gratuito no qual elas poderiam se inscrever. Na figura 6, podemos observar que a criança escreveu "www.hotmeio.com" em vez de "www.hotmail.com", e, por isso, o site não entrou.

Figura 6: Tentativa de acesso ao site do Hotmail

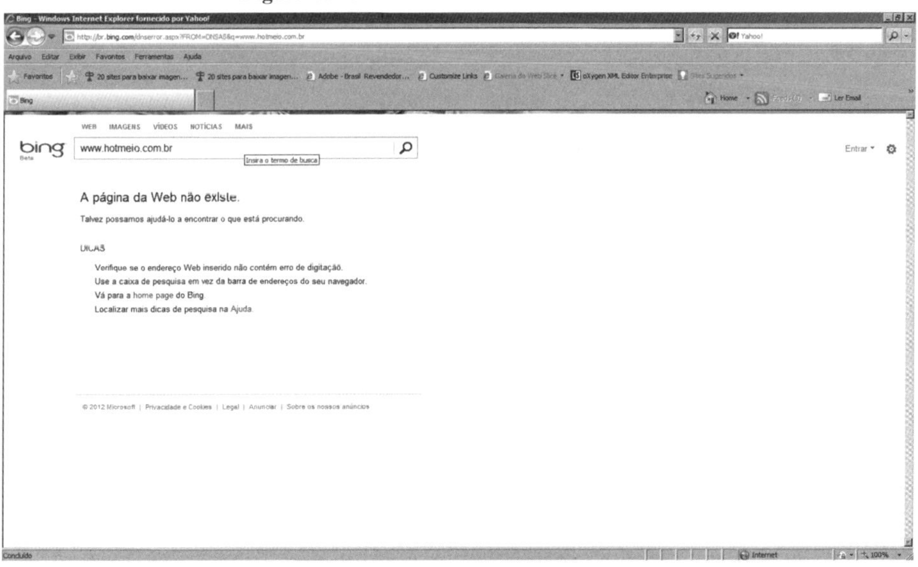

(Adaptado de Araújo: 2007.)

Quando essa situação acontecia, as crianças voltavam à atividade de revisão da escrita, tal como discutimos anteriormente em relação ao site da Turma da Mônica.

Certamente, porque as crianças ainda não dominavam palavras e expressões em língua inglesa, a professora-pesquisadora precisava orientar e alertá-las quanto ao uso de uma "palavra emprestada" dessa língua. Isso exigiu um pouco mais da atenção das crianças para não errarem a escrita de algumas palavras, influenciadas pela proximidade fonética entre as palavras da língua estrangeira (*mail*) e as da língua materna (meio).[9] Contudo, merece destaque que a necessidade de usar essas palavras diariamente foi diminuindo a confusão e levou-as ao completo domínio da palavra estrangeira Hotmail.

Ao conseguirem entrar em suas caixas de e-mails, como podemos verificar na figura 7, as crianças eram orientadas a observar se havia alguma mensagem direcionada a elas. Essa orientação tinha por objetivo proporcionar às crianças a percepção acerca de características inerentes a mensagens recebidas em provedores gratuitos, como o que estava sendo utilizado. Entre essas características, a professora ressaltava marcas de mensagens que poderiam, entre outras coisas, ser consideradas perigosas, a exemplo das possíveis portadoras de algum tipo de vírus, que poderiam pôr em risco o bom funcionamento dos computadores da escola, além das desagradáveis mensagens de *spam*. Em complemento a tais orientações, a professora intencionava que as crianças também pudessem identificar: mensagens lidas, mensagens não lidas e/ou não enviadas, mensagens acompanhadas de anexo etc.

Figura 7: Caixa de e-mails de <CR5>

(Ribeiro: 2005.)

Para perceberem a chegada de mensagens novas, as crianças deveriam observar duas informações importantes: um ícone de carta, que aparecia ao lado do nome de quem a enviou, e a escrita do título da mensagem em negrito, indicando, assim, que era uma mensagem nova. Além dessas duas informações, próprias desse letramento digital, as crianças deveriam ainda observar a data das mensagens, a fim de compará-las e perceber quais delas tinham chegado antes. Após essa verificação direta da caixa de e-mails, as crianças seguiam para a leitura das mensagens propriamente ditas.

Como podemos inferir, essas crianças viveram concretamente uma experiência de construção de múltiplos letramentos. Além disso, puderam atribuir um sentido para as atividades de leitura e escrita que ultrapassa a mecanicidade do ler para responder a atividades escolares, com pouquíssima relação com as práticas reais de uso da língua na sociedade, como preveem os novos estudos de letramento. A mobilização para a aprendizagem dessas duas atividades seguiu firme durante todo o processo de pesquisa-ação e, certamente, continuará em alta, haja vista as crianças terem percebido como tais atividades podem satisfazer necessidades comunicativas e ampliar seus letramentos, tomados aqui como saberes essenciais para uma interação bem-sucedida em nossa sociedade cada vez mais multicultural e multimodal.

Considerações finais

Neste trabalho nos propusemos a refletir sobre o modo como a escola pode habilitar as crianças para responder a demandas atuais de letramento, de que maneira esses letramentos podem ser ampliados para que as crianças construam sentido em relação à leitura e à escrita, bem como quais seriam os recursos que poderiam ajudar a escola a atingir esses objetivos. Mostramos que a escola pode promover situações de interação que despertem a criança para a natureza social da escrita, possibilitando um aprendizado significativo acerca dessa atividade. Os exemplos que utilizamos corroboram e reforçam essa afirmação. Neles, a escrita, antes de parecer uma realidade somente da e para a escola, passa a ser um instrumento que possibilita à criança interagir socialmente e participar ativamente das relações sociais, pois, mesmo estando na escola, ela pode interagir com seus pais, irmãos e amigos situados longe do ambiente escolar.

A atividade interativa, através do acesso aos sites, da troca de cartões virtuais e e-mails, gerou e atendeu não somente às necessidades de ler e escrever daqueles sujeitos com dificuldades na leitura e na escrita, mas também lhes serviu de mobilização para a apropriação e a ampliação do domínio dessas habilidades por meio de novas tecnologias disponíveis na escola. Segundo Lankshear, Snyder e Green (2000: 2), "se forem abordadas com sensibilidade e bom senso, as novas tecnologias oferecem aos professores grandes possibilidades para inovação e renovação profissional, tão importantes quanto novas possibilidades de aprender".[10] Isso se justifica porque, para promover uma interação significativa, a escola e seus professores precisam apenas perceber que esta deve estar sintonizada com as necessidades enunciativas e comunicativas das crianças, em seus próprios espaços de relações. Afinal, "letramento e tecnologia estão sempre integralmente relacionados" (Lankshear, Snyder e Green, 2000: 25).[11]

Obviamente, se puder contar com os recursos midiáticos da contemporaneidade, tais como a internet, a escola poderá, a exemplo das experiências que foram demonstradas e discutidas neste capítulo, fomentar nas crianças uma mobilização ainda maior no que concerne aos usos da leitura e da escrita. Ademais, é preciso lembrar, com Vygotsky (2000) e Charlot (1997), que a criança é um ser sócio-histórico e que a aprendizagem é um processo situado no tempo e no espaço, como também o são os letramentos. Portanto, criar situações interativas, nas quais os gêneros de texto que fazem parte do cotidiano das crianças sejam utilizados, pode ampliar, sem dúvidas, as possibilidades de mobilização desses sujeitos em relação ao aprendizado da leitura e da escrita.

Notas

1 Agradecemos imensamente à profª. Márcia Ribeiro a cessão dos dados que ilustram a argumentação elaborada para o presente capítulo.

2 Tradução livre dos autores de: "*the general cultural ways of utilizing written language which people draw upon in their lives. In the simplest sense literacy practices are what people do with literacy*".

3 Tradução livre dos autores de: "*in an electronically mediated world, being literate is to do with understanding how the different modalities are combined in complex ways to create meaning. People have to learn to make sense of the iconic systems evident in computer displays – with all the combinations of signs, symbols, pictures, words and sounds*".

4 Disponível em: <http://www.turmadamonica.com.br>. Acesso em: 29 jan. 2013.

5 Resolvemos manter a codificação adotada pela autora da pesquisa, que preserva a anonimidade dos participantes: <CR> para significar criança e os números para diferenciar umas das outras.

6 Os elementos visuais utilizados na pesquisa por Ribeiro (2005) foram substituídos por ilustrações de Axel Sande nas figuras 2, 3 e 4. Preservou-se apenas a ideia do cartão digital e o conteúdo da participação dos alunos.

7 Tradução livre dos autores de: "*When language is seen as fixed and guided by prescriptive rules, then formal grammar is taught through drills and exercises. But when language is seen as dynamic, best learned through use, grammar is taught as part of the writing process, at the point of need*".

8 Tradução livre dos autores de: "*from the social standpoint, literacy is best understood as shorthand for the social practices of reading and writing*".

9 No português do Brasil, essa palavra tem pronúncia assemelhada à de *mail* (correspondência), mas significa, a depender do contexto, coisas bem distintas desta, tais como: entre duas partes (ideia de localização), um pouco (ideia de modo) etc.

10 Tradução livre dos autores de: "*if they are approached sensitively and sensibly, new technologies offer teachers expansive possibilities for innovation and professional renewal, as well as important new possibilities for learning*".

11 Tradução livre dos autores de "*literacy and technology are always integrally related*".

Referências

ARAÚJO, J. C. Os gêneros digitais e os desafios de alfabetizar letrando. *Trabalhos em Linguística Aplicada*. Campinas (SP): IEL – Unicamp, v. 46 (1), 2007, pp. 79-92.

BAKHTIN, M. *Estética da criação verbal*. São Paulo: Martins Fontes, 2000.

BARTON, D. *Literacy:* an Introduction to the Ecology of Written Language. Cambridge/USA: Brackwell, 1994.

______; HAMILTON, M. Literacy Practices. In: BARTON, D.; HAMILTON, M.; IVANIČ, R. (orgs.). *Situated literacies*. London: Routledge, 2000, pp. 7-15.

______; ______; IVANIČ, R. (orgs.). *Situated Literacies*. London: Routledge, 2000.

CHARLOT, B. *Du rapport au savoir:* éléments pour unethéorie. Paris: Anthropos, 1997.

KELLNER, D. M. Multiple Literacies and Critical Pedagogy in a Multicultural Society. *Educational Theory*, v. 48, n. 1, 1998, pp. 103-22.

______. Revolución tecnológica, alfabetismos múltiples y la reestructuración de la educación. In: SNYDER, I. (org.). *Alfabetismos digitales:* comunicación, innovación y educación en la era electrónica. Archidona (Málaga): Ediciones Aljibe, 2004, pp. 227-50.

LAHIRE, B. Les raisons de l'improbable: les formes populaires de la réussite à l'école élémentaire. In: VINCENT, G. et al. (org.). *L'éducation prisonnière de la forme scolaire?* Scolarisation et socialisation dans les sociétés industrielles. Lion: Presses Universitaires de Lyon, 1994, pp. 73-106.

LANKSHEAR, C.; SNYDER, I.; GREEN, B. *Teachers and Techno-literacy:* Managing Literacy, Technology and Learning in Schools. Sidney: Allen &Unwin, 2000.

O'BRIEN, D. G. Multiple Literacies in a High School Program for 'At-risk' Adolescents. In: ALVERMANN, D. E.; et al., D. R. (org.). *Reconceptualizing the literacies in adolescents' lives*. Mahwah, NJ: Erlbaum, 1998, pp. 27-49.

RIBEIRO, M. M. *Os gêneros digitais na escola*. Fortaleza, 2005. Monografia (Especialização em Ensino de Língua Portuguesa) – Centro de Humanidades/UECE.

SCHNEUWLY, B. et al. *Gêneros orais e escritos na escola*. Campinas: Mercado das Letras, 2004.

SNYDER, I. (org.). *Silicon Literacies:* Communication, Innovation, and Education in the Electronic Age. Londres: Routledge, 2002.

______. *The Literacy Wars:* why Teaching Children to Read and Write is a Battleground in Australia. Sidney: Allen & Unwin, 2008.

SOARES, M. Novas práticas de leitura e escrita: letramento na cibercultura. *Educação & Sociedade*. Campinas, v. 23, n. 81, 2002, pp. 143-60.

STREET, B. *Literacy in Theory and Practice*. Cambridge: CUP, 1984.

______. Literacy Practices and Literacy Myths. In: SALJO, R. (org.). *The Written World:* Studies in Literate Thought and Action Springer-Verlag. Berlim/New York: Springer-Verlag, 1988, pp. 59-72.

VYGOTSKY, L. S. *A formação social da mente*. 6. ed. São Paulo: Martins Fontes, 2000.

Conclusão
De volta para o futuro

Tania G. Shepherd
Tânia G. Saliés

Como encerrar um livro que se propõe a fazer Linguística da Internet, iluminando especialmente o contexto brasileiro e o uso do português? Talvez o melhor caminho seja começar pelas palavras do filósofo Marshall McLuhan quando diz que vivemos na era da ansiedade, pois estamos sempre tentando "fazer o trabalho de hoje com as ferramentas de ontem – com os conceitos de ontem". Essa ansiedade afeta especialmente os linguistas quando se deparam com a variedade de "meios e mensagens" da comunicação mediada pelo computador e com a exiguidade ou inadequação das ferramentas analíticas disponíveis. Na realidade, trata-se de um assunto de que se fala muito, mas sobre o qual pouco se conhece.

Em 1996, Herring (2011: 340) já havia constatado certa indiferença no modo com que a Linguística parecia encarar os novos tipos de comunicação surgidos com a internet. Frustrada com essa indiferença, elaborou uma abordagem para estudar a linguagem mediada pelo computador e a denominou ADMC – Análise do Discurso Mediado pelo Computador (*Computer-Mediated Discourse Analyis ou CMDA*). Nas palavras da autora, seu gesto foi ambicioso, pois, na época, era uma pesquisadora iniciante que não se dava conta da enormidade da tarefa que tinha a sua frente.

Apesar de a indiferença ter dado lugar a um crescente entusiasmo constatado nos vários estudos dedicados aos meios de comunicação digital, principalmente na língua inglesa, ainda perduram tentativas de dar conta da CMD com instrumentos e conceitos de ontem. Muito provavelmente isso se dá devido à contínua renovação das mídias eletrônicas, renovação essa que nos deixa em estado de constante sobrecarga. Os exemplos da comunicação via web que carecem de um paradigma de investigação próprio são inúmeros, como bem atesta este livro. São seções de comentários de blogs ditos interacionais nos quais falta interação; anúncios pessoais que apresentam informações tão explícitas que podem levar à alienação; cursos a distância que se dizem interacionais mas que se limitam a trabalhar a interatividade; internautas que reagem a usos não padrão da língua portuguesa, quando eles, os agentes da própria dinâmica da língua, introduzem e abraçam mudanças.

Como distinguir, por exemplo, os dois textos nos exemplos 1 e 2? Um deles é a transcrição de uma narração de jogo de futebol transmitida pelo rádio e o outro uma narração teclada. Qual deles vem do rádio e qual vem da internet?[1]

> Exemplo 1
> Botou na frente pra Carlitos, ele vem contra a marcação de Leonardo, domina junto a lateral do campo. Grande finta em cima do Leonardo. Vem Ricardinho. Vem Nilmar. Ele bateu, é gol, e que golaço! Gooooooooooooool do Corinthians! Carlitos Tevez, camisa 10. Ele deu um drible no Leonardo, que nossa senhora... arrancou, foi pra área, bateu cruzado forte pro fundo do gol de Sérgio. Na marca de 31 minutos da etapa inicial do jogo. Carlitos! Carlitos! Carlitos!

> Exemplo 2
> UHHHHHHH Souza fica cara a cara com o goleiro e manda o chute rasteiro. O camisa 1 cai e espalma milagrosamente. Leonardo recebe a bola e é desarmado. Vamos até 48 minutos desta etapa final. Ciro consegue passar por Emerson, mas fura. Helder manda por cima do travessão. Ciro recebe falta de Emerson perto da área. BOLA PARA A ÁREA. Ávine cobra mal e a zaga corta. PRA FORAAAAAAAAAAAAAA! Leonardo tenta bater colocado, mas isola o último lance do jogo. E NÃO TEM MAIS JOGO! Sob vaias, o Bahia cede o empate ao Coritiba.

Ambos os textos contêm características da transmissão radiofônica em tempo real: repetição de lexicogramática usada para descrição dos eventos que compõem um jogo de futebol, como "o jogador bateu", "bateu cruzado", "bater colocado", "manda chute rasteiro"; conhecimento compartilhado entre o narrador e o ouvinte/leitor; construções paratáticas do tipo "isto e depois isto"; identificação do tempo de jogo transcorrido (vamos para 48 minutos; na marca de 31 minutos); linguagem avaliativa (grande finta, que golaço, bateu cruzado forte; milagrosamente); letras grafadas de forma repetida com caixa alta para registrar prosódia.

Ou seja, como textos, são semelhantes. Uma tentativa de descrevê-los através da lexicogramática não iluminaria suas diferenças. A pergunta a ser feita neste caso refere-se à razão de ser de uma narração teclada. Por que a internet abrigaria uma versão de narração teclada lance a lance? Quem seria o leitor dessa narração? Por que haveria necessidade de leitura on-line de um jogo de futebol, lance a lance? Essas e outras perguntas de mesma natureza poderiam nos ajudar a entender os textos da web que se assemelham a textos em outras mídias.

Se a razão de ser de certos textos da web desperta curiosidade, outros fenômenos, como o internetês, nos tiram de nossa zona de conforto se tentarmos entendê-los com conceitos de ontem. Apesar de alguns teóricos, inclusive Crystal (2011, 2006), já terem descrito o internetês como se apresentasse características universais, outros, como Herring (2011: 6), afirmam que não é bem assim. Segundo a autora, embora haja estudos descritivos sobre o internetês em inglês, francês, alemão, italiano e japonês, há poucos em outras línguas, dentre as quais o português, para se poder fazer tal afirmação. Como há indícios que diferentes nacionalidades dão preferência a determinadas características no uso do internetês, é necessário que se desenvolvam estudos sistemáticos em outras línguas que não as acima mencionadas, assim como estudos comparativos entre as variantes do internetês, dentro da tradição sociolinguística e pragmática, pois certamente, a experiência e a cultura interagem com suas normas e rituais de uso.

Esse parece ser o caso dos emoticons – um dos elementos integrantes do internetês. O termo normalmente remete à junção de "*emotion*" e "*icons*". Os mais antigos, os smileys, podem ser considerados simulacros de emoções. Há também alguns outros oriundos de combinações de toques de teclado, como (:' e : (, , que podem sugerir tristeza, *-*, que sugere alegria, assim como XD que lembra vagamente um sorriso aberto. Entretanto os emoticons mais recentes como ^^ e ¬¬ não parecem ser na superfície uma representação gráfica de qualquer tipo de emoção, mas meras convenções estabelecidas pelos usuários de internetês em seus contextos socioculturais.

Se muitos emoticons não parecem expressar qualquer emoção facial ou são ambíguos, sua função deveria ser abordada em termos da força ilocucionária que exercem no contexto de uso, tal qual marcas gráficas de pontuação, conforme anteriormente sugerido por Dresner e Herring (2010). Mesmo que a sugestão seja interessante, há um problema inerente a ela. Os autores impõem o que aparentemente são convenções definidas *a priori* para descrever um objeto que varia de *output* (sincrônico ou assíncrono) e entre grupos de usuários.

Por exemplo, se usarmos um programa concordanciador para extrair emoticons de um *corpus* digitalizado, passamos a entender como os emoticons podem funcionar como itens lexicais e não como marcas de pontuação. Em um *corpus* de MIs trocadas por jovens em relações simétricas de amizade, o emoticon **xD** aparece 200 vezes, em um universo de 137.151 palavras e 13.678 itens distintos. Entretanto, apesar de xD ser geralmente descrito como sorriso, dependendo do contexto, está longe de indicar felicidade, como demonstram os exemplos 3, 4, 5 e 6 retirados desse *corpus*:

Exemplo 3
<Alex>eu ia querer que alguem me exorcisasse
<Alex>ia ser engraçadão
<João>xD

No exemplo 3, o emoticon desempenha a função de um *feedback* positivo de João para Alex.

Exemplo 4
<Alex>eu sempre analiso estatisticamente o cara
<Alex>antes de jogar
<Alex>xD

No exemplo 4, Alex, que estava falando até então sobre suas estratégias de jogo on-line, parece se dar conta de que o que acabou de dizer beira o exagero, fechando a sua fala com um sinal mitigador, que funciona como um autorreparo.

Exemplo 5
<Pedro>eu falo uma palavra contigo e tu automaticamente fica ocupado
<João>xD
<João> tinha ido ver o jogo do

No exemplo 5, Pedro reclama que toda vez que liga o MSN, João coloca o símbolo de ocupado. O emoticon usado por João precede a razão pela qual teria se declarado ocupado, igualmente mitigando-a. Funciona como um pedido de desculpas.

Exemplo 6
<Tom>viu gigante de aço?
<João>nops
<Tom> go ver?
<João>tenho 5 reais xD
<Tom> to c 2 ingressos de graça
<João>opa

No exemplo 6, o emoticon é usado na mesma unidade de transmissão, logo após a "desculpa": o enunciador só tem cinco reais. Por inferência, entendemos que ele não pode ir assistir a *Gigante de aço* por não ter dinheiro.

Essas razões ou desculpas diferem lexicogramaticalmente das desculpas sinalizadas pelo emoticon x.x. Enquanto ambos os emoticons XD e X.X são usados justapostos a razões que fogem ao controle do interlocutor (estar "com sono", "sem dinheiro", "entediado" ou mesmo 'estudando'), somente o emoticon x.x é usado dentro de uma estrutura gramatical: estar + predicativo do sujeito ou estar + gerúndio + emoticon x.x. Além disso, e diferentemente da prosódia de XD, a prosódia semântica de x.x é negativa, como mostram os exemplos 7 e 8:

Exemplo 7
<Alex>nemda
<Alex>to estudando
<Alex>**x.x**
<João>aah
<João>ok então

Exemplo 8
.ai manim vou sair , dps se der eu entro .. to meio entediado **x.x**

Parece que os emoticons comungam características com o léxico. Embora dois emoticons possam ser "quase sinônimos", possuem colocados e estruturas adjacentes distintas. O mesmo se aplica ao emoticon ¬¬, usado no mesmo *corpus* ora como comentário de reprovação, ora como descrença a respeito daquilo que alguém diz, conforme os exemplos 9 a 12:

Exemplo 9
<Big>Foi inventar de se balançar numa corda q tava na arvore pra se balançar e se jogar na água
<Big> quem disse q ele teve coragem?!?! ¬¬

Exemplo 10
<Zeca> iamos pro refugio carioca
<Zeca> mas aí mudamos pra ir pra lapa
<Zeca> acabamos indo a uma pizzaria em rocha miranda ¬¬

Exemplo 11
<Marcos>como que vai ser essa parada aí?
<Carlos>viajar vai ser otimo pra mim
<Carlos>ainda tem os testes medicos e fisicos
<Marcos>vai ficar nos testes médicos
<Carlos>¬¬
<Marcos>muito magro para ingressar hauhauaha

Exemplo 12
<Alex>nao sei se vou
<Alex>mas se eu for aviso
<José> ¬¬

Enquanto nos exemplos 9 e 10 o emoticon ¬¬ funciona como desaprovação de alguém ou de um lugar, em 11 e 12 ¬¬ sinaliza descrença ou dúvida. Cada uma das funções desempenhadas acontece em contextos distintos: os entornos têm tempos verbais marcando ora eventos passados, ora coisas por acontecer. Essa habilidade de um emoticon ter significados distintos dentro de lexicogramáticas diferentes assemelha-se ao comportamento de itens lexicais.

Portanto, alinhamo-nos a Crystal, Rajagopalan, Berber Sardinha, Herring e Baron (neste volume) quando ressaltam a necessidade de sistematização e aprofundamento da pesquisa sobre a linguagem em uso nas mídias digitais. Há ainda muito por investigar. Para que isso seja possível, vários são os caminhos à disposição do pesquisador. Um deles é o que seguimos no caso dos emoticons: a seleção de unidades de análise específicas, coleta de *corpora* com variáveis controladas, análises que partem dos dados para posterior teorização e ajuda de concordanciador. Outra alternativa é usar, como o fez Berber Sardinha, programas específicos para examinar os recursos linguísticos de registros da linguagem digital. Como mostrado por Berber Sardinha, as dimensões de variação dos registros, estabelecidas nos anos 1980 por Biber, não exaurem por completo as possíveis variações entre os registros da internet nem tratam do português, visto que "outras dimensões, próprias desses discursos, devem ser propostas" por meio de nova análise fatorial e interpretação discursiva dos fatores obtidos.

Há ainda a possibilidade de se fazer análise qualitativa de unidades lexicais recorrentes, que se apresentem como práticas de linguagem, sempre a partir de dados capturados em contextos de uso, como o fazem Herring e Baron em seus capítulos. As diversas tradições de análise disponíveis em lexicografia, sociolinguística e análise de discurso podem colaborar para esse fim. Não custa lembrar que as palavras são índices interpretados "com referência ao contexto e às assunções que o outro interactante faz, como parte da sequência que emerge da conversação, tendo significância retrospectiva e prospectiva" (Seedhouse, 2005: 6). O que queremos dizer é que há muito espaço na Linguística da Internet para análises densas que adentrem o espaço da lexicogramática e do discurso, indo além da mera descrição.

Um exemplo prático seria explicar por que as unidades de transmissão como as analisadas por Baron têm a conformação que têm. Seria porque são um produto da mídia eletrônica, que demanda que o enunciador tecle rápido e segmente suas unidades em pequenos blocos lógicos, ou será que os resultados de Baron têm a ver com a língua investigada? Será que os mesmos resultados seriam encontrados em MIs trocadas no contexto brasileiro, em português? Acreditamos que há espaço não só para a análise contrastiva da organização discursiva das MIs em línguas diversas, mas também para análise sociolinguística de variáveis culturais, pragmáticas e cognitivas que podem interferir na organização do discurso das MIs. Resta ainda trazer a questão dos nativos digitais. Como segmentariam suas linhas de transmissão? Será que há diferenças entre o modo de segmentar de nativos e não nativos?

Essas mesmas questões poderiam ser levantadas a respeito do piso conversacional. Imaginemos uma lista de discussão em que haja múltiplos participantes, homens e mulheres, nativos digitais e não nativos. Será que o controle do piso conversacional se daria da mesma forma? Estudos comparativos que tomem outras línguas e contextos podem iluminar essas questões. O contexto brasileiro, por exemplo, carece de pesquisas semelhantes. O aporte teórico oferecido por Baron e Herring poderia servir de ponto de partida para várias outras pesquisas sobre listas de discussão acadêmicas e MIs em língua portuguesa. Isso para não mencionar a possibilidade de estudos comparativos entre diferentes tipos de listas. Os desdobramentos são inúmeros.

A título de exemplo, examinamos a interação entre duas adolescentes, Kay e Bea, que discutem o hábito de virar a noite nas redes sociais (exemplo 13). O piso é do tipo F2 (colaborativo): Kay tenta deslocar o tópico, mas esse é sustentado por Bea, mesmo após Kay falar sobre sua mãe: "minha mãe reclama quando eu fico até duas da manhã". A fala de Kay é meramente composta de *feedbacks* em níveis de gradação cada vez maior, até retornar ao ponto de partida. Os segmentos são curtos (característica das falas femininas) e o tipo de ligação entre os segmentos é um conjunto de orações independentes ou de orações ligadas por coordenativas. Seus pontos de segmentação coincidem com os sintagmas da língua: "eu vou dormir" / "entre 4 e 8 da manhã/ainda não saí antes das 4" (conforme vimos em Baron, neste volume).

Exemplo 13
<Kay>ASUHAUAHUAHUHU nossa!
<Kay>eu fico assim lá pras 1:30 **;s**
<Bea>férias
<Bea>eu vou dormir
<Bea>entre 4~8 da manhã
<Bea>ainda n sai antes das 4
<Kay>que isso jovem!
<Bea>nem depois das 8
<Bea>huasuhauhshuas
<Bea>não
<Bea>mentira
<Bea>já sim
<Bea>eu já fiquei até 9
<Bea>**o_o**
<Kay>QUE ISSOIOOOOOO!
<Bea>USAUHASHUASHU
<Kay>MEL DELS!
<Bea>é divertido
<Bea>HUSAHUSUHAHUASUH
<Kay>E teus pais? HUASUHASHUAHUASHU
<Kay>não falam nada? **O:**
<Bea>não
<Bea> **o.o**

<Bea>eu só tenho que dormir.
<Bea>eles n gostam mt qd eu viro
<Bea> **D:**
<Bea>mas tb n falam mton
<Kay>poooxa **O:**
<Kay>minha mãe reclama quando eu fico até duas da manhã '-'
<Kay>se eu virar, me esgana aqui UHASHUSAAHUA
<Bea> **;xx**
<Kay>que isso!

A interação entre Bea e Kay seria analisável com as unidades de transmissão de Baron. Entretanto, ao medirmos a duração temporal das interações como um todo no *corpus*, encontramos diferenças consideráveis entre o tempo usado pelos jovens investigados por Baron para teclar suas conversas e o usado pelos jovens brasileiros. Talvez a unidade de análise que mostre alguma diferença entre as duas populações deva estar inscrita no tempo da interação como um todo e não nas unidades de transmissão. Em outras palavras, o meio afeta o discurso em inúmeras frentes, da mesma forma que o discurso age sobre o meio.

Para trabalharmos com os discursos digitais, devemos repensar nossas unidades de trabalho e nossa terminologia. Por isso, antes de passarmos aos desdobramentos de estudos na terceira parte do livro, gostaríamos de discutir a questão terminológica, especialmente aquela relacionada aos conceitos de *gênero*, *output* e *registro*. Ao longo dos capítulos, vários autores fizeram uso deles, como no quadro 1:

Quadro 1: Gênero, *output* e registro através dos capítulos

Crystal: "Introduzi o termo *output* simplesmente para evitar o óbvio. Termos como 'gênero' (assim como 'variedade', 'registro' etc.) pressupõem homogeneidade linguística".
Rajagopalan: "[...] o advento da internet e a consequente mudança na velocidade, volume e formas de comunicação em massa, desembocando no uso de múltiplas formas de mistura de gêneros e recursos semióticos [...]".
Berber Sardinha: "[...] quem escreve e-mail pode se basear em seu conhecimento de gêneros como ofício, conversa telefônica e recados, entre outros. Sem falar que há cruzamentos entre os próprios textos da internet – o Twitter é chamado de microblog, uma referência a outro gênero próprio da internet, indicando uma função análoga aos weblogs pessoais".
Carvalho e Kramer: "As enquetes [...] vêm sendo um gênero muito útil para as instâncias de informação que aderiram à divulgação de notícias pelo Facebook".
Oliveira: "gêneros digitais emergentes".
Tavares: "Muitas vezes, essas ferramentas [e-mails, chats, fóruns] são referidas como gêneros, outras como *outputs* [...]. Vamos tratá-las como ferramentas, pois as entendemos como instrumentos que viabilizam a interação em contextos digitais de aprendizagem".

Araújo e Diebe: "Os gêneros do discurso são, segundo Bakhtin (2000), enunciados relativamente estáveis, por meio dos quais a sociedade organiza sua comunicação, tais como: as cartas, os extratos e boletos bancários [...]"; "O ensino baseado em gêneros se configura, portanto, numa perspectiva de ensino em que os professores criem situações didáticas cuja intenção seja proporcionar aos estudantes a vivência de múltiplos letramentos"; "experiências exitosas de uso das novas tecnologias de informação e comunicação (TIC) e seus gêneros na alfabetização de crianças"; "outro gênero usado para o ensino de língua materna às crianças foi o cartão virtual"; "o gênero e-mail foi apresentado e trabalhado com as crianças, na mesma perspectiva dos outros gêneros digitais".

Enquanto Crystal e Tavares optam por termos linguisticamente não marcados como *output* e ferramenta para se referirem aos e-mails, blogs, twitters, chats, os outros autores referem-se a gêneros digitais. Tal divergência parece-nos advir da aplicação de conceitos pré-internet a manifestações pós-internet, motivação inicial da discussão sustentada neste capítulo de encerramento.

A introdução da noção de gênero no contexto dos estudos de linguagem revigorou a orientação do planejamento curricular, o ensino-aprendizagem de leitura, escrita, línguas adicionais, e, a partir do paradigma sociocognitivista, permitiu que refletíssemos sobre a situacionalidade, a dinamicidade e corporeidade do conhecimento e da cognição. O gênero nasce na interação e não necessariamente dos recursos lexicais, fraseológicos e gramaticais da língua, e é consequência do propósito comunicativo a que serve na interação. Por isso os gêneros são ditos instáveis. A constante mudança da ação social faz com que eles mudem de contexto para contexto. Dada a fluidez da internet, é difícil aplicar-se a noção de gênero. O caso dos twitters é um excelente exemplo. Em vez de servir a propósitos exclusivamente informacionais, passaram a servir como meio interacional em 60% dos casos e já vêm cedendo espaço para o Tumblr, que não submete o internauta ao limite máximo de 140 caracteres. Isso posto, parece-nos que para nos adequarmos às características do meio digital, termos não marcados como os sugeridos por Crystal e Tavares oferecem maior adequação explanatória.

Ao mesmo tempo, é exatamente devido à instabilidade dos gêneros que se buscam modos de institucionalizá-los para manter o controle discursivo e o exercício do poder. Corroborando essa visão, Berkenkotter e Huckin (1995) marcam o caráter organizador das práticas sociais exercido pelos gêneros, já que nos permitem reproduzí-las em contextos institucionais como acontece no caso das notícias dos perfis jornalísticos do Facebook (ver "A linguagem no Facebook", deste volume).

No caso de notícias via tweets, "os dados são apresentados pelo uso da topicalização", tornando objetivo aquilo que é discursiva e ideologicamente orientado (ver Falcone, 2011: 2.253). Ao mesmo tempo que os tweets cumprem a função de informar, não constituem exclusivamente uma notícia. São mais do que isso, conforme comprovam os exemplos 14 e 15. No 14, o tópico "Fora Micarla" é orientado pela ideologia contra a corrupção e no 15 o "Abaixo aulas chatas" mobiliza-se em prol de um ideal educacional: aulas mais interessantes! Ações discursivas semelhantes ressaltam a dificuldade de acomodarmos as novas práticas de linguagem a conceitos já estabelecidos no discurso off-line.

> Exemplo 14
> **Fora Micarla**
> **@ForaMicarla_sz**
> *Nosso protesto não tem como objetivo agredir a pessoa de Micarla De Souza, mas sim criticar a forma negligente com a qual ela trata nossa amada cidade do Natal.*
>
> **@MariaNatal** *juntos nessa luta contra essa mulher chamada Micarla de Souza Demagoga da Silva*
> **@LuizNatal** *Esse twitter foi formado para podermos falar a verdade sobre a Prefeita d Natal#MicarladeSouza é uma vergonha termos essa mulher no comando*
>
> Exemplo 15
> **Abaixo Aulas Chatas**
> **@AbaixoAulaChata**
> *Professores e alunos juntos por aulas mais interessantes. Participe desse movimento e curta nossa Fan Page:http://bzz.ms/4l8*
>
> **Abaixo Aulas Chatas**
> **@AbaixoAulaChata**
> *No dia 15 e outubro, deixe um recado para o seu professor.*
>
> **Abaixo Aulas Chatas**
> **@AbaixoAulaChata**
> *Faltam apenas 1 fã para chegarmos à 10.000. Participe do movimento que vai radicalizar suas aulas: #AbaixoAulasChatashttp://on.fb.me/n7YFog*

Contrastando com o caráter eminentemente sociointeracional e cognitivo do gênero, a noção de registro tem natureza linguística, como demonstra Berber Sardinha em seu capítulo. Caracteriza-se pelo vocabulário, tópico, estilo, modalidade de linguagem e estruturas gramaticais, sintáticas e retóricas usadas em contextos específicos. Resolver essas questões terminológicas/conceituais passa necessariamente por entendermos melhor o que acontece nos meios digitais. Isso só será possível através de pesquisas que respondam à variedade de questões em aberto (algumas aqui levantadas), do amadurecimento da área e da solidificação dos processos analíticos que o presente volume coloca em evidência.

Práticas comunicativas em contextos educacionais on-line não fogem às dificuldades impostas por um meio que incorpora e modifica ferramentas a cada dia. Na

EAD, será que deveríamos nos referir a letramentos digitais, letramentos eletrônicos ou novos letramentos? Nossa preferência segue Abraham e Williams (2009: 3). Qualquer das designações aplicam-se aos letramentos envolvidos em atividades e contextos instrucionais e não instrucionais. Então, parece-nos mais adequado simplesmente falar de letramentos. Todo e qualquer letramento estará de algum modo associado a noções tradicionais e aos letramentos chamados digitais.

Outra questão ainda por ser mais bem explorada no âmbito da e-educação é a interacionalidade. Parece-nos que promover a interatividade, seja no desenho dos cursos seja na participação dos alunos, já é prática consolidada. No entanto, nossa experiência indica que práticas voltadas para a interação no desenho de cursos on-line ainda se encontram em estágios iniciais. Neste volume, Tavares problematiza a relação entre interatividade e interacionalidade e exemplifica como poderíamos atingir um e outro objetivo. Paiva, Martins e Braga, por sua vez, avançam exemplos baseados no conceito de língua como agência (ou seja, na participação espontânea e autogerenciada dos aprendizes orientada para a construção do conhecimento na interacionalidade). Avançam também vários formatos de aprendizagem como o *tandem learning* e os *grupos fractalizados* que necessariamente implicam a presença de processos interacionais. Ao mesmo tempo, pontuam que há conteúdos, como o ensino de estratégias de leitura, que podem ser desenvolvidos por designs mais interativos que interacionais, centrados na relação do aprendiz com o material e na mediação pela tecnologia.

No entanto, mesmo em designs interacionais os aprendizes podem direcionar grande parte de sua participação ao professor (ver Mejías, 2004; Martins, 2003). É o caso de fóruns de discussão on-line, nos quais a interação entre os aprendizes acaba negligenciada porque a ferramenta organiza as participações linearmente. Não há como assegurar que os participantes sigam as convenções de resposta apropriadas, principalmente se uma contribuição responder a mais de uma postagem. Mejías diagrama o problema como no quadro 2 (Mejías, 2004: 16):

Quadro 2: Fluxo de tópico em fóruns de discussão on-line

Tópico 1
    A: resposta ao tópico 1
    B: outra resposta ao tópico 1
        C: resposta para B
            D: resposta para C
        E: outra resposta para B + uma resposta oculta para A
Tópico 2 etc.

O fórum não disponibiliza links de A para todas as respostas dirigidas a A. Somente identifica respostas dirigidas a A que foram postadas clicando-se *Responder* durante a leitura da postagem feita por A. Quando isso é feito, o fórum imediatamente representa a resposta em uma cascata de respostas exibida embaixo de A. As respostas podem inclusive não dizer respeito a A, porque não há como assegurar que todos os participantes permaneçam dentro do tópico de discussão ou que encontrem saídas para ligar de modo não linear uma resposta a outras postagens dentro da discussão. Trata-se de um desafio não só para os gerenciadores de cursos on-line, mas também para os professores que os elaboram e os participantes. Pensar como enfrentá-lo faz parte da agenda de pesquisa dos interessados na e-educação e na construção colaborativa do conhecimento.

Entretanto, nem sempre esse é o caso. Em um fórum de discussão da disciplina "Linguística Aplicada ao Ensino de Línguas Estrangeiras" via plataforma Moodle, a tarefa foi discutir a aprendizagem do inglês como LE por Viktor Navorski, personagem do filme *O terminal*[2] à luz dos conceitos introduzidos pelas leituras do curso. O quadro 3 destaca em negrito a dinâmica do ambiente virtual na construção de um fluxo de tópico não planejado, que emerge e se transforma à medida que as participantes dialogam com postagens anteriores e avançam ideias, associando o discurso próprio ao das outras. O dialogismo emerge das retomadas de tópico, uso de expressões adverbiais e verbos no gerúndio e no passado apontando para coisas já ditas ("aproveitando"; "assim como a Maria apontou"; "como já mencionado") ou por concordância explícita ("concordo"). Novas ideias ("cultura"; "ambiente natural"; "necessidade de comer"; "filtro afetivo" etc.) são sinalizadas por expressões adverbiais de adição como "há também", "além da condição", ou conjunções adversativas como em "mas o processo".

Quadro 3: A discursividade distribuída em fórum de discussão

MARIA – Segunda-feira, 12:01

O personagem [...] começa a entender o que ocorreu [...] já que **o mesmo não tinha conhecimento básico do inglês** para o entendimento auditivo para da mensagem proferida [...] O empenho do Sr. Navorski é grande, já que a fome foi a grande **motivação** para o mesmo se "virar", ainda que havia enormes 'barreiras' [...]

JOANA – Segunda-feira, 19:31

Aproveitando um fato marcante que a MARIA comentou, o momento em que o agente de imigração tenta explicar ao Sr. Navorski que seu país está em Guerra. Observei como a **cultura** desse senhor influenciou na tentativa comunicativa [...]. **Mas** o processo de aprendizagem dele se dá num **ambiente natural da língua alvo e isso possibilita que o input comece a acontecer. Assim como a** MARIA apontou, ele sente **necessidade de comer**. Então ele começa a ligar **significante ao significado.**

A Teoria de Krashen nos afirma que somente o **Input compreensível não é suficiente**. É crucial que o **filtro afetivo** esteja baixo [...]. Ao passo que isso acontece, Viktor dá indícios [...] que não tem mais bloqueios [...] O que o possibilitou a perceber e aproveitar o input [...]

> *PEDRITA – Terça-feira, 9:20*
> **Concordo** com as meninas, sobretudo com o que a JOANA afirmou no trecho: *"É crucial que o **filtro afetivo** esteja baixo [...].* Além da condição do **filtro afetivo** [...] há também o fato de o **contexto facilitar o aprendizado** [...]. A partir do momento em que ele passa a unir os **significantes aos significados** [...] teve mais chances de compreender e apreender novos conhecimentos, e passou a adquirir mais vocabulário em inglês. [...]
>
> *JULIANA – Terça-feira, 17:42*
> **Como já mencionado**, Viktor começa a aprender as **palavras do dia-a-dia, como pedir comida**. [...] Algo que também pude perceber foi que entra em jogo o **fator idade.** Ele **aprende a segunda língua já na idade adulta [...]** Seu **filtro afetivo** também diminui com o tempo [...] ele **adquire maior confiança**, tanta que chega a **fazer o papel de tradutor de um viajante kracoviano** [...].

As aprendizes distribuem entre si a responsabilidade pela construção do fluxo de tópico no exercício da intersubjetividade, coconstruindo conhecimento sobre o período crítico de aquisição de linguagem, filtro afetivo e outros conceitos em tela. Há autoria colaborativa.

Entretanto, falta um corpo teórico sólido sobre autoria colaborativa promovida por ferramentas como o fórum, as wikis e os chats em cursos de produção de texto, como o abordado no capítulo "Exemplos da prática pedagógica em EAD". Faltam respostas para perguntas críticas: Como especificamente a escrita dos participantes progride quando colaboram on-line? Como operacionalizar uma definição de colaboração na análise de *corpora* de alunos em interações síncronas? Enquanto alguns estudos apontam ganhos sem significância em termos de fluência e complexidade sintática (ver Elola, 2010), outros apontam ganhos (ver Martins, 2003), usando o fluxo de tópico como unidade de análise. Replicações dos mesmos estudos em contextos socioculturais diferentes a partir da mesma metodologia permitiriam a formação de tendências e informariam professores interessados em desenho de cursos on-line, assim como no ensino da produção de texto em ambientes digitais.

Por fim, gostaríamos de problematizar a questão do público e privado na internet. Em espaços da web destinados à expressão de opinião e comentários, fazem-se ataques pessoais, *ad hominen*. Apesar de o fenômeno "alguém está implicando comigo" ter sempre existido, hoje ele toma dimensões gigantescas na internet, a ponto de se haver cunhado um termo para designá-lo – *cyberbullying*. Além disso, documentos secretos "vazam" e caem na rede. Na internet, informação privada pode tornar-se pública.

Por outro lado, se quiséssemos documentar com um *print screen* interações em fóruns, no Facebook, no Twitter etc., teríamos necessariamente de ter autorização oficial para utilização de um material dito público. Vivemos essa experiência na feitura deste livro. Todas as imagens originalmente utilizadas pelos autores tiveram de ser trocadas por outras por não termos obtido dos detentores do *copyright* autorização para usá-las em um trabalho acadêmico. Na internet, aquilo que parece público é extremamente privado. Esse binômio "público x privado" é mais um ângulo pelo qual se pode analisar a internet.

Esperamos ter deixado claro que é necessário cortar algumas amarras analíticas do passado e voltar o olhar para o futuro para dar conta de um fenômeno em que o meio pode ser a mensagem, mas em que o "mensageiro" apropria-se do meio para desígnios os quais – por enquanto – escapam de nosso total entendimento.

Notas

1 Transcrição da narração radiofônica de José Silvério de Palmeiras 1 x 1 Corinthians, Morumbi em 1.8.2010. Narração teclada do jogo Bahia 0 x 0 Coritiba. Disponível em: <http://wap.lancenet.com.br/lance/temporeal>. Acesso em: 22 jul. 2012.

2 *O terminal* (2004). Direção: Steven Spielberg. Distribuição: Dreamworks. Filme.

Referências

ABRAHAM, B. L.; WILLIAMS, L. *Electronic Discourse in Language Learning and Language Teaching*. Amsterdam: John Benjamins, 2009.

BERKENKOTTER, C.; HUCKIN, T. *Genre Knowledge in Disciplinary Communication*. L. Hillsdale, N.J.: Erlbaum Associates, 1995.

CRYSTAL, D. *Language and the Internet*. Cambridge: Cambridge University Press, 2006.

______. *Internet Linguistics:* a Student Guide. London: Routledge, 2011.

DRESNER, E.; HERRING, S. Functions of the Non-verbal in CMC: Emoticons and Illocutionary Force. *Communication Theory*, 2010. Disponível em: <http://ella.slis.indiana.edu/~herring/emoticons.pdf>. Acesso em: 27 jul. 2012.

ELOLA, I. Collaborative Writing: Fostering Foreign Language and Writing Conventions Development. *Language Learning & Technology*, v. 14, n. 3, 2010, pp.51-71. Disponível em: <http://llt.msu.edu/vol14num3/elolaoskoz.pdf>. Acesso em: 12 jul. 2012.

FALCONE, K. Os gêneros como elementos da interface discurso-sociedade: página do jornal à tela do twitter. *Anais do VII Congresso Internacional da Abralin*. Curitiba, 2011. Disponível em: http://www.abralin.org/abralin11_cdrom/artigos/Karina_Falcone.PDF. Acesso em: 29 jul. 2012.

HERRING, S. Commentary: Contextualizing Digital Discourse. In: THURLOW, C.; MROCZEK, K. (orgs.). *Digital Discourse:* Language in the New Media. New York: Oxford University Press, 2011.

MARTINS, Estela de Jesus. Comunicação mediada por computador: a construção do conhecimento no processo interacional de um fórum de discussão. Rio de Janeiro, 2003. Dissertação (Mestrado) – Departamento de Letras, PUC-Rio. Disponível em: <www.puc-rio.br/biblioteca>. Acesso em: 2003.

MCLUHAN, Marshall. *Understanding Media:* The Extensions of Man. New York: McGraw Hill, 1964.

MEJÍAS, U. A. Distributed Textual Discourse: A New Approach to Online Discourse. 2004. Disponível em: <http://java.cs.vt.edu/public/projects/digitalgov/papers/mejias_dtd.pdf>. Acesso em: 30 jun. 2011.

SEEDHOUSE, P. *The Interactional Architecture of the Language Classroom:* a Conversation Analysis Perspective. Malden, MA: Blackwell, 2005.

Glossário

1. **ADMC:** análise do discurso mediado por computador, também chamada de ADD, análise do discurso digital.
2. **Agrupamentos lexicais**: grupos de duas ou mais palavras que aparecem juntas e com relativa frequência em *corpus* digital. Também chamados de feixes ou *clusters*.
3. **Análise da conversação**: metodologia indutiva que se preocupa em descrever os princípios organizacionais da conversação. Analisa também os modos pelos quais as pessoas se entendem e mostram que se entendem ao conversar.
4. **Análise multidimensional**: análise de *corpora* digital, de caráter essencialmente quantitativo e computacional, que permite a descrição de tipos de textos, registros e gêneros, por meio de inúmeras características linguísticas.
5. **Análise semiolinguística do discurso**: uma análise de discurso desenvolvida por Patrick Charaudeau, que pressupõe a existência de influências recíprocas entre os participantes da interação social e a linguagem como indissociável do contexto sócio-histórico.
6. **Aprendizagem colaborativa**: metodologia de aprendizagem na qual, por meio do trabalho em grupo e pela troca entre os pares, as pessoas envolvidas no processo estão engajadas na tarefa de aprenderem juntas.
7. **Aprendizagem situada**: aprendizagem não intencional, a partir de uma atividade, contexto e cultura, que demanda interação social e colaboração, ou seja, o envolvimento de aprendizes em comunidades de prática.
8. ***Blended learning***: um tipo de aprendizagem híbrida que combina métodos presenciais, face a face, com métodos mediados por computador.
9. ***Buddy List***: é a lista de seguidores ou amigos de um usuário, própria da AIM (serviço de mensagens instantâneas da AOL). Quando esses usuários conectam-se à AIM, podem ver quem de sua *Buddy List* está on-line no momento.
10. ***Bulletin board:*** ou quadro de avisos é um aplicativo dedicado à troca de mensagens e/ou compartilhamento de arquivos através de uma rede. Usa um programa BBS e não um servidor da web.
11. **CHAT** (ou IRC, *internet relay chat*): bate-papo.
12. **CMC**: Comunicação mediada por computador. Daí origina-se também o acrônimo CMD, comunicação por meios digitais.
13. **Colocação**: coocorrência de duas palavras estatisticamente comprovada.
14. **Colocados**: duas palavras que coocorrem e cuja coocorrência é estatisticamente comprovada. Um exemplo seriam os colocados de pão, como "manteiga", "dormido", "fresquinho".
15. **Comunidade de prática**: um grupo de pessoas que compartilham uma profissão ou atividade. O grupo pode evoluir naturalmente a partir dos interesses comuns de seus membros ou ser criado especificamente com o objetivo de compartilhar conhecimento relativo a seu campo.

16. **Concordâncias**: linhas produzidas por programa de análise, o Concordanciador, nas quais a palavra de busca aparece centralizada e seus colocados podem ser alinhados à esquerda e/ou à direita.
17. **Design instrucional**: planejamento, organização, formatação e avaliação de cursos de educação a distância (EAD).
18. **EAD**: acrônimo para educação a distância.
19. **Emoticons:** combinações de teclas que apontam para ou designam alguma expressão facial, ou são indicativos de alguma emoção no contexto da CMC.
20. **Escrita multimodal**: escrita que envolve dois ou mais meios na construção de sentido, ou seja, texto, imagem, som, etc.
21. ***Expertise***: conjunto de conhecimentos, experiências e capacidades específicas em uma profissão ou atuação que garantem um desempenho de especialista.
22. **FAF**: face a face ou presencial.
23. ***Feedback***: avaliação positiva ou negativa, verbal ou não verbal dada a uma pessoa ou grupo.
24. **Grupos fractalizados**: formas compostas de estruturas similares em escalas diferentes, devido à sua propriedade de autossemelhança. Um bom exemplo de conjunto de fractais é a boneca russa Matryoshka, que aninha bonecas em uma série de encaixamentos.
25. **Hiperlink**: o mesmo que atalho, ou marca digital que se apõe a uma palavra ou conjunto de palavras em uma página da web e que remete o leitor a diferentes textos da internet.
26. **Hipertexto**: texto típico da web, que contem hyperlinks a outros textos acessáveis pelo leitor e que produzem um tipo de leitura não linear e não hierarquizada. A relação entre os textos ligados por esse link é chamada de hipertextualidade.
27. **Internetês**: tradução do termo *netspeak*, cunhado por David Crystal, que remete à variedade linguística usada por internautas em suas comunicações mediadas por computador.
28. **J-blogs**: blogs institucionais de jornalistas, assinados, cujas ideias podem ser distintas dos jornais, revistas, emissoras de rádio, televisão ou provedores de internet que geralmente os abrigam.
29. **Letramento**: diferentemente de alfabetização, o letramento é o uso social da habilidade de ler e escrever; é ler para obter conhecimento, pensar criticamente e escrever coerentemente.
30. **Linguística de Corpus**: tratamento e análise de *corpora* digitais representativos da língua em uso. Os *corpora* são criteriosamente compilados e analisados com auxílio de ferramentas computacionais para iluminar fenômenos linguísticos.
31. **Link**: ver hiperlink.
32. ***Mainstream media***: nome pejorativo dado às mídias disseminadas pelos grandes canais de distribuição, como os grandes jornais ou canais de televisão. O termo é usado principalmente na blogosfera.
33. **MBU-L:** uma das listas analisadas no capítulo "Piso conversacional e gênero na CMC", mantida pela Texas Tech University.
34. **Meme:** conceito, frase ou bordão que se espalha de maneira viral pela internet.
35. **Mensagens Instantâneas (MIs):** mensagens síncronas que são enviadas por parceiros em uma interação mediada por programa que possibilita que ambos os parceiros vejam em suas telas o que teclaram um para o outro.
36. **Microblog:** tipo de blog quer permite aos usuários o envio de mensagens muito curtas, com restrições no número de caracteres.

37. MOOS: sistemas do tipo "*object-oriented*" que transformam o espaço do mundo real em realidade virtual na qual indivíduos podem interagir.
38. MUDS: (**Multi-User Dungeons/Dimensions**): ambientes que combinam elementos de RPG e de ficção interativa, nos quais vários jogadores interagem em um ambiente imaginário criado textualmente.
39. **Lan house**: *Lan (local area network) house* é um estabelecimento comercial que oferece acesso a programas, jogos e comunicação digital em rede, à semelhança de um cybercafé.
40. ***Netspeak***: termo cunhado por David Crystal para referir-se a formas coletivas de cyber-linguagem usada na CMC, que inclui uma combinação de abreviações, acrônimos e emoticons. Traduzido para português como *internetês*.
41. **Padrão**: a recorrência ou repetição de um conjunto de colocados.
42. **Participação periférica legítima**: relação entre participantes novatos e veteranos inseridos em uma comunidade de prática, capaz de explicitar o engajamento desses sujeitos em práticas sociais em que a aprendizagem é tida como um componente integral e inseparável da prática social e não somente um processo cognitivo.
43. ***Tandem learning***: forma de aprendizagem aberta na qual os aprendizes colaboram uns com os outros na aprendizagem de suas respectivas línguas maternas.
44. **Teoria da avaliatividade**: teoria derivada da gramática sistêmico-funcional que lida com os diferentes meios com os quais os sujeitos expressam opiniões, emitem julgamentos e fazem avaliações sobre pessoas, coisas e atitudes, através dos usos lexicogramaticais de que lançam mão no discurso.
45. ***Tokens***: cada uma das palavras de um *corpus*.
46. **Tutoria em EAD:**
    a) **Proativa**: tutor acompanha o cursista, entra em contato em caso de ausência nos fóruns ou não realização das atividades avaliativas, analisa trabalhos de produção textual e a participação nos fóruns e reuniões on-line pré-agendadas.
    b) **Reativa**: tutor acompanha o curso e atua como suporte quando há dúvidas sobre o conteúdo. Os fóruns são de livre participação, mas não geram nota na avaliação final.
47. ***Types***: cada uma das palavras não repetidas de um *corpus*.
48. **Unidade de transmissão:** linha de mensagem instantânea enviada, que pode corresponder linguisticamente a um ou mais períodos ou a um fragmento de frase.
49. **URL ou *Uniform Resource Locator***: o endereço global na web de documentos e outros recursos.
50. **VoIP** (*voice over Internet protocol*): voz sobre IP, ou telefonia pela internet.
51. **Web**: também chamada www (World Wide Web) ou rede mundial ou internet.
52. **Website**: um lugar na internet que é ocupado com informações (texto, fotos, animações gráficas, sons e até vídeos) pertencente a uma empresa ou pessoa.
53. WMST-L: fórum moderado voltado para estudos da mulher, estudado no capítulo "Piso conversacional e gênero na CMC".
54. **Zona de desenvolvimento proximal (ZDP)**: zona intermediária entre o nível real de desenvolvimento da criança, determinado pela sua capacidade real de resolver problemas individualmente e o nível de desenvolvimento potencial, determinado através da resolução de problemas sob a orientação de adultos ou em colaboração com os pares mais capazes.

As organizadoras

Tania G. Shepherd é professora da Universidade do Estado do Rio de Janeiro e pesquisadora da Faperj. Obteve seu PhD em Língua Inglesa pela Universidade de Birmingham, no Reino Unido. Fez estágio de pós-doutoramento em Linguística de Corpus na Pontifícia Universidade Católica de São Paulo. Publica nas áreas de Gramática Sistêmico-funcional, Linguística de Corpus e de Tecnologias e Mídias no Ensino de Inglês.

Tânia G. Saliés é professora da Universidade do Estado do Rio de Janeiro, onde atua na graduação e pós-graduação em Letras. Obteve seu PhD em Língua Inglesa pela Oklahoma State University, tendo atuado em universidades americanas e na Pontifícia Universidade Católica do Rio de Janeiro. É membro do conselho editorial de revistas nacionais e internacionais, e publicou artigos e capítulos de livros em Linguística Aplicada e Linguística Cognitiva.

Os autores

Antônio Carlos S. Martins é doutor em Linguística Aplicada pela Universidade Federal de Minas Gerais e professor do Instituto Federal de Educação, Ciência e Tecnologia do Norte de Minas Gerais. Tem experiência na área de Linguística, com ênfase em Linguística Aplicada, atuando principalmente nas áreas de Tecnologia Educacional e Tecnologia e Educação a Distância. É autor de capítulos de livros e artigos na área.

Daniel de Agustinis Silva é professor-assistente da Universidade Federal do Rio de Janeiro, onde atua no *campus* de Macaé, na área de Inglês Instrumental. Obteve seu mestrado em Letras pela Universidade do Estado do Rio de Janeiro e é doutorando em Linguística Aplicada na UFRJ.

David Crystal é escritor, editor, autor da *The Cambridge Encyclopedia of Language* e de mais de cem livros em várias vertentes da Linguística. Foi um dos primeiros a estudar a linguagem da internet, examinando as variações linguísticas e estilísticas da linguagem usada na rede e transformando seus achados em glossários, livros e artigos que marcaram o início da Linguística da Internet. Há praticamente duas décadas dedica-se ao tema e suas aplicações.

Júlio Araújo é professor adjunto da Universidade Federal do Ceará, onde atua na graduação e pós-graduação em Letras. Coordena o grupo de pesquisa Hiperged, dedicado às relações entre linguagem e tecnologia digital, em especial aos letramentos na web, convergência de mídias e hipertexto. Foi vice-presidente da Associação de Linguística Aplicada do Brasil e vice-presidente da Associação Brasileira de Estudos sobre Hipertexto e Tecnologia Educacional. É autor de diversos artigos em Linguística da Internet.

Junia Braga é doutora e pós-doutora em Linguística Aplicada pela Universidade Federal de Minas Gerais, onde atua como professora adjunta. É autora de capítulos de livros e artigos na área de Aprendizagem On-Line e Tecnologia.

Kanavillil Rajagopalan é professor titular de Semântica e Pragmática das línguas naturais na Universidade Estadual de Campinas, doutor em Linguística Aplicada pela Pontifícia Universidade Católica de São Paulo e fez pós-doutoramento em Filosofia da Linguagem pela Universidade da Califórnia, em Berkeley, nos Estados Unidos. Sua vasta produção científica perfaz mais de 350 textos. Foi agraciado com o Prêmio de Reconhecimento Acadêmico Zeferino Vaz.

Márcia Regina de Oliveira é bacharela em Jornalismo pela Pontifícia Universidade Católica do Rio de Janeiro, mestre em Letras pela Universidade do Estado do Rio de Janeiro e coordenadora de marketing digital da Reader's Digest Brasil. Desenvolveu pesquisas nas áreas de Comunicação Social e Linguística, com foco em Linguística de Corpus, Interação e Teoria da Avaliatividade. É autora de livro da área de Linguística da Internet.

Maristela Rivera Tavares é gerente de produção acadêmica do Programa de Educação a Distância da Fundação Getulio Vargas do Rio de Janeiro, doutoranda do Programa de Estudos Pós-graduados em Linguística Aplicada e Estudos da Linguagem da Pontifícia Universidade Católica de São Paulo e mestre em Letras pela Pontifícia Universidade Católica do Rio de Janeiro. Colaborou em capítulos de livros e publicou artigos na área de Educação a Distância.

Messias Dieb é doutor em Educação Brasileira pela Universidade Federal do Ceará, onde atua como professor no Departamento de Fundamentos da Educação da Faculdade de Educação. Entre seus interesses de pesquisa, incluem-se as iniciativas de formação docente presenciais e em ambientes virtuais de aprendizagem. É autor de artigos, capítulos de livros e livros nessa área.

Naomi Baron é diretora executiva do Centro de Pesquisas e Ensino-Aprendizagem de Línguas da American University, em Washington, DC. PhD em Linguística pela Stanford University, escreveu sete livros, entre eles, *Always On: Language in an On-line and Mobile World,* que recebeu o prêmio *Duke of Edinburgh English Language Book* em 2008. Especialista em Comunicação Mediada por Computador, atualmente investiga as diferenças entre a leitura on-line e em meio impresso.

Nelly Carvalho é professora adjunta do Programa de Pós-graduação em Letras da Universidade Federal de Pernambuco e doutora em Letras pela mesma universidade, atuando na área de Inovações Lexicais e Semântica no Discurso Publicitário. É colunista do *Jornal do Comércio* de Pernambuco e membro do Conselho Estadual de Educação em Pernambuco. Escreveu livros e artigos especializados em lexicografia.

Rita Kramer tem graduação em Letras (licenciatura em Língua Portuguesa) pela Universidade Federal de Pernambuco, é mestranda em Linguística pela mesma universidade, onde atua desde 2010 como tutora a distância no Curso de Graduação de Licenciatura em Letras a Distância da Universidade Federal de Pernambuco (bolsista Capes). Participa do Núcleo de Estudos Históricos da Língua Vernácula e é autora de artigos e capítulos de livros dedicados à Linguística da Internet.

Susan Herring é mestre e PhD em Linguística pela Universidade da Califórnia. Atua como professora adjunta de Linguística e Ciência da Informação na Universidade de Indiana em Bloomington, tendo publicado inúmeros artigos e quatro livros sobre Linguagem e Tecnologia nos últimos 13 anos, incluindo o *Handbook of Pragmatics of Computer Mediated Communication*, que se encontra no prelo. Foi editora do *Journal of Computer Mediated Communication* e edita atualmente o periódico *Journal@Internet*.

Tony Berber Sardinha é PhD pela University of Liverpool, e fez seu pós-doutorado na Northern Arizona University. Atualmente é professor-associado do departamento de Linguística da Pontifícia Universidade Católica de São Paulo. Faz parte do conselho editorial de várias revistas internacionais, é o editor-chefe da série Espaços da Linguística de Corpus e autor de artigos e livros na área.

Vera Menezes é doutora em Linguística e Filologia pela Universidade Federal do Rio de Janeiro e professora titular da Universidade Federal de Minas Gerais. É uma das pioneiras no ensino e pesquisa em Educação a Distância na área de Letras, tendo escrito livros, capítulos de livros e artigos especializados na área. Foi presidente da Comissão de Especialistas em Letras da Secretaria de Educação Superior/Ministério da Educação e presidente da Associação de Linguística Aplicada do Brasil, tendo sido agraciada com a Medalha Santos Dumont, Categoria Prata, em 2010. É a atual editora-chefe da *Revista Brasileira de Linguística Aplicada*.

GRÁFICA PAYM
Tel. (11) 4392-3344
paym@terra.com.br